KB271364

고구려인의 삶과 정신

이 저서는 1998년도 대진대학교 교내학술연구비 지원에 의한 것임.

고구려인의 삶과 정신

서 병 국 지음

혜안

머리말

사실 알고 보면 고대시대에도 왕조사회의 발전을 이루어 낸 주체는 낮은 신분의 백성들이었다. 소수의 지배층은 다만 이들을 이끌었을 따름이다. 따라서 발전의 견인 세력은 지배층임이 분명하나 이들의 지도력이 현실과 동떨어지면 이들이 몰락하기 전에 왕조가 망하게 된다.

왕조의 역사가 단명으로 그친 주된 원인은 이런 데 있다. 반면 장구한 역사를 창조한 왕조도 있는데 이는 지배층의 영도력이 백성들에게 무리없이 침투된 경우이다.

본서가 대상으로 하는 고구려는 우리 역사상 후자에 속하는 대표적인 왕조의 하나이다. 최근 들어 조심스레 논의되듯이 고구려가 천년 가까이 문명대국을 이룩할 수 있었던 것은 지배층의 탁월한 영도력에다가 백성들이 이들과 혼연일체가 되었기 때문이다. 그렇다면 무엇이 혼연일체를 이루도록 만들었는가. 그것은 겨레의 말을 사랑하며 겨레를 수호하려는 맥족의 민족자존의 고유한 정신에서 찾을 수 있다.

민족자존의 정신이 고구려인들의 상징적 요소이다 보니 고구려인들은 이를 지키기 위해 그 학문 수준을 중국인의 수준으로까지 끌어 올려 놓았으며, 따라서 고구려에 파견된 중국의 사신들은 고구려를 가벼이 대하지 못하였다. 이 민족자존의 정신이 배양되려면 먼저 고구려인들의 공동체의식이 강화되어야 하는데 이는 지배층이 주도하거나 독려한다고 해서 이루어질 수 있는 것이 아니다. 신분의 귀천을 떠나 오랜 역사를 통해 전래된 풍속과 습관을 바탕으로 열리는 각종 모임과 놀이에 함께 어우러질 때 자연스레 이루어지는 것이다.

매일 밤 마을 단위로 열리는 놀이의 기회를 통해 강화된 공동체의식은 이 민족자존의 정신을 함양케 하였으며 고구려의 남녀 젊은이들은 이러한 기회에 배우자를 선택하기도 하였다. 중국인의 고구려 관련 역사기록은 매일 밤 열리는 이 만남의 기회를 놀이 위주로 설명하고 있으나 이는 끝머리의 한 부분인 듯하고 만남의 주된 목적은 마을과 밀접하게 관련된 제반 문제를 토의하는 데 있었다고 해야 할 것이다. 중국인의 쉴새없는 침공을 물리치는 데 큰 역할을 한 것이 성곽임을 주목한다면, 고구려인들이 매일 밤 모임을 가졌던 것은 다음 날의 축성공사 같은 계획 등을 토의하기 위함이 아니었을까 한다. 따라서 중국인의 기록에 보이는, 고구려인들이 마을 단위로 놀이를 즐겼다는 내용은 공사계획을 토의한 후의 뒤풀이 놀이였을 것이다.

놀이를 축성공사 계획을 토의한 후의 뒤풀이 행사로 보는 것은 고구려인들의 거레수호 정신이 남달리 강했기 때문이다. 어린이들이 일찍부터 어른들을 본받아 말타기·칼쓰기·활쏘기 등 각종 무술을 연마한 것은 고구려인들의 왕성한 상무정신을 보여 주는 것으로, 이는 열악한 생활환경을 극복하고 일궈 낸 삶의 터전을 고수하려는 데서 자연발생적으로 우러나온 것이다.

열악한 생활환경을 극복하려는 것은 경제생활의 질을 높이기 위함이다. 초기에 낮은 경제생활을 대변하였던 '부경(桴京)'이 경제생활의 향상으로 경제적인 여유의 상징물로 자리매김하게 된 것은 생활환경이 크게 개선되었음을 보여 주는 것이다. 전반적인 경제생활의 향상으로 귀족들은 특히 전보다 풍요로운 생활을 누리게 되었는데, 그 삶의 양상은 귀족을 주인으로 하는 무덤의 벽화에서 확인된다.

이러한 지배층과 피지배층의 풍요로운 경제생활과 삶의 질을 높여 준 철학·종교·예술 등 전반적인 문화생활은 성곽을 중심으로 이루어졌다. 성곽이 고구려인들의 생활에서 중심이 되었던 것은 안보 면에서 성곽을 능가할 만한 것이 없었기 때문이다.

고구려의 성곽은 애써 일군 삶의 터전을 중국의 침략으로부터 지켜 내기 위해 견고하게 쌓은 담장이었으므로, 고구려인은 이를 지키기 위해 여러 종류의 무기를 개발하고 다양한 전술을 마련하였다. 이렇게 해서 마련된 성곽의 완벽한 방위 실태는 일찍부터 중국인들에게도 잘 알려져 있었다.

고구려의 대표적인 성곽은 수도를 에워싼 성곽이다. 고구려의 전 국토를 장악하고 있는 국왕으로부터 항복을 받아내려는 중국인으로서는 수도를 함락시키는 것이 최상의 전술이었다. 고구려는 수도를 안전하게 유지하기 위해 입지 조건이 나은 곳을 찾아 수도를 옮기는 것도 마다하지 않았다. 이는 고구려의 국왕 등 중앙지도부가 치명적 타격을 받아 빚어질지도 모를 고구려의 멸망을 미리 막기 위한 긴급 조처임이 분명하다. 한편 고구려 국왕의 항복을 노리는 중국인의 수도 침략을 막기 위한 이러한 천도 조치 외에, 당나라의 침공이 있었을 때는 기존의 서부 각 성을 연결시킨다는 전략구도에 따라 천여 리에 이르는 토성을 쌓았다. 이것이 그 유명한 '천리장성'이다. 수도 이전이 후방의 중앙지도부를 적군의 침공으로부터 지키기 위한 자위적 조치였다고 한다면 '천리장성' 수축은 전방의 방어망을 새로 구축하기 위한 비상조치였다고 할 것이다.

그렇다면 고구려는 이러한 자위적 조치와 비상조치에만 의존했던 것일까. 그렇지 않다. 알다시피 광개토왕은 한반도의 중부 이남과 만주의 요동지방으로 방대한 영토를 개척했는데 이 영토팽창은 앞서 언급한 두 조치와 전혀 다른 것으로, 고구려의 대표적인 진취적 행동임이 분명하다. 고구려의 이러한 업적을 담고 있는 광개토왕릉비문의 관련 기사에 대해 중국과 일본의 전문가들이 백여 년 동안 비상한 관심을 쏟아 왔는데, 이는 양국이 모두 고구려의 진취적 행동을 인정하고 있음을 보여 주는 것이 아니고 무엇이겠는가.

이 책에서는 고구려의 정치와 관련된 내용은 가급적 포함시키지 않았다. 고구려 사람들의 일상적인 삶의 모습을 문화적 측면에서 자세히 다루기 위함이다. 다시 말하거니와 고구려 사람들은 나라를 세울 당초부터 무엇 하나 순탄한 것이 없었다. 열악한 생활환경에다 지리적으로 가까이 위치한 중국인의 계속되는 위협은 고구려 사람들이 반드시 극복해 내야 할 어려운 과업이었다. 이러한 난제를 풀 수 있는 힘은 민족자존의 정신력밖에는 아무것도 없었다. 고구려가 단명으로 그친 왕조였다면 위에서 언급한 난제를 풀 고구려인의 민족자존의 정신력이 미약했다고 하겠으나, 알다시피 고구려가 장구한 역사를 창조한 대제국이란 사실에 비추어 난제를 극복해 낸 그 민족정신은 매우 강했음을 알 수 있다.

고구려 사람들은 강인한 민족정신으로 국가를 발전시킨 천년 동안 동북아시아의 여러 소수민족을 문명의 울타리로 흡수하고 이 지역에서 명실상부한 문명의 대제국을 이루었다. 그러므로 고구려가 망한 후에도 그 문명의 편린은 좀처럼 지워지지 않고 이 지역의 후래 국가들의 중심부에 오래도록 사라지지 않는 문명의 빛을 깊숙이 비추었던 것이다.

2000년 1월

고구려인의 삶과 정신
차 례

머리말 5

1장 부족에서 제국으로 15

　1. 고구려란 이름은 어떻게 생겼나 15

　2. 말과 철의 제국 21

　3. 맥족의 자존심으로 중원제국에 맞서다 28
　　1) 한자보다 겨레의 말을 사랑하다 28
　　2) 당태종도 인정한 고구려의 학문 32

　4. 고구려 수호의 힘을 찾아 37
　　1) 춤추고 노래하는 사람들 37
　　2) 무예를 숭상하는 사람들 41
　　3) 압록강의 바리케이드 49

2장 거친 산야에 일군 삶 53

　1. 열악한 환경을 극복하고 53

　2. 풍요로운 삶을 가꾸다 57
　　1) 농사 57
　　2) 고기잡이 · 사냥 59

　3. 든든한 성곽과 장엄한 궁전 62

　4. 편리한 생활을 위하여 70
　　1) 야금 71　　　　4) 방직 73
　　2) 질그릇 72　　　5) 제지 74
　　3) 목기 73

3장 고구려 사람들의 살아가는 방식 77

  1. 신토불이 먹거리와 살림살이 78
    1) 실내에서의 생활 80
    2) 가사노동생활 82

  2. 활동적이고 단정한 선의 미학 - 옷맵시 85
    1) 남자의 옷맵시 85
    2) 여자의 옷차림 93

  3. 새로운 시작을 위한 이중주 - 혼례와 장례 98
    1) 자유로운 연애, 검소한 혼례식 98
    2) 또 하나의 새로운 시작 - 장례 101

  4. 풍요와 호국을 기원하며 - 종교신앙 105

  5. 높은 교육열, 엄한 법률 116
    1) 교육 116
    2) 법률 119

  6. 귀족의 화려한 나날 121
    1) 잔치 121   5) 씨름 128
    2) 노래와 춤 123   6) 사냥 129
    3) 놀이 124   7) 나들이 131
    4) 기예 126

4장 생활 속에 피어난 문화예술 133

  1. 동방회화의 극치 - 무덤벽화 133
    1) 회화 135   3) 공예 142
    2) 조각 141

  2. 탁월한 국제감각의 선율 - 고려악 146

  3. 씩씩함과 우아함의 조화 - 고려무 157

  4. 설화와 시문의 세계 167

  5. 해외로 전파된 고구려문화 169

5장 고구려 사람들의 삶터 지키기 173

1. 필요가 발명을 낳는다 - 무기 173

1) 활과 화살 173
2) 칼 174
3) 창 175
4) 갈구리창과 갈구리 176
5) 포차 177
6) 쇠뇌 177
7) 도끼 177
8) 갑옷 178
9) 투구 178
10) 방패 179
11) 등자 179
12) 말갑옷 181

2. 승리를 부르는 다양한 전술 186

1) 하루에 천리를 가는 기동전술 187
2) 적막 속의 승리 - 청야수성전술 189
3) 정보를 잡아라 - 첩보전술 191
4) 물풀에 싼 잉어로 적을 속이다 - 기만전술 193

3. 방위 실태 194

4. 서울을 옮기다 203

5. 고구려의 거대한 울타리 - 천리장성 210

부록

광개토왕릉비문을 다시 본다 219
1. 비문이 변조된 진짜 이유 219
2. 신묘년조의 비밀 235

1장 부족에서 제국으로

1. 고구려란 이름은 어떻게 생겼나

고구려에 관한 기록을 남기고 있는 중국측 역사책을 보면, 고구려라는 단어는 족속·현(縣)·국가의 이름 등 여러 가지로 쓰이고 있다. 그러면 이들 중 어느 것이 가장 먼저일까. 다음 기사는 고구려라는 것이 우선 국가의 이름으로 쓰였음을 보여 준다.

> 고구려는 부여에서 나왔다. …… 주몽이 흘승골성에 이르렀는데 나라 이름을 고구려라 했다. (『북사』 고구려전)
> 주몽이 나라를 세워 스스로 고구려라 하였다. (『수서』 고려전)
> 주몽이 비류수 위에 초가집을 짓고 살며 국호를 고구려라고 하였다. (『삼국사기』 고구려본기1)

위 세 기록을 보건대 '고구려'라는 것은 주몽이 세운 국가의 이름이고 따라서 누구든 이것이 처음 불린 것으로 생각하기 쉽다. 그러나 다른 문헌에 따르면, 고구려는 주몽이 세운 국가로서의 이름 외에 족속과 **현**의 이름으로도 쓰였음을 볼 수 있다.

이와 관련하여 『한서(漢書)』 지리지 현도군조를 보면, 한나라 때 현도군이 관할한 세 개의 현 가운데 첫번째 현이 고구려현이다. 알다시피 현도군은 기원전 107년에 설치되었다. 『후한서』 동이열전 고구려조에 보이는 "무제가 조선을 멸망시킨 후 고구려를 현으로 하고 현도군에 속하게 했다"는 기사는 이를 입증해 주고 있다. 고구려를 현의 이름으로 삼았다는 것은 고구려라는 것이 현의 이름으로 쓰이기 전에 먼저 족속의 이름으로 쓰였음을 말한다.

그러면 다음에는 이를 역사적으로 살펴보자. 춘추전국시대 북만주 땅에는 동호(東胡)·숙신(肅愼)·예맥(濊貊)이라 불리는 세 개의 큰 족속이 있었다. 그 중 예맥족은 인구의 증가와 함께 중국의 진한(秦漢)시대에 만주와 한반도 일대로 이주하였으나 지역적으로 활동하다 보니 족속의 통일된 명칭이 없었다. 우리에게 익히 알려진 부여·옥저·예·고구려 등의 이름은 지역적으로 활동한 정치적 집단을 나타내는 명칭에 지나지 않는다.

한나라 무제 때 설치된 고구려현이란 명칭은 현재 압록강 서안인 집안과 요녕성 신빈현 및 환인현 일대에 거주했던 고구려 족속의 이름에서 나온 것이다. 전한 후기에 주몽 등은 정치적 갈등에서 벗어나기 위해 부여국에서 현재 혼강 유역의 환인현 일대로 남하, 이주하였다. 부여 사람들이 이미 전한시대에 역사발전 단계상 국가 단계에 들어서 있었기 때문에 왕족 출신인 주몽은 남하 후에도 그 신분을 유지하고자 왕으로 자처했다. 더 나아가 이 곳 원주민의 지지를 구하여 원래 고구려란 족속의 이름을 국호로까지 사용했던 것이다.

그런데 송나라 시대에 편찬된 『태평환우기(太平環宇記)』(권4, 고구려전)는 고구려에 대해 다른 역사책과 달리 기록하고 있다.

> …… 주몽이 부여를 버리고 동쪽으로 갔다. 보술수(普術水)를 건너 홀승골성에 와서 살았다. 국호를 고구려국이라 하고 고(高)로 성씨를 삼아 자손들이 이어 갔다. 한나라 무제 원봉 3년에 이르러 조선을 멸망시킨 후 현도군을 설치하고 고구려를 현으로 하여 속하게 했다.

위 기사는 내용상의 전개로 보아 송나라 이전의 고구려와 관련된 각 역사책의 고구려전 또는 고려전을 종합한 것이 분명하다. 그러나 송나라 이전에 일찍이 이러한 식으로 고구려를 기술한 역사책은 없다. 특히 주몽의 고구려 건국 후 "그 자손들이 이어 갔다"라든가 "한나라 무제 원봉 3년에 이르러 ……"라는 기사는 더군다나 없다.

고구려와 관련이 있는 한국과 중국의 역사책을 보면, 주몽이 고구려를 세운 것은 현도군이 설치되고 70년이 지난 전한 원제 건소 2년(기원전 37)이다. 고구려족은 한나라 무제에 의해 고조선이 멸망하기 전에 위만조선의 땅에 거주하였으나 나라를 세우지는 않았다. 『사기』와 『한서』의 이 같은 기사를 사실로 믿고 있는 사람들은 『태평환우기』의 위의 기사를 믿으려 하지 않는다. 이를테면 주몽이 국호를 갖게 된 것은 전한 말기인데 어떻게 해서 한나라 무제가 4군을 설치하기 전에 "주몽의 자손이 이어 갔다"는 둥 "한나라 무제 때에 이르러"라는 둥의 말이 나올 수 있느냐는 것이다. 이러한 논리를 내세워 『태평환우기』의 기사는 역사적 사실을 밝힌 것이 아니라고 주장한다.

분명 『태평환우기』의 고구려 관련 기사는 주몽의 건국과 무제의 위만조선 멸망을 순서대로 기술하지 않았다. 그러므로 한4군이 설치되기 전에 주몽의 자손이 이어 갔다는 것은 말이 안 된다고 할 수도 있으나, 꼭 그렇게만 볼 것이 아니다. 『태평환우기』의 편찬자 이방(李昉) 등이 주몽의 건국을 특히 중시하여 문제가 위만조선을 멸망시킨 사실을 뒤로 돌려서 기술했다고 볼 수도 있지 않을까. 이방이 역사편찬자임을 염두에 둔다면, 무제에 의해 위만조선이 멸망한 70년 후에 주몽이 고구려를 건국했다는 사실을 몰랐다고는 할 수 없기 때문이다. 그리고 설사 다른 역사책에 주몽의 자손들이 이어 갔다는 기사가 나오지 않는다 하더라도, 고구려의 역사 발전은 실제로 주몽의 자손들에 의해 이어진 만큼 문제될 것이 없다.

『태평환우기』에서 시간적으로 앞뒤가 바뀌어 기록된 두 사건은 더 이상 다툼의 대상이 될 수 없다. 여기에서는 일단 이 문제를 접어두고 고구려라는 이름에 대해 정리를 해 보자. 고구려라는 것은 먼저 족속의 이름으로서 이미 한나라 초기에 존재하고 있었다. 그래서 전한 중기에는 무제가 이를 현의 이름으로 삼았으며 후기에 오면 주몽이 이를 국호로 정했다. 그 후 광개토왕대에 이르러 고구려는 요동지방을 모두 차지하게 되어 '현'으로서의 고구려현이라는 이름은 완전히 역사상에서 없어지게 된다.

『태평환우기』의 고구려 관련 기사에 약간의 혼란이 보이듯이, 『후한서』동이열전 고구려조에도 혼동의 여지가 있는 기사가 나온다. 앞에서는 '고구려'라고 했다가 뒤에서는 '구려'라는 말을 많이 사용하고 있기 때문이다. 일부 역사가는 『후한서』동이열전 고구려조에 실린 고구려·구려·소수맥(구려의 별종)의 내용을 밝혀 보려고 했는데, 그 대표적인 인물이 중국의 부사년(傅斯年)이다. 그는 『동북사강(東

北史綱)』이란 책에서, 구려에는 몇 가지 부락이 있었는데 산악지방에 거주하는 부락이 고구려로 불렸다는 것이다. 다시 말해 구려는 예맥족의 총칭이며 고구려는 산악지방에 거주하는 구려의 일부라고 하여 『후한서』의 고구려전을 고구려전과 구려전으로 나눠야 한다고 주장했다.

부사년의 이 같은 주장을 반박하는 반대의견 또한 만만치 않다. 그 대표적 인물이 같은 중국의 양보륭(楊保隆)이다. 그는 부사년의 견해가 역사적 사실과 모순된다고 지적하며 구려와 고구려는 두 개의 단어가 아니라 고구려를 간략하게 말한 것이 구려이고, 주몽이 건국하여 그 왕으로 자처한 고구려는 소수맥에서 발전한 것이 아니며 소수맥은 그 별종이라고 보았다.

『후한서』 고구려전의 후반부 기사를 독립된 구려전으로 보는 것은 다른 역사책에서는 근거를 찾아볼 수 없다. 『후한서』보다 150여 년 전에 편찬된 『삼국지』도 고구려를 독립된 두 항목으로 다루지 않고 고구려전 하나로 소개하고 있다. 만일 『후한서』 고구려전을 두 개의 전(傳)으로 본다면 구려는 총칭이고 고구려는 그 일부가 된다. 그런데 『후한서』가 한전(韓傳)을 기록하는 방식에 따른다면 구려전이 마땅히 앞으로 나오고 고구려전은 뒤에 나와야 한다. 이것이 각 전의 편찬 관례이다. 예외를 적용했다면 고구려전 안에서 '고구려는 원래 구려의 일부'라는 설명이 반드시 나와야 하는 것이 상식일 터다. 또 구려전 가운데서도 몇 개로 나누어 설명하면서 고구려는 구려의 일부라는 것을 밝혀야 한다. 그러나 실제는 그렇지 않다. 아니, 오히려 고구려는 부여의 별종으로 전해지고 있지 않은가.

『후한서』 왕망전, 『삼국지』 권30, 『양서』 권54, 『북사』 권94를 보면

구려는 고구려의 약칭임이 분명하다. 그런데 주몽이 세운 고구려는 한나라 무제 때 설치한 고구려현과 같지 않다.『삼국지』를 보면 고구려가 대수(大水)에 나라를 세우고 소수맥은 소수(小水)에 나라를 세웠다는 기사가 나오는데, 대수는 지금의 압록강을 말한다. 이는 고구려가 압록강 연안에 있었음을 분명히 해 주는 기사이다.『삼국지』에 의하면 소수는 서안평현 북쪽에 있으며 남쪽으로 흘러 바다로 들어간다고 했는데,『한서』지리지 현도군조를 참조해 보면 서안평현은 지금의 요녕성 단동시(丹東市)로 비정된다. 우리『삼국사기』의 기사를 살펴보면 소수맥이 거주했다는 이 소수의 위치를 가늠해 볼 수 있다. 즉 유리왕 33년 가을 8월 왕이 오이(烏伊)와 마리(摩離)에게 명하여 군사 2만 명을 거느리고 양맥을 토벌하여 그 나라를 멸망시키고, 계속 진공하여 한나라의 고구려현을 빼앗았다는 기록이 그것이다.

이 때 고구려의 중심지는 집안이었다. 집안에서 출동한 고구려군은 서쪽으로 양맥을 멸망시킨 후 다시 출병하여 지금의 신빈현에 있었던 고구려현을 빼앗았다. 이는 양맥이 지금의 환인현 서쪽의 태자하 부근에 있었음을 의미한다.

그러면 고구려는 무엇 때문에 양맥(소수맥)을 멸망시켜야 했을까. 이와 관련하여『삼국사기』(고구려 봉상왕기)에는 그 이유를 짐작할 만한 다음과 같은 단서가 나와 있다.

> 봉상왕이 원년에 공신 달가(達賈)를 죽이자 백성들은 이를 원망하면서 안국공(安國公 : 달가)이 아니면 우리 백성들이 양맥과 숙신의 재난을 면치 못할 텐데 이제 그분이 죽었으니 장차 어디에 의탁해야 할 것인가.

고구려가 그 별종인 소수맥을 합병했으나 이들이 고구려에 대해 여전히 저항을 계속하고 있었음을 추측케 한다. 그렇다면 이들 소수맥은 합병되기 전에 고구려의 발전을 크게 방해했을 것임은 틀림없다.

실제로 소수맥의 고구려에 대한 저항적 태도는 합병 후에도 약화되지 않았기 때문에 고구려는 지금의 수상에 해당하는 국상으로 하여금 이들을 특별히 관리하도록 했다. 이는 소수맥이 멸망 이전이나 이후에도 고구려에 상당히 강력한 저항을 계속하였음을 보여 주는 것이다. 아무튼 고구려 사람들은 소수맥을 상당히 두려워했음을 알 수 있다.

이렇듯 소수맥은 고구려에 합병된 여러 작은 나라들보다 남다른 면이 있었기 때문에 『삼국지』는 고구려전에서 소수맥을 달리 다루었던 것이다. 주몽의 고구려는 한나라 무제가 설치한 고구려현과는 그 성격을 달리하는 것으로, 소수맥이 발전한 것이 아니고 고구려현 중의 일부 고구려 사람들이 참여해서 이루어진 것이었다. 소수맥이 외형상 고구려의 구성원이 된 것은 유리왕에게 정복당한 후이며 완전히 고구려에 융합된 것은 미천왕 때였다.

2. 말과 철의 제국

말[馬]이 없었다면 인류문명은 형성되지 못했을 것이다. 고구려 사람들도 말을 생활화하지 못했다면 대제국을 건설하지 못했을 것이다. 제국 건설의 전제조건이라고 해야 할 넓은 국토를 차지하고 보유하는

데 절대적인 힘이 된 것은 기병이고, 이 기병의 성립 발전은 말의 적절한 이용 없이는 불가능하기 때문이다.

건국 초기부터 고구려에는 말이 서식할 수 있는 자연조건이 갖추어져 있었다. 문헌상 고구려에서 말이 처음 등장한 것은 주몽 때이다. 주몽이 말을 타고 부여에서 남하할 때까지도 그는 말떼를 만나지 못했다. 그가 처음으로 말떼를 본 것은 고구려 북쪽에 있는 가장 큰 산인 마다산(馬多山)에 도착하고 나서였다. 이 산 속에는 천여 명씩이나 들어갈 수 있는 큰 석실이 있었는데, 주몽은 이 석실에서 뛰어나오는 말떼를 보았다. 키는 작지만 잘 생긴 말들이었다. 이후 이 산은 말이 많은 산이라는 뜻의 '마다산'이라는 이름으로 불리게 되었다고 한다.

고구려의 말은 주몽이 탔던 말처럼 체구가 그리 크지 않다. 키가 3척(90cm) 정도밖에 되지 않았으니 말이다. 그래서 말을 타고서도 과실나무 밑을 지나갈 수 있다고 하여 일명 과하마(果下馬)라고 불렸다. 이처럼 키는 작지만 힘은 넘쳐 산을 잘 올랐고 쌀을 물에 타서 먹이면 하루종일 걸어도 지치지 않아 '천리마'라는 별칭까지 얻었다.

고구려는 이러한 좋은 말을 많이 보유하여 기병을 조직했는데, 이들 기병은 기원전 9년(유리왕 11) 반농반목의 선비족을 제압함으로써 첫 전과를 올렸다. 일단 기병의 역할이 명확히 드러나자 당연히 기병의 조직이 확대되었다. 그런데 기병 조직이 확대되려면 그만한 말의 확보가 선행되어야 한다.

고구려의 기병이 타는 말은 야생마를 잡아다 길들인 훈련시킨 말이다. 따라서 먼저 이 야생마를 확보하는 것이 기병 조직의 선결과제였다. 서기 202년 대무신왕은 골구천(骨句川)에서 사냥을 하다가 말 한 마리를 얻어, 이름을 거루(駏驤)라 붙였다. 2년 후 대무신왕은 부여와 전투를 하던 중 튀기 노새인 이 말을 잃어버렸다가 다시 찾았는데, 이 때 부여의 말 백 마리를 데리고 함께 돌아왔다. 그리하여 거루에게 는 신마(神馬)라는 별명이 붙게 되었다고 한다.

고구려가 말을 도살하는 자를 노비 신분으로 떨어뜨리기까지 했던 것은 국가발전상 말의 확보가 그만큼 절실했기 때문이다. 그리고 이 러한 국가적인 정책에 힘입어 많은 말을 확보할 수 있었을 것이다. 49년 고구려군이 장성 일대의 우북평·어양과 하북성 북부의 상곡, 산서성의 태원지방까지 쳐들어 간 것은 이를 잘 말해 준다. 이들 원정 이 기병에 의한 원정임이 분명하기 때문이다. 고구려의 기병이 후한 의 적진을 깊숙이 돌파하여 장성까지 넘어 들어갔다는 것은 기병의 우수한 전술 덕분이겠으나 역시 지칠 줄 모르는 천리마가 없었다면 이 또한 가능하지 못했을 것이다.

이렇듯 고구려의 말이 영토를 넓히는 전쟁에서 큰 역할을 하게 되 자 자연 국내외적으로 그 명성을 떨치게 되었다. 고구려는 자국에 대 해 비교적 우호적인 중국의 남조에 친선의 표시로 이 말을 선물로 제공하였다. 234년(동천왕 8)에는 오나라 사신에게 말 수백 마리를 주었는데 이를 전부 배에 실을 수 없어 80마리만 싣고 갔다. 그 후 남연(南燕 : 398~410)에도 마리 수는 분명치 않으나 말을 선물로 제 공했고, 남조의 송나라(424~453)에도 말 800마리를 배로 실어다 주 기도 하였다.

고구려는 그 초기부터 우수한 말과 깊은 관련을 갖고 영토를 넓히 며 발전해 나갔다고 할 수 있다. 아마도 고구려가 이처럼 좋은 말을 확보할 수 없었다면 성장 초기 단계에서 주저앉았을 수도 있다. 이런 면에서 고구려는 말의 힘으로 일어나 그 힘에 도움을 받으며 강대국으로 성장, 발전했다고도 할 수 있다.

고구려가 강성한 제국을 건설하는 데 또 하나의 기본 요소가 된 것이 풍부하고 우수한 철이었다. 끊임없이 계속되는 전쟁에서 망하지 않고 살아 남으려면 강력한 군사력을 유지해야 하며, 이 군사력을 유지해 주는 여러 조건 중 가장 기본이 되는 것은 무기의 재료가 되는 철의 풍부한 생산과 그 원활한 공급이다.

사실상 고대의 잦은 전쟁은 철의 발견과 깊이 관련되어 있으며, 철을 배경으로 빚어진 전쟁이 문화교류에 크게 기여했음은 잘 알려진 사실이다. 그리고 우수한 철제 무기를 갖춘 국가가 이 시대에 문화교류를 주도하였음은 당연하다.

고구려가 고대시대 동아시아의 대제국으로 발돋움할 수 있었던 원동력이 된 것도 바로 이 철이었다. 이런 면에서 고구려는 전형적인 고대 정복국가임에 틀림없다.

그렇다면 고구려의 철은 어디에서 생산된 것일까. 자체적으로 생산하지 않고 만약 다른 국가로부터 공급을 받았다면 무기체제를 일정하게 유지하기 힘들었을 것이다. 고구려가 중국의 강력한 역대왕조에 맞서 줄기차게 싸우며 살아 남았던 사실을 통해 짐작할 수 있듯이 고구려는 직접 양질의 철을 요동 지방에서 생산하여 다양한 용도의 우수한 무기를 만들어 썼다. 고구려의 철에 대해서는 당시의 주변국가들도 그 우수성을 인정하고 있었다.

『수서』 거란전을 보면, 거란이 자체적으로 철을 생산하지 못해 고구려에서 수입하여 사용한다는 기록이 나온다. 고구려의 철이 비한족(非漢族)에게 공급된 첫 사례라고 할 수 있다. 더 이상의 기록이 없기 때문에 당나라 시대에도 고구려의 철이 거란에 제공되었는지 자세한 전모는 알 수 없다.

철의 중요성을 누구보다 잘 알고 있었으며 또한 철을 자체적으로 생산하고 있었던 강대국 중국은 주변 국가에서 철이 생산되는지 어떤지, 생산된다면 그 양과 질은 어떠하며 생산되지 않는다면 어느 곳으로부터 공급을 받고 있는지에 지대한 관심을 갖고 이를 가벼이 넘기지 않았다.

고구려와 관련하여 주목을 끄는 중국인의 기록 중에 북적(北狄)인 실위(室韋)에 대한 기사가 있다. 『당회요』(권96, 실위)와 『통전』(권200, 실위)에는 실위국에서 철이 생산되지 않는다고 되어 있고, 『당서』(권219, 실위)에는 실위국의 철 생산량이 적다고 했다. 여기에서 관심이 가는 것은 실위국 자체에 대해서가 아니라, 실위국이 고구려로부터 철을 공급받고 있다는 기사이다. 만약 실위국에서 철이 생산되지 않았다면 고구려가 필요한 양의 철을 공급해 주었을 것이며 생산량이 적었다면 부족한 만큼을 공급해 주었다고 해석할 수 있을 것이다.

실위의 철 관련 기사는 대단히 간략하지만 이 짧은 기사 안에서 몇 가지 중요한 역사적 사실을 발견해 낼 수 있다. 우선 철의 공급을 중심으로 한 고구려와 실위 관계에 대해서이다. 고구려가 아무런 조건 없이 막대한 중요성을 갖는 철을 실위에 공급했을 리 만무하다. 철저하게 계산된 목적에 따른 행동이었을 것이다.

고구려는 대제국으로 발전해 나가는 과정에 중국의 역대정권으로부터 수많은 침공을 받으며 방해를 받았다. 따라서 고구려는 비한족국가와 세력을 연합하여 한족국가에 공동으로 대응하는 것을 외교의 기본 방향으로 삼았다. 연개소문이 집권하기 이전에 고구려가 동돌궐과 긴밀한 유대관계를 맺은 것이나 연개소문이 집권하면서 설연타(薛延陀) 세력과 연합하기 위해 외교적 노력을 기울인 것 등은 그 대표적인 예이다.

애기를 다시 실위 관련 기사로 돌려보면, 고구려는 국가적 전략 차원에서 비한족 국가인 실위를 자국의 영향권 안으로 흡수하고자 실위에 철을 공급해 주었을 것이다. 중국의 역사책에 따르면, 돌궐과 설연타를 고구려 영향권 안으로 끌어들이려 한 시도는 노력에 비해 그 성과가 적었다고 하지만 실위의 경우는 달리 생각해야 할 것이다. 즉 고구려가 무기나 다름없는 철을 실위에 공급했다는 것은, 실위를 동맹국으로서 적극적으로 끌어들일 목적을 갖고 있었거나 실위가 동맹국으로 남아 있었기 때문이라고 할 수 있다. 따라서 실위가 동맹국에서 이탈할 경우 철의 공급은 즉각 중단되었을 것이다.

그런데 앞서 언급했듯이 당나라 시대가 지나서 편찬된 『당서』에는 그 이전 기록과는 달리 실위국의 철 생산량이 적다는 표현이 나온다. 이 기사를 그대로 믿는다면, 당나라 시대에는 생산되지 않았던 철이 그 이후에 적은 양이나마 생산되었다는 말이 된다. 과연 그러할까. 혹 『당서』가 『통전』과 내용을 달리 표현한 데는 어떤 의도가 있었던 것은 아닐까.

『당서』는 당나라를 동아시아의 중심국가로 미화시키려는 목적을 갖고 씌어진 역사책임을 우선 염두에 두어야 한다. 그것을 전제로 한다면 실위의 철 관련 기사도 그와 관련해서 살펴볼 필요가 있다. 즉 실위에 철을 공급한 고구려의 국가적 위상에 흠집을 내려는 의도에서 나온 기사일 가능성이 있는 것이다. 만약 실위가 처음에 고구려의 동맹국이었다가 나중에 가서 동맹국에서 이탈했다면 『당서』는 실위 기사에서 아예 철 문제를 다루지 않았을 것이다. 다룬다면 실위는 고구려의 동맹국 대열에서 이탈했음을 언급하지 않을 수 없기 때문이다.

이상으로 보건대 당나라 시대 실위는 끝까지 고구려의 동맹국으로 남아 있었다고 보는 것이 합당할 것이다. 고구려는 철의 생산이 남아돌더라도 실위가 동맹국이 아니었다면 철을 공급하지는 않았을 것이고, 동맹국이기 때문에 철을 공급함에 있어서도 그 대가로 돈을 받지는 않았을 것이다. 무상으로 철을 공급하여 동맹관계를 유지하는 것이 돈을 받는 것보다 국가적인 실익이 더 컸을 터이기 때문이다.

고대시대에 있어 중대한 의미를 갖는 이러한 철 공급 기사가 문헌에 있는 만큼 고구려와 실위 간의 관계는 그 전모가 언급됨이 마땅할 것이다. 그러나 위의 세 역사책 모두 여기에 대해서는 함구를 하고 있는데, 양국 관계에 대한 언급 자체가 당나라의 자존심을 해치는 문제였기 때문에 굳이 이를 회피한 것으로 보인다.

이러한 철과 관련된 중국인의 고구려에 대한 자존적 태도와 더불어 일본의 고구려 관계기록도 주목된다. 『일본서기』(권11, 仁德紀 12년 7월 을유조)를 보면, 344년(미천왕 25) 고구려가 일본에 철로 만든 방패와 과녁을 선물한 기사가 나온다. 일본은 이를 '조공품'으로 표현하고 있다. 당시 일본은 바느질 솜씨가 보잘것이 없어 중국 오나라에서 바느질하는 사람들을 데려오고자 했는데 오나라까지 갈 수 있는 항해술이 없어 고구려 사람들에게 항해 안내를 받아야 할 정도였는데 '조공품'이라 표현한 것은 어불성설이다. 당시 고구려는 일본의 문화수준을 낮게 보아 고구려왕이 일본왕에게 보낸 국서에서 "고구려왕이 일본국을 가르친다"라는 표현을 쓴 적도 있다(일본은 이에 발끈하여 고구려의 국서를 표문이라 하며 찢어 버렸다 한다).

어쨌든 고구려가 일본에 이러한 철제 방패와 과녁을 선물했다는 사실은 이것들이 아직 일본에는 없던 우수한 제품이었기 때문일 것이다. 바로 이러한 철로 만든 양질의 무기가 고구려를 한족의 침략으로부터 지켜 주었다.

3. 맥족의 자존심으로 중원제국에 맞서다

1) 한자보다 겨레의 말을 사랑하다

역사상 나라가 발전하려면 외래문화의 섭취도 중요하다. 그러나 이보다 더 중요한 것은 고유문화를 지켜 나가는 일이다. 이는 역사발전의 움직일 수 없는 법칙이다. 고구려는 천년 가까이 역사를 유지한 나라이다. 당연히 그 고유문화의 유지 발전에도 노력을 아끼지 않았을 것이다. 이하에서는 그 실태를 추적해 보도록 하겠다.

고구려에서는 모든 표기에 한자를 사용하였다. 그러나 읽기는 고구려의 국어로 했고, 따라서 읽는 법이 분명 있었을 것이다. 현재로서는 이를 완전히 판명할 수 없는 것이 유감이다. 그런 가운데 비교적 지금 밝혀져 있는 것은 지명과 왕의 시호(諡號) 정도이다.

『삼국사기』 지리지에 보면 지명의 연혁이 나와 있는데, 표기는 한자이나 발음은 중국식이 아닌 고구려식의 고유 발음을 쓴 예를 살펴보면 다음과 같다.

수성군(水城郡)   본래 고구려의 마이고을[買忽]

개성군(開城郡)	본래 고구려의 동비고을[冬比忽]
삭정군(朔庭郡)	본래 고구려의 비열고을[比列忽]
야성군(野城郡)	본래 고구려의 야시고을[也尸忽]
고성군(高城郡)	본래 고구려의 달고을[達忽]
십곡현(十谷縣)	본래 고구려의 덕돈고을[德頓忽]

다음에는 왕의 시호를 보자. 고구려 역대 국왕의 시호는 다음과 같다.

1. 동명성왕(東明聖王)
2. 유리명왕(琉璃明王)
3. 대무신왕(大武神王) 또는 대해주류왕(大解朱留王)
4. 민중왕(閔中王)
5. 모본왕(慕本王)
6. 태조왕(太祖王) 또는 국조왕(國祖王)
7. 차대왕(次大王)
8. 신대왕(新大王)
9. 고국천왕(故國川王) 또는 국천왕(國川王), 국양왕(國襄王)
10. 산상왕(山上王)
11. 동천왕(東川王) 또는 동양왕(東襄王)
12. 중천왕(中川王) 또는 중양왕(中壤王)
13. 서천왕(西川王) 또는 서양왕(西壤王)
14. 봉상왕(烽上王) 또는 치갈왕(雉葛王)
15. 미천왕(美川王) 또는 호양왕(好壤王)
16. 고국원왕(故國原王) 또는 국강상왕(國岡上王)
17. 소수림왕(小獸林王) 또는 소해주류왕(小解朱留王)
18. 고국양왕(故國壤王)

19. 광개토왕(廣開土王)
20. 장수왕(長壽王)
21. 문자명왕(文咨明王) 또는 명치호왕(明治好王)
22. 안장왕(安藏王)
23. 안원왕(安原王)
24. 양원왕(陽原王) 또는 양강상호왕(陽崗上好王)
25. 평원왕(平原王) 또는 평강상호왕(平岡上好王)
26. 영양왕(嬰陽王) 또는 평양왕(平陽王)
27. 영류왕(榮留王)
28. 보장왕(寶藏王)

스물여덟 명의 왕의 시호에서 관심을 가져야 할 것은 고구려의 왕이 거의 중국식 시호를 따르지 않고 고유한 시호를 가지고 있었다는 것이다. 익히 알려져 있다시피 중국식 시호라는 것은 왕의 통치업적에 걸맞게 지어 바치는 것으로, 예컨대 중국 주나라의 무왕(武王)·성왕(成王)·유왕(幽王)·평왕(平王), 한나라의 혜제(惠帝)·문제(文帝), 진나라의 무제(武帝)·혜제(惠帝)·원제(元帝) 등이 그것이다. 그러나 고구려는 중국문화를 받아들이면서도 왕의 시호는 중국식을 피하고 왕을 장사지낸 지명을 사용하는 경우가 반을 넘는다. 민중왕, 모본왕, 고국천왕, 산상왕, 중천왕, 서천왕, 봉상왕, 미천왕, 고국원왕, 소수림왕, 고국양왕, 광개토왕, 양원왕, 평원왕 등이 그렇다.

물론 고구려 왕의 시호와 관련하여 예외가 없는 것은 아니다. 예컨대 장수왕의 시호는 98세까지 생존한 데서 붙여진 것이며, 문자명왕의 경우는 특례라고 보면 좋을 것이다. 광개토왕의 경우, 왕의 업적에 비추어 붙여진 시호로 중국식을 따른 것 같지만 광개토왕릉비문에 나타난 정식 시호는 '국강상광개토경평안호태왕'이다. 여기서 국강상은 광개토왕의 능이 자리잡고 있는 지명이다. 따라서 능의 소재지와 통치업적을 동시에 반영한 시호이므로 완전한 중국식이라고 할 수 없다.

이러한 고구려의 예는 백제나 신라의 예와도 구분된다. 백제의 경우, 처음에는 온조왕(溫祚王)·다루왕(多婁王)·기루왕(己婁王)·개루왕(蓋婁王) 식으로 백제식의 고유한 시호를 가졌으나, 말기가 되면 성왕(聖王)·위덕왕(威德王)·혜왕(惠王)·법왕(法王)·무왕(武王) 등 중국식 시호로 바뀌었다. 신라도 마찬가지여서 중기 이후 지증왕(智證王)·법흥왕(法興王)·무열왕(武烈王)·문무왕(文武王)·신문왕(神文王) 등 중국식 시호로 바뀌었다. 삼국 중 멸망할 때까지 고유한 시호를 계속 유지한 것은 고구려뿐이었던 것이다.

이렇듯 고구려 국왕이 말기까지 고유한 시호를 유지한 배경은 무엇일까. 이와 관련하여 고구려라는 국호 자체도, 백제와 신라라는 중국식 국호와는 달리 고유한 명칭이다. 이는 고구려가 분명 중국문화의 영향을 많이 받으면서도 민족으로서의 명칭을 계속 국호로 사용할 만큼 강렬한 민족의식을 갖고 있었음을 보여 주며, 왕의 시호나 지명에서 고유성을 유지한 것도 똑같은 맥락에서 살필 수 있을 것이다. 이러한 민족성은 중국식을 따르지 않은 고구려 사람들의 고유한 이름에서도 그대로 드러난다. 동명성왕 주몽, 유리왕 유리, 대무신왕 무휼, 민중왕 해색주, 신대왕 백고, 고국천왕 이이모 등은 그 대표적인 예이다. 고구려 말기의 풍운아 연개소문의 경우도 『일본서기』에 이리가수미(伊梨柯須彌)라고 기록되어 있는데, 여기에서의 '이리'란 샘[泉]이라는 뜻을 가진 고구려 말이다. 이처럼 고구려 사람들은 고유한 감정과 정신을 그대로 나타내고 유지하기 위해 노력하였으며, 이를 민족의식과 관련시킨다면 국어를 존중함으로써 민족의 기백과 기상을 나타내려 했다고 할 수 있다. 이러한 전통이 국호·시호·지명·인명 등 여러 방면에 걸쳐 그 고유성을 간직하도록 만들었을 것이다.

따라서 고구려가 천년에 가까운 세월을 문화의 대제국으로 자리할 수 있었던 원인을 살필 때는 반드시 민족의 고유성 간직이라는 요소가 언급되어야 할 것이다. 그리고 이처럼 고유한 문화를 오랫동안 간직하였기 때문에 고구려는 멸망한 후에도 그 문화와 정신의 고유성을 하루아침에 잃지 않았다. 즉 그 유구한 문화와 전통을 원동력으로 삼아 고구려 유민들은 발해국을 세워 고구려의 맥을 이어갈 수 있었던 것이다.

또한 발해로 이어진 고구려의 고유한 문화와 그 강렬한 민족의식은, 발해의 지배 하에 있던 여진족을 깊은 잠에서 일깨워 금(金)·청(淸)이라는 여진 민족국가를 세우게 하는 민족적 각성제 역할을 하였다. 나아가 한족(漢族) 문화에 동화되는 것을 막기 위해 금나라의 세종과 청나라의 성조가 국수주의를 표방하며 여진의 말과 글, 풍속, 전통 등을 지키고자 한 민족적 노력의 뿌리도 고구려 사람들의 민족적 기상과 민족의식의 고취로까지 거슬러 올라갈 수 있을 것이다.

2) 당태종도 인정한 고구려의 학문

나라는 세우는 일보다 유지하는 것이 더 힘들다. 나라를 세우는 데 있어 절대적인 중요성을 갖는 것은 무력이다. 그러나 역시 그 나라를 유지해 나가는 힘은 무력보다도 학문과 문화에 있다고 할 수 있다.

건국 후에 학문과 문화의 수준이 보잘것 없으면 문화대국과 교류를 하거나 협상을 벌일 때 자기 주장을 내세울 수 없다. 반면 학문과 문화의 수준이 아무리 높다 해도 무력이 허약하면 또한 역시 상대방에게 억눌리게 된다.

일찍이 고구려는 천년 가까운 역사를 창조해 내고, 수·당과 같은 중국 역대 왕조가 일으킨 전쟁에서 주도권을 장악하였던 나라이다. 중국의 왕조들은 고구려에 대해 지속적으로 칭신을 요구하며 침략해 들어왔으나 끝까지 이 요구를 거부하였으며 혹 칭신했다 하더라도 가식적인 것에 불과하였다. 이러한 고구려의 칭신 거부 태도는 어디에서 나온 것일까. 그것은 강력한 무력에다 수준 높은 학문과 문화를 갖고 있었기 때문이다. 그러나 고구려의 민족적 자존심을 지켜 준 이러한 요소들은 한편으로는 중국 역대 왕조로 하여금 고구려를 끊임없이 경계하게 하고 침략하게 하였다. 그리고 마침내 신라와 연합한 당나라의 대대적인 공격을 받아 고구려는 멸망하게 되었다. 이처럼 중국으로 하여금 끊임없이 불안감을 떨치지 못하게 한 고구려의 학문과 문화의 수준과 그 실태는 어떠하였을까.

고구려의 학문에 관한 첫 기록은『삼국사기』소수림왕 2년조에 보이는데, 태학을 세우고 자제들을 교육했다는 것이 그것이다. 태학이라는 교육기관의 설치가 갖는 의미는 무엇보다도 그 설치와 함께 학문과 교육의 수준을 크게 향상시킬 수 있는 기회를 갖게 되었다는 데서 찾을 수 있다. 그러므로 고구려의 학문 수준이 크게 향상된 것은 태학 설치 이후로 보이는데, 그렇다면 그 학문의 수준이 절정에 달한 것은 언제쯤일까. 이를 알려 주는 기록은『삼국사기』에는 보이지 않고, 단편이긴 하지만 중국 기록에서 관련 기사를 찾을 수 있다.

그 자료는 당나라 때 만들어졌거나 당나라에 관한 역사문헌이다. 우선 당나라 시대 사람인 두우(杜佑)가 지은『통전』(권185, 東夷上 序略)을 보면, 고구려 등 동이(東夷)의 학문과 서적은 중국의 그것과 같다는 짤막한 기사가 나온다. 동이는 고구려를 비롯하여 백제와 신라 등을 지칭하며, 학문은 유학, 서적은 5경(五經), 3사(三史 :『사기』·『전한서』·『후한서』),『자통(字統)』,『자림(字林)』 등을 가리킨다.

고구려의 학문이 중국의 그것과 동등한 수준에 올라설 수 있었던 것은 우선 고구려 사람들이 중국의 유학에 대해 저항감을 갖지 않고 적극적인 태도로 받아들인 결과이다. 고구려의 학문 수준이 절정에 달했음을 짐작케 하는 이러한 기사가『통전』에 나온 것으로 보아, 고구려의 학문은 그 수준이 대략 당나라 초기(627)의 그것에 이르렀다고 할 수 있다. 이를 다시 확인시켜 주는 것이『구당서』와『당서』의 관련 기록이다.

앞서 언급한 당나라 초기는 태종의 정관 원년을 말한다. 정관 초년을 고구려의 학문수준이 절정에 달한 시기라고 한 것은 그럴 만한 사연이 있어서이다. 626년(정관 원년) 고구려와 백제가 군사동맹관계를 맺어 함께 신라를 침공하자 신라는 위기를 벗어나기 위해 사태의 위급성을 당나라에 알리고 도움을 청했다. 신라의 다급한 요구를 받아들인 당태종(唐太宗)은 원외산기시랑(員外散騎侍郎) 벼슬을 하고 있는 주자사(朱子奢)를 뽑아 고구려와 백제에 사신으로 파견하여 신라 침공을 중지하도록 권했다.

고구려와 백제는 주자사의 요구대로 신라 침공을 중지했다. 그런데 당나라 태종은 주자사를 파견하기에 앞서 이 두 나라의 학문수준이 매우 높으며 학문을 중히 여긴다는 사실을 주자사에게 귀띔해 주었다. 태종이 주자사를 사신으로 선발한 것도 그가 학문적 풍모를 지니고 있음을 잘 알고 있었기 때문이다. 태종이 사신을 파견하면서 이처럼 학문에 신경을 썼다는 사실 그 자체는 바로 당시 고구려의 학문수준이 대단히 높았음을 증거하는 것이다. 태종은 주자사가 당나라의 사신으로서 중대한 임무를 완수하도록 하기 위해 고구려에서 말과 행동을 특히 조심하라는 당부도 잊지 않았다. 태종이 외국에 사신을 보내면서 사전에 학문수준 등을 언급하며 주의를 준 경우는 주자사 외에 다시 찾아볼 수 없다. 사실 고구려 정복을 자신의 최대 과업으로 정한 당태종이 특별히 고구려의 학문수준을 높이 평가할 까닭은 없다. 그럼에도 이러한 내용이 기록되어 있다는 것은 고구려의 학문수준을 사실 그대로 평가한 것이라 보아야 할 것이다.

고구려가 수와 당나라에 대해 굽힘 없이 칭신하지 않고 자존심을 견지할 수 있었던 데는 이처럼 중국과 어깨를 나란히 할 수 있는 높은 학문적 배경이 있었다. 당나라에 대해 칭신을 거부함으로써 두 나라 관계가 험악해질 조짐이 명백해졌음에도 고구려는 학문적 자존심을 유지하기 위해 많은 심혈을 기울였다. 639년(정관 13) 고구려 등 동이 세 나라와 호조[高昌], 투루판[土蕃] 등 여러 나라가 당나라의 국학에 학생들을 보내 그 수가 8천여 명에 이르렀다고 하는데, 그 상당수를 고구려가 점하지 않았을까 생각된다. 이러한 바탕이 있었기 때문에 고구려 사람들은 구양순의 해서 글씨체를 소중히 여기고 이를 직접 구해 오기도 하였던 것이다. 또한 광개토왕릉비문에 보이는 글씨체는 한나라와 진나라의 예서체와도 다른 완전히 독자적인 글씨체로서 높이 평가받고 있다.

이처럼 고구려의 발달한 학문은 역사 편찬으로 빛을 발했다. 편찬자의 이름은 알려지지 않았으나 『유기』라는 역사책이 100권으로 편찬되었으며 이는 서기 600년 태학박사 이문진에 의해 다시 총 5권의 『신집』으로 재편찬되었다. 이것들은 아깝게도 모두 전해지지 않으나 12세기에 김부식이 『삼국사기』 고구려본기를 지을 때 이 역사책을 이용했을 것이라는 설이 있는 것으로 보아 고려 때까지는 존속하고 있었던 것으로 추측된다. 그런데 이 역사책을 둘러싸고 흥미로운 견해가 제출되어 있다. 일반적으로 주몽이 세운 고구려의 역사를 기록한 것으로 알려져 있는 『유기』가 고구려 초에 편찬되었으며 다루고 있는 역사는 주몽의 고구려가 들어서기 이전 정권인 소노국의 역사로 보아야 한다는 견해가 그것이다. 주몽이 세운 계루부 중심의 고구려가 소노국의 정권을 탈취했으므로 소노국의 역사는 마땅히 고구려에 의해 정리·편찬되었을 것이고 따라서 『유기』는 주로 소노국의 역사를 기록한 책으로 보아야 한다는 주장이다.

또한 이러한 주장을 하는 사람들은 고구려 초기의 역사만 편찬할 경우 도저히 100권 분량이 될 수 없으나 고구려 이전의 정권인 소노국의 역사를 편찬하면 충분히 100권이 될 수 있다며 『유기』를 소노국의 역사책으로 보아야 한다는 근거로 들고 있다. 더군다나 김부식이 『삼국사기』를 편찬할 때 『유기』를 이용했다는 주장은 뚜렷한 근거에서 나온 것이 아니고 일부 소수의 의견에 지나지 않는다. 따라서 『유기』가 소노국의 역사책이라는 주장은 그만큼 설득력이 크다고 할 것이다.

역사 분야와 더불어 인문과학의 기초 분야인 철학도 높은 수준에 이르렀다. 그 대표적인 것이 철학사상의 하나인 음양오행설(陰陽五行說)이다. 음양오행설은 우주의 원리를 밝히려는 자연철학을 바탕으로

한 유물론적 철학사상이다. 음양오행가는 삼라만상의 바탕으로서 목
·화·토·금·수의 다섯 가지 물질을 들고 그것의 기본적 요소는
기(氣)이며 음기(陰氣)와 양기(陽氣)로 구분되어 있다고 설명한다.
'기'는 눈으로 볼 수 없는 미세한 물질로, 음기는 어둡고 소극적인 성
질을 지니고 있는 반면 양기는 밝고 적극적인 성질을 지니고 있다.
성질상 대립하고 있는 음기와 양기는 결국 오행이라는 다섯 가지 물
질을 생성함과 동시에 서로 결합하기도 하여 삼라만상, 특히 천지간
의 모든 물질을 만들어 낸다. 이것이 음양오행설이다.

고구려의 지배계층은 이 사상을 가지고서 사회적·정치적 문제를
해결하려 했다. 즉 오행(五行)을 온(溫)·양(良)·공(恭)·검(儉)·양
(讓)의 오덕(五德)으로 바꾸었던 것이다. 이로써 현실의 문제를 보다
고차원적인 철학적 기반을 갖고 파악할 수 있는 수준에 이르게 되었
다.

4. 고구려 수호의 힘을 찾아

1) 춤추고 노래하는 사람들

종족 또는 국가가 존립하려면 공동체의식이 강해야 한다. 공동체의
식이란 구성원 모두가 하나됨을 느끼는 굳은 유대관념을 말하는데,
국가의 멸망은 공동체의식이 미약해졌을 때 일어나는 민족적 불행임
을 역사는 보여 준다. 알다시피 고구려가 근 1천 년에 걸쳐 존립할
수 있었던 배경에는 강력한 공동체의식이 자리하고 있었다.

　그렇다면 고구려의 이 공동체의식은 어떻게 해서 형성되었을까. 이를 알아보기란 매우 힘든 일이다. 그러나 『후한서』 등 고구려 관련 중국의 역사책을 보면, 공동체의식과 관련된 기사들이 더러 보인다. 공동체의식이 제대로 형성되려면 무엇보다도 먼저 그러한 의식을 형성할 수 있는 공동의 장이 마련되어야 한다. 고구려에서는 밤만 되면 각 읍과 부락의 남녀가 귀천에 상관없이 모여 함께 춤추고 노래했다는 기록이 나온다. 이는 고구려인들이 놀이를 통해 하나가 되었음을 보여 주는 것이며 이로써 공동체의식의 강화가 도모되었을 것이다.

　놀이를 통해 남녀의 만남이 밤마다 이루어지다 보니 상대방을 이해하는 폭도 넓어졌을 것이다. 젊은 남녀는 이를 통해 자연스럽게 배필을 골랐다. 고구려에서 연애혼이 일반적으로 행해지고 성이 개방되어 있었던 것은 이러한 풍속과도 밀접불가분의 관계에 있다.

　밤마다 같은 부락민이 한자리에 모여 즐겁게 놀다 보니 서로 모르는 얼굴이 없었을 것이다. 그래서 이들은 길을 걸을 때 서로 마주치면 잘 안다는 표시로 손을 흔들었다. 이는 공동체의식을 확인하는 하나의 방법이었을 것인데, 이런 확인 방법 중에는 공동목욕도 있다. 고구려인들은 깨끗한 것을 좋아하여 가까운 사람이건 먼 사람이건 가릴 것 없이 함께 냇물에서 목욕하기를 즐겼다. 목욕은 남녀가 함께 하는 것은 아니었고, 아버지와 아들식으로 남자들끼리 하는 목욕이었다. 특별히 아버지와 아들의 공동목욕은 마치 한방에서 함께 잠을 자면서 만들어 나가는 가족유대의 강화와 같은 성질을 띤 것이었다.

　공동체의식의 함양을 위해 고구려인들이 즐긴 놀이로는 장기·바둑·투호·축구 등이 있었는데, 백제인도 이러한 놀이를 즐겼다고 한다. 장기·바둑·투호는 중국에서도 행해졌고, 축구는 격구처럼 원래 유목민이 즐기는 큰 놀이였다.

고구려 사람들의 놀이에서 공동체의식을 분명히 보여 주는 것으로 정월 초에 열린 대동강 물놀이를 들 수 있다. 여기에는 국왕도 직접 참관했다. 놀이가 끝나면 두 편으로 나누어 물 속에서 돌을 집어들고 상대편에게 던지는 투석전을 벌였다. 이 투석전은 그쳤다가 다시 시작하기를 몇 차례씩 반복하였는데, 놀이인 동시에 체력을 단련하는 훈련이었다고 할 수 있다. 특히 성을 빼앗으려는 적군의 필사적인 공격을 물리치기 위해 성 안에서 동원할 수 있는 여러 방어수단 중 돌 던지기는 기본적인 것이었다.

돌 던지기가 아무런 장비를 갖추지 않고 벌이는 체력단련이라고 하면, 완전히 무장을 하고 참여하는 체력단련 겸 군사훈련도 있었다. 봄과 가을 두 차례 낙랑 언덕에서 치러지는 사냥대회가 그것인데, 그 규모가 매우 컸고 역시 국왕이 참석하였다. 바보 온달이 두각을 나타내어 입신양명의 기회를 얻었다는 이야기로도 유명한 이 사냥대회는 기병전의 성격을 지니고 있었다. 문헌에는 왕의 참관 하에 열리는 중앙의 사냥대회만 소개되어 있으나, 각 지방에서도 사냥대회가 열렸다고 보아야 할 것이다. 중앙보다 지방에서 기병전이 더 필요했기 때문이다.

고구려군이 중국의 장성을 넘어 들어가 침공한 사실은 유명하다. 이는 바로 국가의 적극적인 지원 하에 열린 사냥대회를 통해 쌓아올린 기병전술의 결과이다. 이런 면에서 사냥대회는 고구려의 공동체의식을 강화하는 데 어떤 것보다 중요한 의미를 지니고 있었다고 보아야 할 것이다.

그런데 기병의 기본 훈련종목은 활쏘기와 말타기이다. 고구려에서는 어른이 되기 전부터 전국의 경당에서 활쏘기 훈련을 해 왔다는 기사를 통해 알 수 있듯이 활쏘기는 가장 초보적인 훈련종목이었다. 한편 산악지대가 많은데다 유목민의 침공까지 자주 받았던 고구려에서는 기병의 역할이 매우 클 수밖에 없었다. 그러므로 말타기 역시 무시할 수 없는 훈련이었다. 말을 죽인 사람은 종으로 삼는다는 무거운 형벌규정을 두고 말타기 훈련을 중시한 것은 기병의 중요성을 구체적으로 보여 주는 것이라 할 것이다.

말타기와 활쏘기 등의 각종 훈련에서 민첩한 행동은 필수적이다. 문헌기록에 의하면 고구려 사람들의 걸음은 마치 달리는 것처럼 빠르다고 하였는데, 이는 모든 행동이 민첩했음을 뜻한다. 걸터앉기를 좋아했다는 것도 행동의 민첩성과 직접 관련되는 것이다. 반사적인 행동을 하려면 걸터앉는 것보다 더 좋은 자세는 없을 것이기 때문이다. 다음 행동을 항상 염두에 둔 고구려인들의 이러한 행동은 인사예절에서도 나타난다. 즉 아랫사람이 윗사람에 대한 존경의 표시로 꿇어앉아 절을 할 때도 한 다리는 펴고 했던 것이다.

고구려인들의 행동, 즉 걸을 때, 절할 때, 앉을 때의 자세와 행동까지 중국인들이 세세히 적어둔 것은 특별히 이들의 행동이 자신들의 행동과 달랐기 때문일 터인데, 이러한 행동은 앞서 언급했듯이 다음 행동을 민첩하게 하려는 의식구조에서 비롯된 것이다. 말하자면 고구려인들의 행동거지는 나라를 지키려는 국방의식과 관련되지 않은 것이 하나도 없었다고 해도 될 것이다. 결국 고구려인들은 항상 강고한 공동체의식을 염두에 두고 계속적인 체력단련과 훈련에 임하였으며 이를 통해 반사적이고 민첩한 행동을 몸에 익혔다. 그리고 이러한 힘이 국가를 1천 년에 걸쳐 지켜나갈 수 있도록 만들었던 것이다.

2) 무예를 숭상하는 사람들

고구려 사람들은 항상 무술연마와 체력단련에 힘을 기울였다. 남자들은 어릴 적부터 활쏘기 · 말타기 · 칼쓰기 등 각종 무술연마를 생활화하였으며 또한 달리기 등의 체력훈련을 통해 몸을 튼튼히 하는 데 게을리하지 않았다. 고구려에서는 국가 차원에서 열리는 모든 경기에서뿐 아니라 민간오락에서도 무술이 기본으로 되어 있었기 때문에 무예르 숭상하는 상무정신(尙武精神)은 생활의 구석구석에까지 굳게 뿌리를 내렸던 것이다.

상무정신이 고구려 사람들의 마음에 깊게 자리잡게 된 것은 수백 년 동안 한(漢) · 수(隋) · 당(唐) 등 중국 역대정권의 계속되는 침공을 막아 내야 했던 철저한 자주국방 의식과 직접적인 관련이 있다. 게다가 산악지방이 많아 목축과 사냥을 농업 못지않은 생업으로 삼고 생활한 것과도 관련이 있을 것이다.

그러면 상무정신이 고구려 사람들에게 어떻게 자리를 잡았는지 살펴보기로 하자. 목축이 농업 다음 가는 생업이었던데다가 기병의 역할이 컸던 만큼 고구려에서는 말타기가 생활화되어 있었다. 그리하여 이들은 말을 잘 타는 것을 큰 자랑으로 여기고 어릴 적부터 말타기에 익숙해지도록 힘썼다. 이는 주몽의 건국설화만 보아도 명확히 알 수 있다. 고구려의 건국자 주몽은 어려서부터 활쏘기에 비상한 재주를 가진 인물이었다. 부여의 일곱 왕자는 그의 이러한 뛰어난 재주를 시기하였고 부여왕도 그의 재주에 두려움을 느껴 주몽에게 말을 돌보는 천한 일을 하도록 명령하였다. 그런데 주몽은 말을 알아보는 안목도 탁월하여, 일부러 좋은 말에게는 먹이를 적게 주어 여위게 하고, 굼뜬 말은 잘 먹여 살찌게 했다. 아니나다를까 왕이 살찐 말은 자신이 갖고 주몽에게는 여윈 말을 주니, 주몽은 좋은 말을 갖게 되었다.『삼국사기』고구려본기 동명성왕 즉위년조에 전하는 이야기이다.

이 이야기는 주몽을 미화·과장하기 위해 일부러 꾸며낸 듯하나, 이를 통해 고구려 사람들이 어릴 적부터 말을 길렀으며 사육 과정에서 말의 특성까지 가려 낼 줄 알고 말타기에도 익숙했음을 엿볼 수 있다. 춤무덤·세칸무덤 등 고구려의 무덤벽화를 보면 기사들이 질풍같이 말을 몰면서 활을 쏘아 범·곰·사슴 등의 짐승을 사냥하는 장면이 많이 나온다.

과하마로 불린 고구려의 말은 강하고 날래 평지만이 아니라 산지에서도 잘 달려 일명 천리마로 소문이 나 있었으며, 그 소문은 중국에까지 퍼져 나갔다.『태평어람』(권359, 병부 장니조)을 보면, 고구려 사람들이 천리마·생곰가죽·장니(안장) 등을 남연(南燕)에 보내자 남연의 왕이 그 답례로 물소와 앵무새를 보냈다고 한다. 고구려의 천리마는 유목생활을 해 온 선비족에게도 명마로 알려져 있었던 것이다.

고구려 사람들은 자갈·안장·띠 등 말타기에 필요한 장비를 개선해 나가면서 쇠로 만든 말등자까지 만들어 냈다. 고구려 사람들에게 말이란 생활에 없어서는 안 될 필수적인 존재였기 때문에 부단히 그 개량에 힘써 우수한 품종의 말을 길러 냈으며, 여기에서 축적된 귀중한 경험과 우수한 제철기술을 바탕으로 뛰어난 마구를 제작, 사용하였는데 쇠등자도 그 중 하나였다.

고구려 사람들이 말타기에 매우 능했다는 사실은 많은 문헌과 기록에서 볼 수 있다.『후한서』고구려전을 보면 서기 49년(후한 광무제 25) 고구려군이 후한의 우북평·어양·상곡·태원의 4군을 쳤다는

기사가 나오고,『삼국사기』고구려본기 모본왕 2년조에도 같은 기사
가 있다. 고구려가 빠른 시일 안에 수천 리나 떨어진 태원(산서성)까
지 쳐들어갈 수 있었던 것은 역시 기병이 아니고서는 생각할 수 없는
일이다.

이 말타기 만큼이나 중요하게 여겨진 것이 활쏘기였다. 고구려에서
는 활쏘기가 국가적인 행사로 자리잡혀 있었고 따라서 사람을 평가하
거나 등용할 때도 활쏘는 솜씨가 중요한 잣대가 되었다. 이는 고구려
의 건국설화에서도 찾아볼 수 있다. 겨우 일곱 살밖에 안 된 주몽이
이미 스스로 활과 화살을 만들어 목표물을 정확히 맞추었으며 이 때
문에 옛 부여어로 활 잘 쏘는 사람이라는 뜻을 가진 주몽이라는 이름
으로 불렸다는 얘기가 그것이다. 또한 온달이 국가에서 개최한 사냥
대회에서 우승하였다는 유명한 이야기도 그와 맥락을 같이한다.

『구당서』(권199, 동이별전 고려)에는 고구려에서는 글읽기와 활쏘
기가 교육의 중요과목으로 정해져 국가적으로 장려되었다고 기록되
어 있다. 즉,

풍속에 책을 사랑하며 가난하고 천한 심부름꾼의 집에 이르기까
지 각기 네거리에 큰 집을 지었는데 이를 경당이라 했다. 혼인 전에
젊은이들은 밤낮으로 여기에서 글을 읽고 활쏘기를 배웠다.

고구려 사회에서 천하고 가난한 사람들의 자식까지 밤낮으로 글을
읽었다는 것은 인정하기 어렵다 하겠으나, 부락마다 설치된 경당에서
미혼의 젊은이들이 글을 배우고 활쏘기를 연습했다는 것은 사실에
입각한 것으로 보인다. 이는 고구려에서 활쏘기가 교육의 중요한 부

분으로 자리하고 있었음을 증명하는 것이다. 젊은 사람들은 이처럼 경당에서뿐 아니라 부모나 선배들로부터도 활쏘기를 열심히 배웠으며, 심지어 경당에 나갈 나이가 안 된 어린아이들도 어른들의 활쏘는 것을 보고 배우려 했다. 그리고 이러한 활쏘기 기술의 보급으로 고구려는 뛰어난 사수 부대를 보유하여 적은 병력으로도 막강한 적을 물리칠 수 있었다.

한편 고구려 사람들은 국가를 지키려면 몸을 튼튼히 해야 한다는 것을 알고 있어 씨름·달리기·수박(태권) 등의 경기를 통해 끊임없이 몸을 단련시키는 것을 게을리하지 않았다.

고구려 사람들이 어려서부터 달리기를 배운 탓에 몸놀림이 매우 민첩했다는 것은 잘 알려진 사실이다. 예컨대『후한서』고구려전에는 고구려 사람들의 보통 걸음걸이가 마치 달리는 것 같다는 기록이 나오는데, 한족이나 또는 다른 종족에 비해 특별히 고구려인들의 걸음걸이가 매우 빨랐음을 보여 주는 것이다. 보통 걸음도 달리듯이 빨랐다면 전쟁터나 사냥터에서는 그 행동이 얼마나 민첩했을지 짐작이 갈 것이다.

씨름은 고구려 사람들에게 가장 많이 보급된 경기종목이었다. 통구에 있는 씨름무덤의 오른쪽 벽에는 씨름그림이 그려져 있다. 두 씨름꾼이 상대방의 허리를 잡고 힘을 겨루고 있는 모습인데, 그 모습이 오늘날의 씨름과 크게 차이가 없다. 씨름은 언제 어디서나 할 수 있는 생활체육으로 자리잡혀 흔히 볼 수 있었던 것이라 실생활의 묘사를 주제로 하는 벽화의 소재가 되었던 것이다.

수박은 권법이라고도 하는데 씨름처럼 손으로 서로 맞잡고 메치는 것이 아니라 일정한 거리를 두고 주먹질로 상대방을 넘어뜨리는 경기이다. 수박그림이 세칸무덤·춤무덤 등 여러 무덤에서 보이는 것으로 보아 수박 또한 고구려 사람들 사이에서 성행하였음을 알 수 있다.

고구려 사람들은 이와 같은 씨름과 수박을 통해 무엇을 얻었을까. 강한 힘과 격파력 외에도 상대방의 약점을 재빨리 알아차리고 즉각 공격에 나설 수 있는 순발력, 민첩한 기동력, 그리고 적군의 공격을 분쇄하는 강한 의지력 등을 키움으로써 강한 전투력을 배양할 수 있었을 것이다.

이렇게 해서 길러지고 다져진 고구려 사람들의 상무정신은 국방과 생산에 절대적으로 도움이 되었고, 따라서 통치자들은 의도적으로 이를 더욱 권장하였다. 그 좋은 예가 바로 사냥경기이다. 고구려는 매년 3월 3일 낙랑 언덕에서 사냥경기를 개최하였다.『삼국사기』(권45, 온달전)는 사냥대회 광경을 다음과 같이 전하고 있다.

고구려에서는 해마다 봄 3월 3일을 기해 낙랑 언덕에 모여 사냥을 하여 잡은 멧돼지와 사슴을 갖고 하늘과 산천 신령에 제사를 지냈다. 그 날 왕은 사냥을 나가는데 여러 신하와 5부의 군사들이 모두 따라갔다. 이 때 온달은 기르던 말을 타고 왕을 따라갔다.

낙랑 언덕에서의 사냥은 매년 국왕의 참석 하에 열리는 국가적 행사였다. 여기에는 5부의 군사들도 다 참가했는데 이들은 온달처럼 평상시에 무예를 익힌 군사들이었다. 사냥대회는 각 지방에서도 열린 듯하다. 약수리무덤·춤무덤·사냥무덤 등 여러 지방의 무덤벽화에 등장하는 사냥하는 그림들이 이를 보여 준다.

사냥대회에서 무사들은 평소 연마한 활쏘기·말타기·칼쓰기·창쓰기 등 무술솜씨를 마음껏 발휘하였다. 노루·곰·범 등을 사냥하는 강서군 약수리무덤의 벽화그림을 보면, 한 사람은 화살 하나로 노루 세 마리의 목을 관통시키고 또 한 사람은 등에 화살을 맞고 산으로 도망치는 범을 향해 명적(소리를 내는 활촉)으로 겨누면서 말을 달리고 있다. 또 어떤 사람은 말을 타고 달리면서 곰과 범을 같은 명적으로 겨누고 있으며 또 어떤 사람은 목에 화살을 맞고 도망치는 사슴을 넙적 화살촉으로 겨누고 있다.

이들 그림을 통해 고구려 사람들이 사냥감에 따라 활촉을 용도별로 사용할 줄 알았으며, 화살 하나로 노루 세 마리의 목을 관통시킬 만큼 탁월한 활쏘기 재능에다 필사적으로 도망치는 맹수를 향해 말을 부리면서 활을 쏠 수 있는 능숙한 기마술까지 겸비한 무사들로서 전투기상에 넘쳐 있음을 볼 수 있다.

고구려에서는 돌팔매질도 국가적으로 권장되는 항목 중 하나였다. 『수서』(권81, 고구려전)를 보면, 고구려 사람들은 연초에 패수(대동강)가에서 집단적으로 모여 각종 놀이를 벌이고 난 후 강을 사이에 두고 두 패로 편을 갈라 돌팔매질을 하는 경기를 벌였는데, 여기에는 국왕 이하 고관대신들이 반드시 참석했다.

이처럼 목표물을 맞추는 돌팔매질까지 국가적인 경기로 행해질 정도였다면 이보다 더 전투적인 무술과 경기야 더 말할 나위가 없을 것이다.

『후한서』 고구려전은 한족 등 다른 종족보다 고구려 사람들이 남달리 "기력이 있고 전투에 익숙하다"고 했다. 이는 상무정신에 넘치는 고구려 사람들의 남다른 전투기상을 잘 나타냈다고 할 수 있다. 이같이 고구려 사람들의 패기찬 상무정신을 바탕으로 고구려의 상비군은 막강한 위용을 자랑하게 되었다.

그런데 『삼국지』 위서 동이전 부여조를 보면, 부여 사람들은 집집마다 스스로 갑옷과 무기를 갖추고 있었다는 기사를 만나게 된다. 고구려 사람들도 마찬가지였을까. 이와 관련하여 당나라 사람인 장초금(張楚金)이 지은 『한원(翰苑)』 고려조를 보면, 고구려 사람들도 집집마다 무기와 말을 갖추고 있었다는 기사가 나온다.

다시 『한원』 고려조에는 고구려 남자들이 허리에 은띠를 차는데 왼쪽에는 숫돌을, 오른쪽에는 칼 다섯 자루를 달고 다닌다는 기록이 나온다. 연개소문도 역시 칼 다섯 자루를 차고 다녔다는 기사가 『삼국사기』(개소문전)에 보인다. 또한 발견된 칼을 보면 칼자루 끝에 고리가 달려 있는데, 칼을 차고 다니기에 편리하도록 이 고리에다 끈을 매어 썼을 것으로 보인다. 칼은 대부분 1m 남짓 되는 긴 칼이며 짧은 것은 30cm 정도였다.

두 기사를 종합해 보면, 고구려에는 적어도 다섯 종류의 칼이 있었음을 알 수 있다. 그러면 고구려의 남자들은 무엇 때문에 항상 다섯 자루나 되는 칼을 차고 다녔을까. 이를 명확하게 밝혀 줄 구체적인 기록은 없으나 다음과 같이 짐작을 해 볼 수 있다. 즉 이 칼들은 장식품이 아니라 생활상의 필요와, 동시에 성인이 되고 나서도 칼쓰기·활쏘기·말타기 등 각종 무술을 부단히 연마하는 데 꼭 필요한 도구로 쓰인 것이 아니었을까. 이를 직접 확인시켜 주는 것이 숫돌을 허리에 차고 다녔다는 기사이다.

이처럼 칼 등의 무기를 다루는 무술연마가 생활화되어 있었던 고구려 사람들은 유사시에 군대에 편입된다 해도 따로 무술훈련을 받을 필요가 없었을 것이다. 645년 안시성을 함락시키려는 당나라의 침공

군을 막기 위해 동원된 증원군이 15만 명(말갈군 포함)이었다고 하는
데, 이렇게 단시일 내에 많은 병사를 출동시킬 수 있었던 것은 잘 짜
인 징집체제 외에도 따로 병사에 대한 무술훈련을 필요로 하지 않았
기 때문으로 분석된다.

결국 '칼 다섯 자루를 허리에 차고 다니는 것'이 중국인들의 눈에는
기이한 풍습으로 보여 고구려 관련 기사에는 어김없이 기록되었지만,
이는 고구려인들에게는 평범한 일상사였다. 그렇게 본다면 연개소문
이 칼 다섯 자루를 차고 다녔다는 사실도 특별 취급할 일이 못 된다.
그런데도『삼국사기』의 개소문전에서는 이 기사를 매우 색다르게 취
급하고 있다. 예컨대 연개소문이 독재자로서의 위엄을 과시하기 위해
그러했다는 것이다. 고구려 남자들이 칼 다섯 자루를 차고 다녔다는
기록을 보지 못하고『삼국사기』기사만 본다면 그렇게 생각할 수도
있다.『삼국사기』편찬자가『한원』(고려)의 관련 기록을 보았다면 개
소문전에 이런 기록을 싣기는 어려웠을 것이다.『삼국사기』개소문전
에서는 연개소문을 포악한 독재자로 묘사하고 있고 위의 기사는 독재
자로서의 그를 연상케 하는 데 한몫을 하고 있다. 일찍이 연개소문을
극악한 독재자로 둔갑시킨 것은 고구려 멸망을 최대의 과업으로 삼았
던 당태종과 그를 맹목적으로 추종한 어용적인 역사가들이다. 그런데
도 그에 대한 비판은 없이 중국의 어용사가에 의해 왜곡된 기록을
그대로 베낀『삼국사기』의 편찬자는 그 책임을 면하기 어려울 것이
다. 사실 연개소문은 다른 고구려 남자들과 마찬가지로 활쏘기나 칼
쓰기 같은 무술을 생활화하고 있었고 허리에 칼 다섯 자루를 차고
다녔을 뿐이다. 그것을 독재자의 증거로 본다는 것은 그야말로 억지
가 아닐 수 없다.

3) 압록강의 바리케이드

고구려는 동해와 서해를 내해로 여기고 있었다. 그러나 바다와 관련된 기사는 그다지 눈에 띄지 않는다. 하기는 강과 관련된 기사가 없는 것도 매한가지이다. 그렇다고 해서 고구려 사람들이 강이나 바다에 대해 관심을 갖고 있지 않았다고 할 수는 없다. 고구려가 선비족 국가 남연과 중국 송나라에 말 800마리를 배로 실어다 주었다는 기록은, 고구려가 원거리 항해기술과 뛰어난 선박 제조기술을 갖고 있었음을 보여 준다.

고구려의 원거리 항해는 주로 중국의 남조(南朝)와 일본을 대상으로 하였고, 그 항해술의 우수성은 일본에서도 인정하고 있었다. 예컨대 고구려의 사신과 문화사절이 배를 타고 일본에 들어가 철제 방패와 철제 과녁 등을 비롯하여 선진문물을 전해 주기도 하고 고구려와 수·당과의 전쟁 상황이나 고구려의 국내사정까지 소상하게 알려 주었기 때문이다.

일본은 오진 천황(應神天皇) 37년에 사신을 중국의 오나라에 파견하여 바느질을 잘 하는 여인을 일본으로 데려오라고 명하였다. 그런데 일본은 오나라까지 갈 항해술을 갖고 있지 못했기 때문에 일단 고구려를 거쳐 오나라에 들어가려고 하였다. 이에 고구려에 도착한 일본 사신 일행은 고구려에 도움을 청하였고, 항로에 익숙한 고구려 사람들은 이들을 안내하여 오나라에 무사히 도착할 수 있도록 하였다. 그리고 마침내 오나라 국왕의 협조를 받아 네 명의 공녀(工女)를 데리고 귀국할 수 있었다.

고구려 사람이 일본 사신을 오나라까지 안내해 준 같은 시기에 오나라는 물론 고구려 항로를 알고 있었다. 그러나 문헌상 선박을 통한 오나라의 고구려 왕래를 확인할 수 있는 것은 233년(동천왕 7)의 기록 밖에 없다. 즉 손권이 보낸 오나라의 두 사신이 탄 선박이 서안평 입구에 도착했는데 사신들은 상륙하여 동천왕을 선우(單于)에 봉하고 돌아갔다는 것이 그것이다. 서안평은 압록강 하류에 있는 교통의 요지였다.

중국측 문헌에는 고구려의 서쪽 내해인 서해 및 동해에 대한 기록이 없으나 압록강에 관해서 만큼은 기록이 자주 보인다. 압록강이 고구려의 수도인 평양을 최후로 지켜 주는 천연적인 요새 역할을 해 왔기 때문이다. 그래서 압록강 관련 기록은 어김없이 압록강을 상세히 설명하고 있다.

원래 이름이 마자수(馬訾水)인 압록수(강)는 고구려의 동북지방에 있는 말갈족의 백산(백두산)에서 발원하는데, 강물이 기러기의 머리 색깔인 녹색을 띠고 있다고 해서 압록수란 이름이 붙여졌다. 옛 문헌에 따르면 이 압록수는 요동에서 500리 떨어져 있으며 국내성 남쪽을 지나 서쪽에서 염난수(鹽難水)와 만나 서남쪽으로 흘러 서안평성에 이르러 서해로 들어가는 고구려에서 가장 큰 강으로, 나루마다 큰 배가 정박해 있었다고 한다.

압록강을 설명한 이 기사에서 관심을 불러일으키는 것은 나루마다 큰 배를 정박시키고 있으며 고구려는 압록강을 천연적인 해자처럼 삼았다는 부분이다. 그렇다면 나루에 정박시킨 이 큰 배는 어디에 사용된 것일까. 먼저 강을 이용하여 병력과 물자를 수송하는 데 쓰였을 것임은 의심의 여지가 없다. 그러나 겨울이 되어 강이 얼어붙으면 배는 수송수단으로서의 역할을 할 수 없게 된다. 그렇다고 나루마다 정박시켜 두었다는 대형 선박들이 쓸모없이 겨울을 나는 것은 아니었다. 얼어붙은 강을 타고 침입하는 적군을 방어하는 데 엄폐물로 충분히 이용했을 것이기 때문이다. 강가를 따라 설치한 일종의 바리케이드인 셈이다.

압록강은 평양에서 450리 떨어진 자리에 있다. 612년 살수싸움에서 완패하고 겨우 목숨만 건져 살아 돌아갔다는 수나라 군사 2천 7백여 명은 24시간을 계속 달려 청천강에서 압록강의 안전지대로까지 필사적으로 도망쳐 온 자들이었다. 평양성을 함락시키기 위해 평양성 근방에까지 이르렀다가 뒤늦게야 고구려에게 속았음을 알고 후퇴하던 수나라군은 청천강에서 고구려군의 역습을 만나 대패를 당했다. 원래 평양성 근방까지 쳐들어 온 이 수나라군은 압록강을 돌파하고서 평양성으로 남하한 것이 아니라 서해안으로 상륙한 후 남침해 들어왔다. 수나라의 침략군이 훨씬 지름길인 압록강 돌파를 피한 것은 물론 고구려의 압록강 수비가 철저함을 잘 알고 있었기 때문이다.

그 후의 기록으로는, 계속된 가뭄으로 고통을 받고 있던 고구려의 마지막 숨통을 조이기 위해 당나라 침공군이 661년 파상적인 공격을 퍼붓다가 고종의 철수명령으로 평양성 포위를 풀고 철수했다는 기사가 있다. 이는 사실을 왜곡한 것임이 분명하다. 처음부터 침공군은 압록강을 건너지 못한데다 추위를 견디지 못해 철수하게 된 것이다. 때는 겨울이라 압록강이 얼어 붙어 침공군이 도강하기 수월했을 것으로 생각하기 쉬우나 그리하지 못한 것은 고구려군이 나루마다 배치해 놓은 큰 배를 방어용 엄폐물로 최대한 활용했기 때문으로 판단된다.

그런데 압록강 나루의 큰 배가 물자와 병력의 수송에 이용되었음을 보여 주는 구체적 증거를 기록에서 발견할 수 있을까. 광개토왕릉비문에서 그 유력한 증거가 찾아진다. 신묘년(391)에 왜군이 침입해 들어왔기 때문에 고구려군이 바다를 건너와서 이들을 격파했다는 기사가 그것이다. 그렇다면 격전이 벌어진 곳은 어디일까.『삼국사기』고구려본기를 보면 광개토왕이 10월에 백제의 천연요새인 관미성(關彌城)을 쳤다는 기사가 있는데, 이 성은 바닷가에 있었다고 한다. 광개토왕이 바다를 건너와 왜군을 쳤다는 것과 관미성을 쳤다는 것은 상당 부분 일치한다. 따라서 왜군이 격파당한 곳은 이 관미성이 아닌가 한다.

한편 바다를 건너왔다는 고구려군은 어디에서 배를 탔을까. 국내성이 압록강을 굽어보고 있는데다 압록강 외에 다른 강 또는 바닷가에 큰 배가 정박해 있었음을 보여 주는 다른 기록이 없는 만큼 왜군을 물리치기 위해 출동한 병력을 수송한 선박은 압록강에서 출동했다고 보아도 별 무리가 없을 것이다

아무튼 고구려가 배로 남중국에 800마리의 말을 실어 보냈다거나 바다를 통해 대병력을 수송했다는 일련의 사실로 볼 때 압록강 나루마다 배를 정박시켰다는 것은 상당히 사실성이 있는 기사로 보인다. 현재로서는 이들 배의 규모가 어느 정도였는지 구체적인 기록이 없기 때문에 알 수 없으나 많은 병력과 물자를 운반할 수 있는 정도의 큰 규모였을 것임은 분명하다.

한편 고구려의 다른 지역에도 선박이 배치되었을 것은 충분히 짐작 가능하나 유독 압록강의 선박만이 중국인의 기록에 빠짐없이 실리게 된 것은 압록강이 동아시아의 국제적인 강이며 특히 압록강에 대규모 선단을 배치해 놓은 것에 대해 중국인이 비상한 관심을 갖고 주목했기 때문일 것이다.

2장 거친 산야에 일군 삶

1. 열악한 환경을 극복하고

같은 조상의 후손이라 하더라도 살고 있는 지역의 기후·풍토·음식 등에 따라 성품이 다르게 형성되듯이 국가의 성격도 마찬가지이다. 그런데 사람의 성품이란, 대개의 경우 그 당사자는 자신의 성품을 잘 모르고 오히려 자신과 비교 가능한 위치에 있는 주변 사람들이 이를 제대로 파악하는 경향이 있다. 이는 국가의 경우도 마찬가지이다. 고구려의 국가적 성격은 고구려와 가장 교류가 잦았던 중국과 중국 사람들이 잘 알고 있었다. 그리고 역사책에다 중국인 자신들과 비교되는 고구려 사람들의 성품을 자신의 주관을 곁들여 아는 대로 기록해 놓았다.

고구려 사람들의 성품을 소개하고 있는 중국인의 역사책으로는 『후한서』·『삼국지』·『양서』·『남사』·『북사』 등이 있다. 원래 부여인·옥저인·동예인은 종족상 맥족으로서 고구려와 같기 때문에, 고구려 사람들의 성품도 이들과 유사하게 묘사되어 있을 것이라 추측할 것이나 사실은 그렇지 않다. 위의 종족들은 원래 뿌리가 같다 보니 공통성이 발견되는 것은 당연하다. 예컨대 중국기록에서는 맥족으로 표현되는 이들 종족의 공통적인 성품으로 용맹성과 질박함, 정직성, 염치를 알고 욕심이 적은 점 등을 들고 있다. 그러므로 자연 이들은 남의 물건을 훔치거나 노략질하는 행위를 매우 싫어하는 것으로 묘사되어 있다. 그런데 중국인의 역사책은 고구려 사람들의 성품에 대해서는 이와는 다르게 적어놓고 있다. 여기에서 부여를 비롯하여 옥저·동예 사람들과 고구려 사람들의 성품이 중국인의 역사책에 어떻게 실려 있는지 먼저 살펴보기로 하자.

부여인
- 그 나라 사람들은 체격이 크고 (성품은) 굳세고 용감하며 근엄·후덕하여 (다른 나라를) 쳐들어 가거나 노략질하지 않는다. (『후한서』 부여전)
- 그 나라 사람들은 체격이 크고 성질은 굳세고 용감하며, 근엄·후덕하여 다른 나라를 쳐들어 가거나 노략질하지 않는다. (『삼국지』 부여전)

예인
- 그 사람들의 성품은 우직하고 건실하며 욕심이 적다. (『후한서』 예전)
- 그들의 성질은 조심스럽고 진실하며 욕심이 적고 염치가 있다. (『삼국지』 예전)

동옥저인
- 사람들의 성질은 질박하고 정직하며 굳세고 용감하다. (『삼국

지』 동옥저전)

대체적으로 상당히 우호적이다. 이에 비해 종족적으로 같은 뿌리를 가진 고구려인 사람들의 성품은 대단히 부정적이다.

고구려인
- 그 나라 사람들은 성질이 흉악하고 급하며, 기력이 있고 전투를 잘하고 노략질하기를 좋아한다. (『후한서』 고구려전)
- 그 나라 사람들의 성질은 흉악하고 급하며, 노략질하기를 좋아한다. (『삼국지』 고구려전)
- 사람들의 성질은 포악하고 성급하며 노략질하기를 좋아한다. (『양서』 고구려전).
- 사람들의 성질은 흉악하고 급하며 노략질하기를 좋아한다. (『남사』 고구려전).
- 성질은 간사한 점이 많고, 말은 속되고 야하다. (『북사』 고구려전)

고구려 사람들은 한결같이 흉악하고 급하며 남의 물건을 훔치거나 노략질하기를 좋아하고 전투에 익숙한 것으로 묘사되어 있다.

알다시피 고구려 사람들은 극히 열악한 환경을 극복하고 살아남기 위해 천부적인 용맹성을 바탕으로 주변의 다른 종족과 이웃 나라들을 침공하여 물자를 약탈하였다. 그 과정에서 많은 손실을 보아야 했던 중국인들에게 고구려 사람들이 흉악하고 성급하고 노략질 좋아하는 민족으로 비쳤을 것은 분명하다.

그러나 고구려 사람들의 침략행위는 중국인의 표현과 같이 본래 타고난 성품에 기인한 것이 아니라 열악한 생활환경을 극복하기 위한 생존의 수단이었다. 따라서 후에 영토를 팽창하고 황무지를 개간하는 것 등을 통해 크게 생산력이 발전되면서부터는 농사를 지으며 안정된 생활을 해 나갔다.

그런데 고구려가 전쟁을 통해 중국인으로부터 확보한 땅은 사실 원래부터 중국인의 생활터전이 아니었다. 그 땅은 과거 중국인이 고조선으로부터 빼앗은 땅이었고, 그런 의미에서 본다면 오히려 고구려 사람들은 선조들의 땅을 되찾았다고 하는 표현이 더 옳을 것이다. 엄밀히 따진다면 실지회복이고, 이는 다물(多勿)정신에 기반한 것이다. 반복하거니와 고구려 사람들이 천년 가까운 역사를 창조할 수 있었던 것은 바로 이러한 실지 회복이 있었기 때문이다.

다시 성품 이야기로 돌아가자. 부여인·동옥저인·동예인의 성품은 고구려 사람의 그것과 다르게 표현되어 있다. 부여인은 조심성이 많고 인정이 두터우며 도둑질과 노략질을 하지 않는다 하고, 동예인은 고지식하고 욕심이 적으며 염치가 있고, 옥저인은 질박하고 정직하다고 했다. 모두 고구려와 같은 종족인데도 고구려에 대해서와는 달리 상당히 우호적인 표현으로 일관되어 있다. 왜일까. 먼저 기록자인 중국인의 입장에서 보았을 때, 강력한 경쟁상대였던 고구려에 대해서는 악감정을 품었던 데에 비해 자신들에게는 어떤 위협적인 존재도 되지 못했던 그들에게는 별 감정을 갖고 있지 않았던 탓도 있을 것이다. 더구나 그들은 고구려만큼 열악한 환경 속에서 살고 있지 않았으므로 고구려처럼 절실하게 생존을 위해 침략이나 도둑질에 나설 필요가 없었다. 요컨대 그들은 생활물자를 비교적 자급자족할 수 있었기 때문에 중국인의 표현을 빌자면 욕심이 적고 염치를 알 수 있었던 것이다.

고구려는 이들 세 나라를 무력으로 흡수하고 통합하였다. 그 힘은 바로 생존을 위해 연마한 강력한 군사력이었고, 이것이 또한 중국의 무력침공으로부터 자신들을 지켜내는 힘이 되었다. 중국인이 지적한 고구려인의 그 '극악한 성품'이 사실은 열악한 환경을 극복하고 국가 발전을 이룩하는 원동력이 되었던 것이다.

2. 풍요로운 삶을 가꾸다

기원 3년 동명왕 치하의 고구려는 수도를 국내성으로 옮긴 후 압록강과 혼강 유역의 천연자원을 잘 이용하여 생산과 경제 면에서 큰 발전을 이룩하였다. 이는 최근 이 지역의 발굴 성과로도 명확히 밝혀졌다.

집안의 고구려벽화 중 일부는 4~6세기 고구려의 농업 · 어업 · 수렵 · 수공업 등의 생산방식을 분야별로 잘 보여 주고 있다. 벽화에 나타나 있는 이 방면의 자료를 통해 당시 고구려 사람들의 생산활동은 어떠하였는지 알아보자.

1) 농사

중국의 주(周)나라와 진(秦)나라 시대에 해당하는 시기의 고구려 사람들은 혼강과 압록강 유역을 생활터전으로 삼아 집을 짓고 농사를 지으면서 고기잡이와 사냥을 병행하며 생활을 영위하였다. 건국 전의 고구려 사람들이 살았던 집안의 거주지에서는 이러한 생활에 쓰인 석기와 질그릇이 대량으로 발견되었는데, 농기구로는 주로 거친 돌괭이와 돌칼, 돌절구 등이 나왔다. 특히 동림(東林)이란 한 지역에서만도 거친 돌괭이 90여 개가 한꺼번에 쏟아져 나왔는데 그 모양은 대개 도끼와 유사하다. 최근 연대가 조금 떨어진 고구려의 유적지와 무덤에서도 거친 돌괭이가 나왔는데 이는 건국 후 일정 기간 고구려 사람들이 이러한 농기구를 사용했음을 보여 주는 것이다.

건국 후 중국에서 철제 농기구가 들어옴으로써 고구려에서도 야금업이 발전하여 철제 농기구가 실제 생산에 투입되었다. 집안에서 출토된 철제 농기구는 보습·낫·삽·칼·주전자 등 10여 가지나 된다. 보습은 너무 큰 것으로 보아 사람이 끌기 힘들었을 것이다. 씨름무덤과 춤무덤의 벽화를 보면 소가 수레를 끄는 장면이 있는데, 이로 보건대 보습은 고구려 사람들이 소의 힘을 빌어 경작할 때 쓴 농기구였을 것이다.

고구려 사람들의 삶터는 주로 메마른 산지였다. 때문에 여기에서 재배된 농작물은 조, 옥수수, 소맥, 수수, 콩 등과 같이 대개 척박한 땅에서도 잘 자라는 작물들이었다. 이들 작물의 생산량은 앞서 본 농기구의 발전과 3세기 이후 보편화된 우경, 4세기 이후 널리 응용되기 시작한 소수레[牛車]의 보급과 함께 크게 늘어났다. 생산량이 크게 늘자 사람들은 잉여생산물을 창고에 저장하기 시작하였다. 마선 제1호 무덤의 남쪽 벽에는 네 기둥이 있는 창고가 그려져 있는데 지붕 위에는 구름이 떠 있다. 이는 창고지붕이 높고 창고에 양식이 많이 쌓여 있음을 상징한다. 천정 밑에는 네 개의 붉은색 기둥에다 나무판을 가로 엮어 난간을 만들었다. 중간에는 방패 같은 물건이 두 개 있고 그 밑에는 여섯 개의 붉은색 기둥이 받치고 있다. 이는 양식에 습기가 차서 곰팡이가 피는 것을 막기 위한 설계이다. 지금도 집안 일대의 농가에서는 이런 모양의 창고를 볼 수 있는데, 현지인들은 이를 '강냉이집'이라고 부른다. 이와 관련하여 고구려에는 집집마다 작은 창고가 있으며 이를 부경(桴京)이라 부른다는 문헌기록이 있다. 아마 위에서 지적한 창고를 가리킬 것이다.

그런데 벽화에 그려진 창고는 농민들의 작은 창고와는 견줄 수 없을 만큼 상당히 크다. 통구의 우산(禹山) 적석무덤에서는 흙으로 빚은 창고가 나왔으며 동대자(東臺子)의 유적지에서도 이러한 창고의 조각이 나오기도 했다. 벽화에 그려진 높다란 큰 창고는 귀족의 소유이고 창고에 쌓인 곡식은 생산자인 하호들이 공급한 것이다. 문헌에도 대가(大家)는 농사를 짓지 않고 앉아서 먹는 사람[坐食者]으로서 그 수가 만여 명이나 되고, 하호들이 양식·고기·소금을 날라와 공급한다는 기록이 나오는데 그 기록과 잘 맞아떨어진다.

2) 고기잡이·사냥

고구려는 큰 산과 깊은 골짜기가 많다는 기록이 말해 주듯 고기잡이와 사냥에 편리한 자연조건과 좋은 자원을 갖고 있었다. 그리하여 고기잡이와 사냥은 수준 면에서 거의 농업과 맞먹었다. 하호를 통해 양식을 비롯하여 물고기·소금 등을 제공받았던 귀족들에게는 이 고기잡이와 사냥이 그저 오락이었을 것이나, 평민의 경우는 그렇지 않았다. 그들이 사냥한 짐승의 고기는 음식물이 되고 가죽은 옷의 재료가 되므로 이 고기잡이와 사냥은 생존을 위한 생활수단이었다.

　1984년 집안에서 발굴된 고구려의 한 고분에서는, 철낚시 41개와 어망 250여 개가 나왔다. 그 중 완전한 것이 167개나 된다. 한 고분에서 이렇게 많은 고기잡이 도구가 나온 것은 흔하지 않다. 짐작컨대, 무덤 주인은 생전에 어업에 종사한 인물일 것이다. 고구려의 무덤벽화에는 드물게 물고기 그림이 나오기도 한다. 세칸무덤 천정의 현무도 바른쪽에 황새가 물고기를 쫓는 장면이 그것이다. 하나밖에 없는 진귀한 그림이다.

　고기잡이에 비한다면 사냥 장면은 벽화에 상당히 많이 나온다. 집안의 무덤벽화 중 사냥그림이 그려진 것은 총 7기나 된다. 그 중 보존 상태가 비교적 양호한 것은 춤무덤과 장천 1호 무덤의 산림수렵그림이다. 춤무덤의 북쪽 전체 벽에 사냥하는 그림이 있는데 왼쪽 아래에 두 사람이 말을 달리면서 화살을 당겨 범 한 마리와 사슴 한 마리를 쫓고 있다. 범을 쫓는 기사의 말 앞에는 날뛰는 사냥개가 있다. 위에는 말을 달리며 몸을 뒤로 돌린 채 화살을 당기는 무사가 그려져 있는데, 손에 활을 쥐고 허리에는 화살통을 차고 있으며 머리에는 새털이 꽂혀 있다. 산림 바른쪽의 위아래에는 소가 끄는 수레가 그려져 있는데 사냥한 물건을 운반하기 위한 것으로 보인다.

　장천 제1호 무덤의 전실 북벽 아랫부분의 산림사냥그림은 많은 사냥꾼들이 짐승을 포위하면서 사냥하는 장면을 사실적으로 표현했다. 벽화에 그려진 산봉우리와 나무는 사냥터의 자연환경을 간결하면서도 세련되게 처리했는데 그림은 세 부분으로 구성되어 있다. 첫째, 화면 바른쪽 부분은 말을 달리고 있는 사냥꾼들, 둘째, 바른쪽으로 포위공격을 펼치고 있는 사냥꾼, 셋째 사냥꾼과 포수 사이에서 황급히 도망치고 있는 각종 짐승이 그것이다. 화면 전체를 보면, 20여 명의 말탄 사람과 걷는 사냥꾼이 화살을 쏘고 있거나 손에 긴 창을 잡고 사냥개를 몰며 짐승을 포위하고 있다. 왼쪽 부분은 멧돼지를 양쪽에서 모는 장면인데 화살을 맞은 멧돼지가 미친 듯이 날뛰고 있고 사냥꾼은 화살을 당기면서 이를 바싹 뒤쫓고 앞에는 걷는 사냥꾼이 긴 창을 잡고서 멧돼지를 찌르고 있다. 바른쪽 윗부분은 말탄 사냥꾼이 화살을 맞고 도망하는 사슴을 따라잡고 있다. 한 사냥꾼은 산언덕 뒤에 숨어서 화살을 당기며 쉬고 있는 노루를 기습할 태세이다. 먼 곳의 한 사냥꾼의 팔 위에는 매가 앉아 있고 다른 매 한 마리는 곧바로 꿩을 뒤쫓고 있다. 아랫부분의 말탄 사냥꾼 몇 사람은 숲 속에서 짐승을 쫓고 있으며 왼쪽의 말탄 사람은 범과 사슴을 쏘고 있다. 검은 곰 한 마리는 나무굴에 숨어 사냥을 피하려 하고 있다.

집안에서 발견된 고구려의 무덤벽화 중 무덤주인의 사냥생활을 사실적으로 재현한 사냥그림이 있는 것은 비율상 총 36.8%나 된다고 한다. 그만큼 사냥이 고구려 사람들의 생활에서 중요한 위치를 차지하였음을 말해 준다.

이런 그림은 고구려의 사냥 양태를 구체적으로 이해하는 데 도움을 주고 있다. 첫째, 고구려의 사냥은 말을 타고 하거나 걸으면서 하는 두 가지 형식이 있다. 사냥 방법은 혼자서 화살로 사냥하거나 잠복 기습하는 사냥, 두 사람이 양쪽에서 하는 사냥, 여러 사람이 포위하는 사냥, 매와 개를 몰아 추격하는 사냥 등이 있다. 장천 1호 무덤의 그림은 20여 명이 포위 사냥을 하는 장면이다. 둘째, 사냥꾼들이 사용하는 무기는 주로 활과 긴 창이다. 현재 집안에서는 백 개나 되는 쇠화살촉과 쇠창이 나왔다. 그 중 쇠화살촉은 그 종류가 몽둥이 · 뱀머리 · 삽 · 부채 · 작살 · 고기꼬리 · 버드나무잎 · 삼각형 등 20여 종이나 된다.

셋째, 중요한 사냥물은 범·곰·멧돼지·사슴·노루·담비·족제비·토끼·꿩 등 각종 조류였다.

3. 든든한 성곽과 장엄한 궁전

집안의 세칸무덤 제1실 북쪽벽에는 성곽을 공격하는 그림이 있다. 바른쪽에는 한참 교전중인 군인이 그려져 있고, 왼쪽에는 옛 성 하나가 우뚝 서 있다. 돌로 쌓은 이 높다란 큰 성벽에는 성문과 망루가 있다. 현재 볼 수 있는 고구려의 성곽과 완전히 일치한다.

어느 곳을 가나 성곽이 발견되는 나라가 고구려이다. 도처에 튼튼하게 축조된 이 성곽은 중국 침략군들로 하여금 바라만 보아도 잔뜩 겁을 집어먹게 만들었던 난공불락의 요새로 매우 우수한 건축물이었다. 고구려 사람들은 자연지리적 조건과 교통조건이 잘 아우르는 요지 요지마다에 이러한 성곽을 견고하게 쌓고 몰려오는 침략세력을 물리쳤다.

『삼국지』 위서 동이전 고구려조를 보면 고구려 사람들이 성을 '구루'라고 불렀다는 기사가 있다. 따라서 '구루'가 성을 의미한다고 보는 사람도 있는데, 더 연구해 볼 일이다. 고구려의 성곽은 구조상 크게 평지성과 산성으로 구분된다. 고구려의 국왕이 거처한 궁성과 수도를 에워싼 성이 평지성이며, 군사적 목적으로 일부 지역을 이어 쌓은 것은 행성이다. 전쟁이 터지면 적군을 막거나 공격하기 위해 사람들은 이 평지성에서 군사거점인 산성으로 옮겨갔다.

주로 흙으로 축조한 평지성과는 달리 산성은 단단한 돌, 혹은 돌과 흙을 섞어서 축조하였고 높은 곳은 5m가 넘었다. 고구려 사람들은 군사적·지리적 중요성과 교통문제를 고려하여 산성을 쌓았다. 그러므로 고구려의 산성은 모두 군사적 요충지인 동시에 물자를 수송하기에 원활한 교통의 중심지에 위치하였다.

기존의 문헌기록과 고고학적 조사를 통해 밝혀진 고구려의 성곽을 대략적으로 살펴보자. 고구려는 건국 후 처음 비류수(압록강 지류인 동가강)와 압록수 유역에 성을 쌓고 영토의 방어를 강화하였다. 그 후 한나라의 침략을 막기 위해 55년(태조왕 3)에 요수(요하 상류인 혼하) 서쪽에 10개 성을 쌓았으며 요동에서 침략세력을 몰아 낸 후에는 이 곳의 군사적 요충지에 산성을 쌓았다. 그 후 선비족을 물리치고 요서의 너른 땅을 차지한 고구려는 대능하 서쪽인 열하 지방에도 성곽을 쌓은 듯하나 구체적인 자료는 남아 있지 않다. 한편 백제와 신라의 침공을 막기 위해 압록강 유역에서 남하하면서 산성을 쌓고 247년(동천왕 21)에는 평양성을 쌓았다. 369년(고국원왕 39)에는 처음 치양(황해도 백천)에서 백제와 싸움을 치렀다. 바로 이 무렵의 것으로 여겨지는 고분들이 안악 지방에 남아 있다. 이로 미루어 고구려는 4세기 중엽에 예성강(패강)을 차지한 듯하며 평양과 예성강 사이의 고구려 산성은 3세기 중엽~4세기 중엽에 축조된 듯하다.

392년 광개토왕은 백제의 북쪽 10개 성과 관미성(임진강 하류의 성인듯)을 공략한 후 남쪽 변경에 7개 성을 쌓았다. 전성기 고구려의 남쪽 경계선은 지금의 아산만에서 동쪽으로 조령과 죽령을 거쳐 영덕에 이르는 지점이었으나 고구려가 이 지역에 산성을 쌓았음을 보여 주는 자료는 없다. 추측컨대 광개토왕이 남변에 있는 백제의 10개 성과 관미성을 빼앗은 후에 한강 유역에 새로 7개 성을 쌓은 것이 아닌가 한다.

　한편 고구려가 북변지역에 산성을 쌓았다는 기록은 남아 있지 않다. 그러나 고구려가 부여의 옛 땅을 차지한 것이 분명한 만큼 고구려의 북변성은 송화강과 우수리강 유역에도 있었을 것에 틀림없다. 현재까지의 고고학적 조사를 통해 밝혀진 고구려의 산성을 보면 다음과 같다.

대성산성(평양)	자모산성(순천)	황룡산성(용강)
백마산성(의주)	농오리산성(태천)	장수산성(신원)
대현산성(성흥)	태백산성(평산)	오녀산성(환인)
산성자산성(집안)	위나암성(집안)	패왕조산성(집안)
통구령산성(집안)	용담산성(길림)	신성(무순)
소밀성(무순)	고이산성(무순)	개모산성(개평)

　위에서 든 성들은 조사가 이루어진 산성으로서 수많은 고구려 성곽 중 일부에 지나지 않는다.『삼국사기』(고구려본기 보장왕 27년 2월)에 의하면, 고구려의 부여천(동가강)에만도 성이 40여 개나 있었다고 한다. 뿐만 아니라 고구려 말기에는 전역에 걸쳐 176개의 성이 있었다는 기록도 있다(이로 미루어 고구려 전역에는 성이 없는 지역이 없었을 것이다).

　아무튼 현재로서는 고구려 산성의 분포 상황을 완전하게 다 알 수는 없지만 대략적인 것만 살펴보면 다음과 같다. 먼저 제1방어선이라 할 수 있는 곳에 둔 성은 요하 유역에 밀집되어 있었는데 요서의 10개 성, 무려라성, 요동성, 신성, 안시성, 건안성 등이 그것이다. 이들 산성이 수와 당나라의 침략을 물리칠 때 큰 역할을 한 것은 역사상 너무나 유명한 사실이다. 국경지대와 수도 사이의 군사 요충지에 밀집한 성들은 제2방어선에 속한다. 국내성을 수도로 삼았던 시기에는 남소성·목저성·창암성·부여성·대행성 등이 제2방어선상의 산성이었던 듯하며, 평양으로 천도한 이후에는 오골성·박작성 등 압록강 북쪽의 성과 태천의 농오리산성·의주의 백마산성 등도 제2방어선상의 산성이었을 것으로 추측된다.

이들 성은 고구려의 수도를 함락시키기 위해 침공해 들어오는 적군을 막기 위해서뿐 아니라 적군을 섬멸하려는 전략에 따라 쌓은 것이다. 산성으로서 특별히 수도 방어를 위해 쌓은 것으로는, 환인의 오녀산성, 집안의 위나암성(尉那岩城), 통구령 산성, 평양의 대성산성 등이 있었다.

이들 산성은 장안성 등과 함께 하나같이 고구려를 대표하는 성곽으로서 유명하다. 위나암성은 고구려가 건국 후 수도를 홀승골성(紇升骨城)에 두었다가 서기 3년 유리왕 때 수도를 국내로 옮기고 쌓은 성이다. 지금의 집안현성에서 북쪽으로 2.5km 지점에 있는 환도산성이 그것이다. 이 성은 국내성과 함께 고구려의 성곽 중 보존 상태가 가장 우수한 성으로도 손꼽힌다.

장안성은 규모가 가장 큰 성에 속하는데, 대동강과 보통강이 동·서·남의 삼면을 에워싸고 있고 북쪽으로는 트여 있으나 모란봉과 만수대가 그 위로 우뚝 치솟아 천연의 요새를 이루고 있다. 오녀산성과 위나암성, 대성산성은 벌판을 끼고 있는 교통의 요충지에 자리잡았다.

이들 산성은 한결같이 골짜기를 포함하고 있어 수량이 넉넉하고 식량과 무기를 대량으로 비축하기에도 편리하였다. 또한 산봉우리와 산등성이에 성을 쌓았기 때문에 이 성곽을 의지하면서 전투를 하면, 성 안에서는 지키기가 쉽고 성 밖의 지세는 험하기 짝이 없어 적군의 접근을 차단하기에 매우 유리하였다. 실제로 적이 성 안을 몰래 들여다보기란 거의 불가능하였다.

고구려 사람들은 일찍부터 침략세력을 물리치는 데 이 산성의 역할이 중요하다고 판단하여 위치 선정과 지형지물을 이용하는 데 남다른 주의를 기울였다. 그리고 일단 선정된 자리에 튼튼히 산성을 쌓고 필요한 구조물들을 설치했다. 성벽은 대부분 돌로 쌓았고, 때로는 돌과 흙을 섞어 쌓기도 하였다. 성벽은 우선 기초를 견고히 한 후 쌓아 나갔는데, 멈추개 구조로 쌓는 계단식 굽도리와 지형조건에 알맞은 외벽쌓기와 겹벽쌓기를 잘 배합하여 튼튼히 했다. 성에는 문루·각루·여장·옹성·적대·치 등이 설치되었는데 모두 성의 방어력을 강화하기 위한 시설물들로 서로 밀접하게 관련되어 있다.

문루는 성문의 바깥문 위에 지은 다락집이고 각루는 성벽의 모서리를 지키며 성 안의 전반적인 전투를 지휘하는 보조적인 역할도 겸한 시설물이다. 여장은 성벽 위에서 적들을 향해 사격을 가할 때 쓰는 시설물로서 치와 함께 성에서 가장 많이 사용한 기본 방어시설 중 하나이다. 이 셋은 어떤 성곽에서나 흔히 볼 수 있는 것들이다. 치는 성벽에 접근해 오는 적을 치기 편리하도록 성벽을 밖으로 쑥 내민 독특한 구조물이며, 적대는 성문을 지키기 위해 성문 옆에 설치한 치 모양의 구조물을 말한다. 옹성은 성문을 다시 에워싸는 성벽인데 이들 구조물은 모두 고구려시대에 처음 만들어진 것들이다. 성 안에는 장대·봉수·못·창고·병영 등을 비롯한 여러 시설물들이 있었다.

이러한 건축물들은 고구려 문화의 특징을 잘 보여 주는데, 우선 두

드러진 것이 돌을 다루는 뛰어난 기술이다. 고구려 사람들은 집이나 성곽 또는 무덤을 만들 때는 물론 기초·방바닥·난방시설·계단 등을 만들 때도 돌을 많이 썼다. 견고한 성벽을 통해 잘 나타나 있는 독특한 기술을 종류별로 살펴보면 다음과 같다. 성벽을 견고하게 해 주는 기초쌓기와 계단식 굽도리, 돌을 서로 맞물리게 하는 멈추개 턱과 멈추개 돌못 등 다양한 양식의 멈추개 구조, 누르는 압력이 강하나 구부리거나 자를 때 돌의 성질을 이용하여 보기에도 좋고 견고하게 만든 고임식 천장 등이 있는데, 이것들은 하나같이 고구려 사람들의 돌을 다루는 비상한 솜씨를 보여 준다.

이처럼 건축물에 돌을 많이 쓰기 시작한 것은 이미 고구려가 건국되기 이전부터였다. 거대한 자연석을 자유자재로 다루어 만든 고인돌을 비롯한 여러 형태의 돌무덤과 고조선·부여 시대의 많은 돌무덤이 이를 증거한다. 고구려 사람들은 이 선조들의 돌 다루는 경험과 기술을 개량하고 더 발전시켜 나갔던 것이다.

이처럼 튼튼한 산성들은 모두 전쟁의 장기화에 대비하여 항상 식량과 군수물자를 비축해 두고 있었다. 이와 관련하여 『삼국사기』(보장왕 4년조)에 개모성에 양식 10만 석, 요동성에 50만 석이 각기 비축되어 있었다는 기사가 있다. 적의 침공에 대비하여 이처럼 만반의 준비를 해 두었기 때문에 고구려는 수적으로는 불리하더라도 침략세력을 맞아 장기간 싸움을 계속할 수 있었고 성을 지켜낼 수 있었던 것이다. 612년 당나라 태종이 이끈 3백만의 침략군이 안시성을 침략하였으나 함락은커녕 쓰라린 마음을 안고 물러날 수밖에 없었는데, 이는 고구려의 성이 철통 같은 요새인데다가 치밀하게 방어준비를 갖추어 놓고 있었기 때문이다. 그 후 당나라 침략군들은 고구려 산성이라면 지레

겁을 집어먹게 되었다.

647년 당나라 태종이 다시 고구려 침공을 개시하려 할 때, 당나라 조정에서는 "고구려는 산에 의지하여 성곽을 만들었기 때문에 갑자기 함락시킬 수 없다"며 고구려 침공에 대한 반대의론이 일었다. 이는 고구려의 산성이 당나라 침략자들에게 얼마나 위협적인 방어요새였는가를 보여 주는 것이다.

이러한 성곽 축조기술을 총동원하여 완성시킨 것이 바로 그 유명한 고구려의 천리장성이다. 이는 당나라 태종이 고구려 침공을 서두르고 있던 631년(영류왕 14)에 축조하기 시작하여 16년에 걸쳐 동북지방인 부여성에서 서남쪽의 바다에 이르는 천여 리를 연결하여 완성한 대장성이다. 완성 시기는 당나라군이 645년 안시성 싸움에서 크게 타격을 받고 패배한 다음 해였다.

한편 고구려 건축물에서 성곽과 함께 중요하게 언급해야 할 것이 궁전과 주택이다. 그러나 성곽과는 달리 그 형태가 남아 있는 것이 거의 없어 자세한 모습은 알 길이 없다. 그저 문헌의 단편적인 기록이나 그림, 유적, 잔편 조각들을 통해 그나마 모습을 추측해 볼 수 있을 뿐이다. 그래도 귀족 소유의 저택과 정자·부엌·마구간 등의 부속건축물은 무덤벽화에 비교적 많이 등장하고 있어 그 대략적인 모습을 그려보기 쉬운 편이다.

일반적으로 고구려 궁전은 튼튼하고 장엄하면서도 아름다움을 갖춘 건물로 알려져 있는데, 그 전형적인 모습을 평양성 내의 안학궁에서 엿볼 수 있다. 안학궁은 장수왕이 국내성에서 평양으로 수도를 옮긴 427년에 세운 것으로 현재는 궁터만 남아 있으며, 5세기경의 고구려 건축술을 보여 주는 대표적인 유적이다. 총건평이 3만 1458m^{2}에

달하고 궁성 내에는 총 52채의 웅장하고 장엄한 궁전이 들어차 있었음이 확인되었다. 궁의 평면구조는 마름모꼴을 하고 있고 대지는 남쪽으로 기울어 궁성의 위엄을 돋보이게 했다. 돌과 흙을 섞어 쌓은 성벽의 네 모서리에는 누각터가 남아 있고, 궁성 동서쪽에는 해자가 둘러 있었던 것으로 추측된다. 궁전터 이외의 나머지 대지에는 인공적인 연못과 동산으로 꾸민 정원이 있었고 여기에 자연석까지 배치하여 자연미를 돋우었다. 그 모습은 진파리 4호분 벽화에 그려진 연못 그림으로 대략 짐작 가능하다.

사직에 제사를 지낸 유적지로는 국내성 동쪽에 위치한 동대자(東臺子) 건축지가 남아 있다. 고구려 중기에 해당하는 4세기 말 고국양왕 때 창건된 건축으로 현재는 대부분 파괴되어 그 전모를 파악할 수는 없으나 남아 있는 상태로 보아 궁전과 마찬가지로 매우 장관을 연출하였을 것이다.

이처럼 성곽과 왕궁 등을 통해 뛰어난 건축 수준을 보여 주고 있는 고구려는 건축물의 치장에도 실력을 유감없이 발휘하였다. 집안성과 그 근방에서 나온 수많은 벽돌·기와·막새기와·주춧돌·치미 등은 이 세련되게 치장된 건축물의 모습을 추측케 한다. 특히 가장 특색 있는 것으로는 막새기와를 들 수 있는데 거기에 새겨진 무늬만 해도 글씨, 연꽃, 겨우살이덩굴, 기이한 짐승얼굴 무늬 등 수백 개나 된다. 물론 당시 서민들은 띠[茅草]로 만든 작은 집에 살았다는 문헌기록으로 미루어 이러한 기와는 사원이나 궁전 등에 쓰였을 것이다.

그러나 왕궁이건 귀족의 저택이건 서민의 집이건 상관없이 그 구조가 천정을 높이고 방바닥에 온돌을 깔아 방안 공기를 따뜻하게 했다는 점에서는 동일하였다. 이러한 구조는 기후가 춥고 방 안에서 신을 벗고 생활하는 풍속과 잘 어울리는 것으로 고구려 주택건축의 큰 특징 중 하나이다. 온돌의 기원은 멀리 고조선시대로까지 거슬러 올라가는데, 이 때의 온돌 구조는 오늘날의 그것과는 차이가 있어 방안한 부분만을 덥히는 외고래로 되어 있었다. 고구려시대가 되어 처음으로 두 고래가 생겼으며 오늘날과 같이 방안을 골고루 덥히는 구조가 등장한 것은 고구려시대 이후의 일이다. 따라서 고구려 사람들의 난방시설인 이 온돌은 고조선시대와 오늘날의 온돌을 이어주고 있다는 면에서 남다르다고 할 것이다.

4. 편리한 생활을 위하여

고구려 사람들은 건국 전에 이미 석기와 토기를 만들어 사용하고 있었다. 그러나 가정에서 쓰는 물건을 생산하는 수준은 낮은 가내수공업 단계에서 벗어나지 못하였다. 그러다가 건국 후 요동 지방과의 관계가 밀접해지면서 이 지방으로부터 야금 및 철제 기술이 들어옴에 따라 고구려의 수공업은 크게 발전하여 본격적인 생산부문으로 자리를 잡아가게 되었다. 그리하여 (수)공업에 종사하는 사람은 더 이상 농업·고기잡이·사냥에 종사하지 않고 성시(城市)의 중요한 구성원인 성민(城民)으로 불리면서 농업·고기잡이·사냥에 종사하는 곡민(谷民)과 직업상 구분되었다.

이로써 고구려의 (수)공업은 더욱 발전하여 생산품은 한결 섬세해지고 부가가치를 더해 갔다. 고구려의 벽화 등을 통해 볼 수 있는 (수)공업의 발달 양상은 다음과 같다.

1) 야금

집안 일대에서는 고구려의 대장터가 아직 발견되지 않았다. 그러나 많은 종류의 쇠화살촉과 정교한 마구가 출토되었다. 이는 고구려의 금속기구 제조기술이 수준급에 이르렀음을 직접 보여 주는 증거이다. 고구려의 야금기술은 그 출발이 늦었으나 발전속도는 대단히 빨랐다. 특히 금속기의 제조와 공예기술은 북방민족의 수준을 웃돌기까지 하였다. 무사와 사냥꾼이 사용한 칼·창·활·갑옷·투구 등 각종 무기와 금으로 만들어진 마구·신발 등은 고구려의 무덤벽화에 자세히 등장하고 있는데 그 묘사된 모습은 출토된 실물과 조금도 다름이 없다.

한편 오회분 제4호 무덤과 제5호 무덤의 천정에는 쇠를 다루고 차바퀴를 만들고 있는 진귀한 장면이 그려져 있다. 4호 무덤의 벽화를 보면, 쇠를 다루는 사람은 왼쪽에 있는데 머리를 땋고 수염을 길렀으며 누런 목깃에다 갈색 베옷을 입고 있다. 허리띠를 매고 돌방석에 앉아 바른손으로 집게를 잡고 빨갛게 달아오른 쇳덩어리를 쇠모루에 놓고서 왼손으로 쇠망치를 높이 쳐들어 때리고 있다. 그 바른쪽에는 수레바퀴를 만드는 사람이 나오는데 차림새가 쇠를 다루는 사람과 비슷하다. 수레바퀴 앞에 서서 왼손으로 수레바퀴를 지탱한 채 바른손으로 망치를 쥐고 때리고 있다. 수레바퀴는 씨름무덤과 춤무덤 벽화 중에 나오는 소수레의 바퀴와 같다. 수레바퀴를 만드는 일은 수레 생산의 한 분업으로 고도의 기술을 요하는데, 이 장면을 그린 벽화는 수공업에 분업체계가 있었음을 분명히 보여 주는 것이다.

고구려의 벽화와 출토된 유물을 통해 보건대, 고구려에는 철·동·

금의 제련기술이 있었고 무기·생산도구·금속기·금은기 등이 제조되고 있었음을 알 수 있다.

2) 질그릇

씨름무덤·춤무덤·세칸무덤의 벽에 그려진 부부 잔치 그림과 장천 제1호 무덤의 벽에 그려진 그림은 주인과 손님이 원숭이 놀이를 감상하고 있는 장면인데, 거기에 보이는 음식을 담은 그릇은 색깔과 조형으로 보아 질그릇임이 분명하다. 고구려의 벽화 가운데 질그릇 만드는 장면이 그려진 그림은 없다. 이는 벽화무덤의 주인이 거의 귀족이고 벽화는 그들의 생활을 재현하여 그렸기 때문이다. 그러므로 하인들이 질그릇 만드는 장면은 그림의 소재가 되기 힘들지만 대신 무덤벽화에는 유약을 바른 완성된 질그릇이 많이 그려져 있다. 대개 주전자·밥그릇·부뚜막 등이다.

고구려에서 질그릇을 만들기 시작한 것은 오래 되었다. 모양은 단순한 것에서 점차 복잡해져 갔으며 각종 무늬장식도 곁들였다. 거기에 유약 질그릇 제조기술이 도입되면서 고구려의 질그릇 제조기술은 크게 발전하여 새로운 품목이 추가되고 가짓수도 늘어났다. 실제 생활에 쓰이는 용기 외에 부장품으로 사용하기 위한 것도 만들어졌다. 질그릇·부뚜막·질그릇 창고 등이 그것이다. 이처럼 고구려의 질그릇 모양이 다양해지고 품질이 향상된 데는 귀족들의 수요가 늘어났기 때문일 것이다.

3) 목기

고구려의 무덤벽화 가운데는 잔치 장면과 가정 안의 생활 모습을 묘사한 그림이 있는데, 여기에는 상(床) 등의 나무가구가 그려져 있고 또 어떤 벽화에는 나무로 만든 침대와 수레 등도 그려져 있다. 목기는 고구려 사람들이 일상 생활에서 사용하는 것이었으므로 많이 만들어지기 마련이다. 1970년 장천 1호 무덤에서 관의 일부가 발견되었는데 겉은 베로 만든 천을 대고 안은 검은 칠이 되어 있었으며 채색 꽃무늬가 그려져 있었다. 1972년 장천 2호 무덤에서는 나무로 만든 위패(位牌) 일부와 목기 일부가 나왔는데 겉에는 마찬가지로 칠이 되어 있었다. 목기는 금속기나 질그릇류와는 달리 부식되기 쉬워 발굴되는 예가 극히 드물다. 따라서 위의 예들은 고구려의 목기 제조와 칠공예 연구에 다시없는 귀한 자료가 아닐 수 없다.

4) 방직

비교적 이른 시기의 씨름무덤과 춤무덤을 비롯하여 늦은 시기의 오회분 4·5호 무덤 등 집안의 고구려벽화에서 보듯이 고구려 사람들이 입고 있는 옷들은 대개 색깔이 선명하고 모양도 다양하다. 장천 1호 무덤 전실 북벽의 각종 놀이 사냥그림에는 40여 명이나 되는 사람들이 등장한다. 이들은 긴바지·긴치마에다 저고리를 입고 있는데 색깔과 꽃무늬가 제각각이다. 이는 고구려의 방직업이 상당한 정도로 발전했음을 여실히 보여 주는 좋은 자료이다.

장천 2호 무덤에서는 남쪽에 있는 관의 서북쪽에서 길이가 23cm

되는 꽃무늬 비단이 나왔는데, 섬세하며 고른데다 올도 촘촘하다. 비단의 꽃무늬는 오렌지색 바탕에 붉은 남색이지만 심하게 파손되어 도안 쪽은 복원이 힘들다. 비단에서는 희미하게 반짝이는 부서진 가루도 나왔는데 꽃무늬 비단에 박아 넣은 장식용 가루였을 것이다. 북경 고궁박물관에서 이를 감정한 결과, 이 꽃무늬 비단조각은 한나라의 「양중삼매평문경금(兩重三枚平紋經錦)」이라는 비단에 속하며 날줄이 1cm 너비에 56개, 씨줄은 1cm 너비에 32개가 있으며 날줄의 직경은 0.2~0.3mm, 씨줄의 직경은 0.2mm로서 한나라의 직조방법을 이어받은 것으로 판명되었다.

  5) 제지

  한편 믿기지 않을 만한 사실로, 대성산과 청암리 토성에서 고구려 시대의 종이가 나왔다. 마섬유질의 이 종이는 섬유가 한데 엉켜 지금도 흰 빛깔을 내고 있다. 고구려의 무덤벽화는 당시의 문화적 요소를 많이 보여 주고 있지만 예외적으로 종이와 관련된 것만은 찾아볼 수 없다. 제지기술이 언제 시작되었는지 기록상으로는 확인하기 힘드나 문명대국인 고구려에서 종이가 광범위하게 사용되었을 것은 충분히 미루어 짐작할 수 있다.

  종이는 중국에서 발명된 만큼 중국에서 들어왔을 것이 분명하나 그 시기는 확실히 알 수 없다. 불경이 4세기를 전후하여 들어왔고 같은 4세기 후반 백제에서 역사책이 편찬된 사실로 미루어 대개 4세기를 제지기술의 상한으로 볼 수 있지 않을까 한다. 알다시피 담징이란 고구려 승려가 610년(영양왕 21) 일본에 제지기술을 전해 준 사실을

들어 종이의 전래 시기를 7세기 초로 잡는 견해도 없지는 않다. 어쨌
든 종이 또는 제지기술의 전래 시기는 모두 불확실하지만 고구려 국
내에서의 종이 사용은 모든 문화 영역에 걸쳐 나타났다. 특히 앞서
언급한 평양 대성산성 성벽에서 발견된 금가루로 씌어진 『묘법연화
경(妙法蓮花經)』의 일부는 매우 희귀한 고구려 불교 관계 유물로서
고구려의 높은 제지기술 수준을 확인시켜 주고 있다. 식물성 섬유질
로 된 이 종이에 쓰여진 글자 중 판독된 것은 1050자이며 그 가운데
'석가모니' '여래' '보살' 등 부처의 이름과 '사바' '보리' '환희' '고뇌'
등 불교에서 자주 사용하는 문구가 있다. 글자의 내용과 출토 장소가
행궁지대인 점으로 미루어 고구려 왕실에서 보관하고 있었던 것으로
생각된다.

　이상으로 집안의 고구려벽화 등을 통해 고구려의 사회경제 발전상
에 대해 살펴보았다. 위의 벽화들은 대개 4~6세기의 것이며 여기에
그려진 사회경제적 모습은 당시 고구려의 발전된 사회생활을 그대로
나타낸 것이다. 그런데도 고구려의 생산력 발전과 사회경제적 발전에
대한 인식 부족과 자료 부족 탓으로 고구려의 농업생산이 발전하지
못했다거나 사회경제가 낙후되어 있었다는 지적이 있는데, 이는 사실
과 다르다. 생산기구를 보면, 건국 후 철기의 사용과 함께 고구려의
생산력은 크게 발전을 보았다. 현재 출토된 다수의 철기는 고구려 사
회가 철기시대로 접어든 것이 늦지 않았음을 보여 주고 있다. 늦어도
광개토왕 통치시기(4세기 말~5세기 초)에 고구려가 동북아시아의
막강한 군사대국으로 확고히 자리잡은 것이 이를 입증해 주고 있다.
　고구려 사람들은 말타기와 활쏘기에 능하여 싸움을 잘하였고 군사

와 정치가 일치된 군정사회를 이룩했다. 따라서 무기와 군용물자의 생산은 수공업의 큰 몫이었다. 그리고 칼·긴창·화살촉·갑옷·마구 등 철제품의 생산은 아무래도 다른 경제부문의 발전을 촉진하기 마련이다. 고구려의 비군수품 생산, 즉 금은기 제조와 공예의 수준은 당시 북방의 여러 나라보다 단연 앞서 있었다는 평가를 받고 있다. 이는 고구려의 사회경제 및 성격 파악과 관련하여 간과해서는 안 될 사실이다.

고구려의 사회경제적 중심지가 수도 부근에 있다 보니 역시 수공업도 수도 부근에서 가장 발달하였다. 이러한 수공업은 고구려의 폭넓은 경제부문 중 출발이 가장 늦긴 했으나 외부의 앞선 기술이 잇달아 들어온데다 국내의 풍부한 광물자원과 군사상의 수요 증가로 그 발전 속도는 매우 빨랐다. 특히 금은기의 제조와 무기생산의 발전은 괄목할 만하였다.

총괄적으로 말해 4~6세기 고구려의 사회경제적 발전속도는 매우 빠른 편이었다. 그러나 현재 발견된 고구려 벽화나 유물 등에서 그와 관련된 것을 찾아내기는 대단히 어렵다. 안타깝기만 하다. 천상 새로운 발굴품에 기대를 걸 수밖에 없다.

3장 고구려 사람들의 살아가는 방식

　같은 생활환경에서 살고 있는 사람들은 같은 습관을 갖게 되며 습관이 같으면 풍속도 같아지게 된다. 고구려인의 풍속은 직접적으로 생활환경과 관련되어 있는데 이들의 생활환경은 대단히 열악하였다. 특히 건국 초기의 환경이 그러하였다. 이 초기 환경을 바탕으로 형성된 풍속은 환경이 바뀌고 개선된 후에도 오래도록 남아 외부인의 머리 속 깊이 각인되었다. 중국측 사료에 보이는 고구려 관련 기록들은 그 예라 할 것이다.

　고구려인은 살아남기 위해 초기의 열악한 생활환경을 극복해 내야 했고, 이는 고구려인들의 가장 강한 특성인 공동체적 삶을 만들어 냈다. 따라서 풍속도 이러한 삶과 직접 관련되어 공동체적인 의식을 만들어 내었다고 할 수 있다. 이하에서는 이러한 생활환경을 극복하기 위한 노력이 어떠한 풍속과 관습으로 자리를 잡았는지 알아보자.

1. 신토불이 먹거리와 살림살이

고구려 사람들이 초기에 살아가는 데 있어 가장 중요하게 여긴 것은 물론 먹는 문제였다. 산지가 많고 땅이 척박하여 생산물의 여유가 없었기 때문이다. 그래서 이들에게는 음식의 절약이 몸에 배여 있었으나 그러한 소극적인 방법으로는 부족분을 메울 수 없었기 때문에 밖으로 나가 이를 해결하지 않을 수 없었다. 중국인의 역사책에 고구려 사람들이 도둑질하거나 노략질하기를 좋아했다고 기록되어 있는 것은 바로 후자의 예를 가리키는 것이 아닌가 한다. 결국 고구려 사람들의 영토확장은 열악한 사회환경을 극복하고 부족한 물자를 해결하기 위한 방법으로서 추진되었다고 보아도 좋을 것이다.

고구려 사람들의 주식은 역시 벼·기장·보리·콩·밀 등의 곡물류가 중심을 이루었다. 그 밖에 사람들은 강이나 바다에서 나는 물고기 등의 수산물과 사냥에서 얻은 짐승의 고기 등을 먹고 살았다. 문헌에는 고구려에 음식이 부족했다는 지적이 나오는데, 그것은 주식을 말하는 것이다. 초기에 부족했던 주식은 영토의 확장에 따라 농산물의 생산량이 많아지면서 해결을 보게 되었다.

이처럼 초기에는 산지가 많은 탓에 물자가 부족했으나 대신 산골짜기를 흐르는 냇물은 고구려 사람들의 풍부한 식수원이 되어 주었다. 식수 부족으로 고구려 사람들이 어려움을 겪었다는 기사가 없는 것도 이 때문일 것이다.

한편 고구려 사람들은 음식물 부족으로 어려움을 겪었지만 주택문제에 대해서만은 고생했다는 기록이 없다. 대신 고구려에는 산지가 많기 때문에 백성들이 집을 주로 산골짜기에 짓는데, 대체로 잘 치장하고 꾸며서 살았다고 되어 있다. 왕이 거주하는 궁궐 역시 잘 꾸몄다는 기사가 보이고 남아 있는 유적의 흔적으로 미루어 보더라도 건축 솜씨는 수준급에 달해 있었던 것으로 생각된다. 후에는 도시에 해당하는 성곽이 발달하게 되어 이 성곽이 많은 주택을 수용하였다.

당시 사회는 계급사회인 만큼 주택의 구조는 신분에 따라 다를 수밖에 없었다. 그것이 두드러지게 나타난 것은 지붕의 재료이다. 기록에 의하면 궁궐·관청·사찰은 지붕을 기와로 이었으나 서민들의 집은 풀로 지붕을 이었다고 한다. 또한 궁궐·관청·사찰에는 자체적인 난방시설, 즉 온돌장치가 있었으나 가난한 사람들은 이러한 시설을 마련하지 못해 겨울이 되면 굴을 깊게 파서 그 안에서 불을 피우고 살았다고 한다. 그런데 굴 안에서 생활한 자들이 가난한 사람들이라는 수식어가 붙어 있는 점으로 미루어, 기록에는 나오지 않으나 서민들은 대부분 온돌방에서 생활했을 것으로 여겨진다.

그렇다면 지상가옥 생활을 한 서민들의 주택에는 방이 몇 개씩이나 있었을까. 가족이 한 방에서 잠을 잔다는 기사로 보아 큰 방이 하나씩밖에 없었던 것으로 보인다. 그러나 온가족이 함께 기거하는 큰 방이 달린 집 외에 이보다 작은 집이 또 하나 있었다. 바로 혼인이 정해지면 신부집에서 본가옥의 뒤쪽에다 마련하는 조그한 서옥(壻屋)이 그것이다. 이 서옥에서 거처하는 사람은 딸과 사위이므로 딸이 없거나 시집갈 나이가 된 딸을 두지 않은 집은 따로 서옥을 마련하지 않았을 것이다.

또한 고구려의 모든 가정에서는 본가옥의 왼편에 본가옥보다 더 큰 집을 지었다. 이들은 여기에서 귀신과 사직 또는 영성(霙星 : 곡식과 농사를 맡아보는 북두칠성)에 제사를 지냈다. 고구려에 불교가 전래된 후 고구려 사람들은 불교를 신앙하게 되지만 그러면서도 따로 신묘(神廟)를 두고 있었다. 농사의 풍요를 기원하여 토지신과 곡물신인 사직에 대해 제사를 모시는 이러한 풍습은 조선시대까지도 계속된다. 그리고 사직과 영성에 제사를 지내는 큰 집인 신묘는 고구려 말기까지도 계속 지어진 것으로 보인다.

1) 실내에서의 생활

고구려 사람들은 실내에서 어떤 생활을 하였을까. 이를 보여 주는 유일한 자료는 무덤의 벽화밖에 없다. 고구려 사람들이 무덤을 영원한 안식처로 여겨 평소 집안에서의 생활 모습을 무덤 안 벽화에다 그대로 옮겨놓은 때문이다. 그런데 지금까지 확인된 벽화에서 나타난 실내생활은 한결같이 귀족들의 살림 모습이다. 아마 서민들의 생활모습은 앞으로도 벽화를 통해서는 알아내기 어려울 듯하다.

무덤의 벽화에서 사실적으로 재생된 귀족들의 실내생활 모습은 어떠했을까. 무덤의 주인일 것으로 여겨지는 귀족들은 화려한 색상의 휘장이 아래로 늘어뜨려진 잘 꾸며진 방에 앉아서 하인들의 시중을 받고 있다. 그런데 이들이 그냥 방바닥에 앉아 있는 것이 아니라 평상이나 좌상 또는 걸상에 앉아 있는 점이 눈에 뜨인다. 평상과 좌상은 모양은 같으나, 보통 두 사람 이상이 앉을 수 있도록 되어 있는 것이 평상이고 한 사람이 앉도록 되어 있는 것이 좌상이다. 이 평상과 좌상 모두를 볼 수 있는 것이 약수리무덤의 벽화이다. 이를 보면 주인공되는 부부는 정답게 평상에 나란히 앉아 있고 같은 무덤의 다른 벽화에는 하인들의 시종을 받고 있는 한 남자가 홀로 좌상에 앉아 있다.

맞은편에서 남자 주인을 마주보고 있는 다섯 명의 하인들은 두 손을 가지런히 모은 채 단정한 모습으로 평상에 앉아 있다.

무덤의 벽화에 평상과 좌상이 그려져 있는 것은 귀족들이 평소 실내에서 신발을 벗고 생활하는 것이 오랜 관습으로 자리를 잡아서이다. 신발을 벗지 않고 평상이나 좌상에 앉으면 옷이 쉽게 더러워지므로 반드시 신발을 신지 않았던 것이다. 평상과 좌상에 앉는다고 해서 오늘날의 의자에 앉듯이 걸터앉는 것은 아니고 온돌방 바닥에 앉는 것처럼 다리를 포개서 앉는다.

귀족은 일이 있으면 하인들에게 할 일을 지시하거나 명령을 내릴 뿐 직접 나서서 하지 않는다. 이와 관련하여 춤무덤 벽화를 보면 주인과 하인이 각기 널직한 평상에 마주보고 앉아 있는데, 상황을 보건대 하인은 주인의 지시 사항을 열심히 받아 적고 있다. 주인과 하인은 신분상 차이가 나므로 이들이 앉는 평상 구조 또한 같지 않다. 주인이 앉아 있는 평상을 잘 살펴보면, 평상 밑에 톱니처럼 보이는 장식이 붙어 있다. 그에 비해 하인은 주인의 평상보다 약간 작아 보이는 평상에 앉아 있으며 아무런 장식도 되어 있지 않다. 거기에 평상에 앉아 있는 하인은 맨발인 채다. 그의 낮은 신분을 엿보게 해 주는 대목이다.

걸상에 앉아 있는 모습은 춤무덤과 씨름무덤 벽화에서 볼 수 있다. 특히 춤무덤에 묘사된 실내생활 모습을 보면, 주인처럼 보이는 남자가 음식상을 차려 놓고 손님으로 보이는 승려에게 대접을 하고 있는데 음식상을 가운데 두고 두 사람이 걸상에 앉아 있다. 걸상에 앉을 때는 신발을 벗는 것이 격식에 맞지 않으므로 주인과 손님은 신발을 그대로 신고 있다.

벽화에 묘사된 빈도수로 미루어 보건대 고구려 사람들은 걸상보다는 평상과 좌상을 즐겨 사용한 듯하다. 춤무덤 벽화의 경우 평상과 걸상이 동시에 나타나는데 아마도 무덤의 주인 되는 사람이 평소 평상과 걸상 모두를 즐겼기 때문이 아닌가 한다. 그런데 고구려 사람들이 실내에서 특별히 평상과 좌상 쪽을 선호한 것은 왜일까.

앞에서도 말했듯이 고구려 사람들은 옷이 더러워지는 것을 막기 위하여 방문 밖에 신발을 벗어 놓는 것을 생활화하였다. 그러나 단순히 옷이 더러워지는 것을 막을 요량이라면 맨발이면 될 텐데 굳이 평상과 좌상을 즐겨 사용한 것은 남다른 이유가 있어서이다. 잘 알려져 있다시피 고구려 사람들은 북방의 매서운 추위와 찬 바람을 막기 위하여 방 안에 '온돌'이라는 진귀한 장치를 하였다. 물론 고래가 여러 개인 오늘날의 온돌과는 다르지만 한두 개의 고래가 좁고 낮은 벽에 부착되었다. 이는 겨울에 방 안의 찬 공기를 덥히는 데는 제격이었을 것이다. 그러나 무더운 여름에 생기는 습기는 어떻게 할 것인가. 습기를 제거하겠다고 한여름에 온돌을 덥힐 수는 없는 일이다. 여기에서 고안된 것이 바로 평상이다. 평상의 크기는 방바닥 정도 되어야 하므로 면적을 넓게 한 대신 균형을 잡고 안정감을 주기 위해 다리를 짧게 하였다. 이는 평상의 효용성을 극대화시키는 방법이었다.

일반 서민들도 대개 이러한 온돌방에서 생활하고 신을 벗고 실내생활을 했을 것으로 추측되므로, 무덤벽화에는 등장하지 않지만 귀족들과 마찬가지로 평상을 사용하는 생활을 했을 것이다.

2) 가사노동생활

고구려 귀족들의 생활을 사실적으로 생생히 보여 주는 무덤의 벽화에는 귀족들의 집안 구조물이 당시의 모습 그대로 하나하나 펼쳐져 있다. 우선 부엌과 그와 연관되어 있는 우물터·방앗간·창고 등이 나오고 외양간·마구간·푸줏간·차고 등도 있다. 춤무덤 등의 벽화에서는 특히 부엌에서 부산하게 움직이는 여인들의 가사노동 장면이 생생하다.

하녀로 보이는 여인들은 음식을 만들기 위하여 부뚜막에 시루를 앉혔으며 불이 지펴진 부뚜막 아궁이 앞에서는 한 여인이 아궁이 안을 들여다보고 있다. 또 한 여인은 부엌 바닥에 놓인 개다리 소반 위에 음식물을 올려 놓고 있다. 부엌 밖으로 추녀보다 낮게 구부러져 나온 굴뚝을 통해 연기가 나오지 않는 것으로 보아 시루 속의 음식은 거의 다 된 듯하다. 또한 부엌 앞마당에는 한 여인이 간이 부뚜막 위에 그릇을 놓고 음식을 만들고 있는데 불이 지펴진 아궁이 앞에 남자로 보이는 사람이 있다. 벽화그림에 보이는 이 부뚜막은 마선구 제1호 무덤에서 나온 유약 바른 풍로나 운산의 돌무지무덤에서 나온 쇠풍로와 모양이 아주 비슷하다. 이로 미루어 보건대 부엌에서 음식을 장만하는 그림은 실제 상황을 그대로 재현해 낸 것이라 하겠다.

우물은 용두레로 길어올리는 우물인데, 미천왕릉의 벽화에 나온다. 사각으로 된 우물가에는 한 쌍의 남녀가 다정한 모습으로 뭔가를 속삭이고 있으며 그 옆에는 항아리 세 개와 동이 하나가 놓여 있다. 물 긷는 쪽의 우물가 높이가 약간 높이 솟아 있는 것이 눈에 띈다.

방아는 디딜방아인데 한 여인이 왼발로 방아를 찧고 있으며 또 한 여인은 절구 앞에서 키질을 하고 있다. 벽화 그림이 인물의 크기를 신분에 따라 차이지게 그렸다는 점을 고려하면, 키질하는 여인의 모습이 작게 그려진 것으로 보아 이 여인은 방아를 찧는 여인보다 신분이 낮음을 알 수 있다. 방아 찧는 여인이 몸의 균형을 잡기 위해 왼손으로 줄을 잡고 있는 모습은 매우 사실적이다.

고구려 사람들의 일상 생활에서 필수적인 것 중의 하나가 창고인데, 대개 다락집 모양을 하고 있다. 마선구 제1호 무덤 벽화의 다락식 창고는 귀틀집 모양을 하고 있는데 땅 위에 세운 여러 개의 기둥 위에 얹혀 있다. 『삼국지』 위서 동이전에서는 고구려인의 일상 생활과 밀접하게 관련된 이 창고를 '부경'이라고 기록해 놓고 있다. 이 '부경'은 고구려 사람들이 이른 시기에 가장 밀집하여 살았던 압록강 일대에서 비롯된 것으로 그 전통은 오랫동안 이어져 오늘날에도 이 지역의 농촌에서 흔히 발견된다.

외양간과 마구간도 귀족의 생활에서 빼놓을 수 없는 필수적인 구조물이다. 귀족들은 소나 말을 직접 부리지는 않았으나 하인들이 이들 귀족의 땅을 경작할 때 소나 말을 이용하기도 하고 귀족이 나들이할 때 소·말 또는 사람이 끄는 수레를 이용하기 때문에 외양간과 마구간은 차고 못지않게 없어서는 안 될 중요한 주택의 부속건물이었다. 벽화 그림에서 보면, 여물통이 비스듬하게 설치되어 있는데 소나 말의 크기에 따라 여물을 먹을 수 있도록 배려한 것을 그대로 묘사한 것이다.

약수리 무덤의 벽화에는 외양간 옆에서 여물을 써는 모습이라든가 소에 코뚜레를 뚫는 모습도 보인다. 응당 있을 수 있는 장면이다. 귀족들의 부속건물에서만 보이는 푸줏간에는 돼지나 닭처럼 집에서 키우는 가축 고기와 노루·꿩 등의 산짐승 고기가 함께 쇠갈구리에 꿰인 채 매달려 있다. 여름철에는 고기가 부패하기 쉽다는 점을 고려하면 이는 겨울철의 푸줏간 모습을 묘사한 것인 듯하다.

소나 말, 혹은 하인들이 끄는 수레를 보관하는 차고에는 다양한 종류의 수레가 보관되어 있다. 이를테면 바퀴 위에 가마 비슷한 공간을 만들어 놓고 그 지붕 앞으로 내민 차양이 얹힌 수레, 바퀴 위에 등받이 의자를 올려 놓고 등받이 뒤 위에 꺾인 차양을 앞으로 내밀고 다시 바퀴 앞쪽으로 매어 놓은 수레, 바퀴 위에 얹혀 있는 의자 위로 양산 같은 것이 있는 수레 등이 있다. 이처럼 수레의 종류를 다양하게 하고 치장을 화려하게 한 것은 고구려 귀족들의 사치스러운 생활을 즐기는 취양에 맞추기 위함일 것이다. 푸줏간과 함께 이러한 다양한 수레를 보관하고 있는 차고의 그림은 고구려 귀족의 사치스럽고 향락적인 생활을 사실적으로 보여 준다는 면에서 자료가치가 크다고 할 수 있다.

이상은 귀족 집안에서 벌어지고 있는 하인들의 가사노동 생활과 귀족의 집안살림 모습이지만 여기에서도 서민 생활의 단면을 엿볼 수 있다. 이를테면 부엌에서 음식을 만드는 일, 디딜방아질, 소에게 코뚜레를 뚫는 일, 여물을 썰고 다락식 창고를 짓는 모습 등은 서민 생활의 단면이기도 하다. 또한 이런 것들은 하나같이 지금의 농촌에서도 볼 수 있는 것들이니, 오늘날 농촌의 생활모습이 바로 이 시대까지로 거슬러 올라간다 할 것이다.

2. 활동적이고 단정한 선의 미학 - 옷맵시

1) 남자의 옷맵시

고구려 사람들이 만든 무덤의 벽화에는 남자들이 착용한 저고리·바지·겉옷·모자(머리쓰개)·띠·신발 등의 종류와 특색이 잘 나타나 있다. 이 중 기본이 되는 옷은 저고리와 바지이다. 먼저 저고리부터 보면, 길이는 지금의 양복저고리 정도 되며 깃이 달려 있다. 섶은 왼쪽으로 여미거나 바른쪽으로 여민다. 왼쪽 섶은 이른 시기의 것이며 바른쪽 섶은 그 이후의 것으로 보인다. 소매는 좁거나 넓은 것이 있으며 소매에 댄 선은 단조로운 것과 화려한 것 두 가지를 모두 볼 수 있다. 이러한 차이는 신분의 차이에서 나온 것이다. 저고리 소매 끝과 깃, 도련(저고리 자락의 끝둘레)에는 선을 달았다.

바지는 저고리와 마찬가지로 통이 좁은 것과 넓은 것이 있는데, 물론 신분의 차이에서 온 것이다. 문헌에 따르면 통이 넓은 바지는 귀족들이 입은 것으로 '대구'라고 하였으며, 서민들은 '궁고'라고 해서 통이 좁은 바지를 입었다.

저고리나 바지의 색상은 흰색·검정색·붉은색·자주색·청색·녹색·황색 등으로 다양하며, 형형색색의 바탕 위에는 구름·기하·점 등 각종 무늬가 놓여 있다. 특히 무늬가 놓인 이러한 화려한 옷은 귀족들이 입었다.

고구려 남자들은 외출을 할 때 이러한 저고리와 바지의 기본 차림 위에 겉옷으로서 두루마기 내지 덧저고리를 걸쳤다. 두루마기는 특별히 예의를 차리는 장소에서 반드시 착용하였으며, 그렇지 않을 때는 덧저고리를 착용해도 상관이 없었다. 따라서 두루마기는 예절용 복장이라고 볼 수 있는데, 저고리처럼 선을 달거나 장식을 하였다. 이들 겉옷은 저고리나 바지와 마찬가지로 서민의 경우 통이 좁고 단조로웠으며, 귀족들은 화려하고 통이 넓었다. 특히 왕이 입는 두루마기는 대단히 호화스럽다.

미천왕릉의 벽화를 보면, 주인공인 미천왕은 진한 자주색 바탕에 붉은 색상의 선이 보이는 화려한 두루마기를 입고 있다. 왕만이 화려한 오색 비단으로 만든 겉옷을 입는다는 기록과 딱 맞아떨어진다. 다른 무덤의 벽화에 등장하는 귀족들의 겉옷도 색상이 매우 화려하며 무늬도 점무늬·줄무늬 등 다양하다. 한편 미천왕을 시중드는 사람의 옷을 보면 그와 퍽 대조적이다. 주인공 미천왕의 수레 앞에서 말을 탄 사람은 무늬가 없는 흰 두루마기를 입고 있으며 실내에서 주인공의 지시사항을 받아 적는 관리가 입고 있는 두루마기는 단조로운 연녹색이다. 깃발을 들고 있는 기수 역시 무늬가 없는 단조로운 누런 색상의 두루마기를 입고 있다.

저고리나 겉옷을 입을 때는 반드시 허리에 띠를 맨다. 이는 겉옷을 단단히 여미거나 몸의 균형미를 위해서이다. 신분의 차이에 따라 저고리와 두루마기의 모양과 색상 등에 차이가 나듯이 띠에도 차이가 있다. 즉 단조로운 띠는 헝겊이나 색실 또는 가죽으로 된 것이며, 화려한 띠는 이러한 띠에다 금·은·철 등의 금속 장식물을 붙였다. 특히 미천왕의 벽화를 보면 띠 밑부분에 살구잎으로 보이는 장식이 달려 있는 것이 눈에 띈다. 옛 기록에 따르면 고구려 남자들은 칼 다섯 자루와 숫돌을 차고 다녔다고 하는데 모두 이 허리에 맨 띠에 매달았을 것이다. 유감스럽게도 벽화에서 아직 이런 복장을 한 그림이 발견된 적은 없지만 유적에서는 여러 개의 작은 칼과 구멍이 뚫린 자그마한 숫돌이 발견되었다. 이는 고구려 남자들이 바른쪽에 칼을 차고 왼쪽에 숫돌을 찬다는 『한원』 고구려조의 기사를 입증해 주는 것으로 귀한 자료가 아닐 수 없다.

고구려 남자들은 머리를 꾸미기 위해 상투를 트는데 그 모양에 따라 외상투와 쌍상투로 나뉜다. 외상투는 머리를 크게 하나로 묶는 것을 말하며 둘로 나누어 묶는 것이 쌍상투다. 무덤의 벽화에 등장하는 문지기 또는 씨름꾼 그리고 신선 등은 외상투를 하고 있으며 집안 제5호 무덤의 벽화에 나오는 문지기는 쌍상투를 하고 있는데 외상투 쪽이 흔하다.

외상투이건 쌍상투이건 상투 위에는 머리쓰개가 있다. 무덤의 벽화에서 흔히 볼 수 있는 것은 머리수건·절풍·책·관·패랭이 등이다. 무덤의 벽화에 그려진 마부·사냥꾼·재주를 부리는 기예꾼·심부름꾼 등이 주로 쓰는 것이 머리수건이다. 이렇게 보면 주로 서민들이 머리수건을 즐겨 사용했음을 알 수 있는데, 머리수건을 착용하는 것이 노동일에 편리했기 때문이다. 간혹 사냥하는 귀족들도 머리수건을 쓰고 있는데 이 또한 편리함 때문일 것이다.

고구려에서 이 머리수건 못지않게 널리 쓰인 것이 절풍(折風)이다. 절풍은 '바람을 가른다'는 말 뜻 그대로 활동에 매우 편리한 머리쓰개이다. 모양을 보면 앞에는 하얀 가리개, 뒤에는 검은 태가 있으며 양쪽에는 끈이 달려 있다. 이 절풍을 쓰면 가리개가 상투를 가리고 태는 이마를 덮으며 끈은 절풍이 벗어지지 않도록 턱에 걸게 되어 있다. 무덤벽화에서 흔히 볼 수 있으며 특히 춤무덤 벽화에 그려진 사냥꾼의 절풍은 그야말로 일품으로 평가받고 있다. 절풍에는 장식을 하기도 하는데 새의 깃 두 개를 옆으로 꽂거나 새 꽁지털을 꽂아 더욱 아름답게 꾸민다. 그런가 하면 새 깃 모양의 금속으로 장식을 하기도 하는데 개마무덤의 주인공이 쓰고 있는 것이 그것이다. 문헌상의 기록도 이 모양과 완전히 일치한다.

절풍에 대한 여러 문헌의 기록을 보면, 절풍은 고깔 모양을 하고 있으며 벼슬아치는 여기에 새 깃을 꽂거나 금으로 만든 새 깃을 꽂아 신분을 나타냈다고 한다. 절풍은 중국 당나라 고종의 아들인 장회태자의 무덤벽화에 그려진 사신그림에도 보이는데, 이 절풍 때문에 사신을 고구려의 인물로 보고 있다.

그 다음으로 활동성이 별로 없는 문관들이 주로 착용한 책(幘)이라는 머리쓰개가 있다. 먼저 모양을 보면 두 종류로 나뉜다. 하나는 앞부분이 모자의 태보다 약간 높으며 뒷부분이 앞부분보다 더 높고 두 가닥으로 갈라져 있고 구부러져 있다. 여러 무덤의 벽화에 등장하는 이 책을 쓴 사람들은 하나같이 두루마기를 입고 있다. 고구려의 복장에서 두루마기가 활동복이 아님을 고려할 때 책을 쓴 사람들은 주로 문관임을 알 수 있다. 물론 예외가 없는 것은 아니다. 예를 들면 미천왕릉 벽화에서는 두루마기를 입지 않은 채 그저 바지 저고리에 허리에 띠를 맨 기마무사도 이 책을 쓰고 있다. 명확하지는 않으나, 보통 무사들은 책을 쓰지 않지만 특별히 예의를 갖추는 장소에서는 무사들도 책을 사용한 것이 아닌가 한다.

또 다른 책을 보면, 모자태가 있으며 뒤로 한 가닥이 뾰족하게 솟은 모양을 하고 있다. 앞에서 보면 뒤가 약간 높고 옆에서 보면 뒷부분이 삼각형 모양을 하고 있는 것이 특징이다. 이러한 책도 여러 무덤의 벽화에 나오는데, 특히 주목을 끄는 것이 미천왕릉의 벽화이다. 이를 보면, 무덤의 주인공은 백라관을 쓰고 있는데 그 안에 이러한 책을 쓰고 있다. 주인공을 지키고 있는 무관들 역시 같은 책을 쓰고 있는데, 색상에만 차이가 있고 모양은 같다.

벽화에서 보면 머리 위에 해당하는 부분이 흰색으로 처리되어 있는

데 이 부분은 하얀 헝겊으로 만들어졌음을 말해 준다. 주목할 것은 뾰족한 맨 뒤의 운두에 붉은 선이 그려진 점인데, 이는 상투에 꽂는 물건인 동곳으로 여겨진다. 이러한 책은 무사들과 두루마기를 입지 않은 사람만이 사용한다. 무사들의 경우 헝겊이나 색상을 달리하고 있는데 신분의 차이를 나타내기 위해서이다. 미천왕릉의 벽화에서 보이는 책이 대부분 검정색인 데 반해 도끼를 멘 사람들이 쓰고 있는 책은 붉은색인 것이 이를 잘 보여주고 있다.

문헌에서는 이러한 책에 대해 어떻게 설명하고 있을까. 『삼국지』 위서 동이전 고구려조를 보면, 고구려에서 지위가 높은 귀족에 해당하는 대가 주부는 머리에 책을 쓰는데 그 모양은 (중국의) 책과 같으나 뒤가 없는 책을 쓰며, 신분이 더 떨어지는 귀족인 소가는 절풍을 쓰는데 그 모습이 고깔과 같다고 하였다. 이러한 설명으로 보아 신분이 높은 사람은 책을 쓰고 낮은 사람은 절풍을 쓴 것이 아닌가 추측된다. 그런데 위에서 설명하였듯이 고구려 책은 얼핏 보면 중국의 책과 비슷해 보이나 뒤가 없어 구별이 된다. 즉 중국의 책에는 뒤[後] 또는 수(收)라고 해서 뒤로 헝겊을 드리우고 있으나 고구려의 책은 두 종류 모두 이러한 헝겊이 달려 있지 않아 외형상 생김새를 달리하고 있는 것이다.

벽화무덤의 주인공을 보면 머리 위에 대개 관을 쓰고 있다. 그 점에서 보건대 관은 높은 신분의 사람들만이 쓴 것임을 알 수 있다. 관의 형태는 거의 비슷하며, 두번째 형태의 책처럼 보이는 내관 외에 성긴 비단으로 만든 외관(덧관)도 있다. 미천왕릉의 벽화에서는 검정색 내관과 흰색 외관을 모두 볼 수 있다. 고구려에서 이러한 관을 쓰는 사람은 오직 왕밖에 없으며 이를 백라관(하얀 비단관)이라고 부른다.

무덤벽화에 그려진 모양을 보면 외관은 올이 촘촘하지 않으며 그물 무늬가 있는 흰비단으로 만들어져 있다. 이에 관한 문헌기록으로는 신·구『당서』의 고려전을 참조할 수 있는데, 올이 촘촘하지 않은 나(羅)라는 비단으로 관을 만들며 왕의 관은 흰색, 대신은 청색, 그 아래는 붉은색이 나는 비단을 사용한다. 또한 귀한 자의 관은 소골이라 하여 보라색으로 만든다는 기사도 보인다. 이 기록은 미천왕릉의 벽화에 나오는 외관의 형태 및 그 색상과 일치한다.

고구려의 남자들이 머리 위에 쓰는 것으로는 위에서 살펴본 것 들 외에 머리쓰개·면관·패랭이란 것이 더 있다. 무덤벽화를 보면 머리쓰개와 면관은 연꽃 모양과 톱날 모양을 하고 있다. 집안 제5호 무덤 벽화에서 용을 탄 신선이 쓰고 있는 머리쓰개가 연꽃 모양이고, 감신 무덤의 벽화에서 말을 탄 악대가 쓰고 있는 것이 톱날 모양의 머리쓰개이다.

패랭이는 지금의 우리에게도 크게 낯설지 않은 이름이다. 모양을 보면, 머리를 덮는 부분인 위가 둥글고 차양이 비교적 넓다. 차양이 넓다 보니 바람에 벗겨질 우려가 있기 때문에 이를 막기 위해 끈으로 턱에 매도록 되어 있다. 이것의 원래 이름은 무엇인지 알 수 없고, 조선시대에 천한 사람들이나 상제가 쓰는 대오리로 엮어 만든 갓의 한가지인 패랭이의 모양과 거의 같아 붙여진 이름이다. 패랭이의 모양은 현재도 우리 농촌에서 흔히 보는 밀짚모자를 연상하면 쉽게 알 수 있다. 밀짚모자는 농촌에서 강한 뙤약볕이나 갑자기 쏟아지는 비를 막는 데 안성맞춤인 쓰개로, 고구려 사람들도 산이나 들판에서 격렬한 사냥을 할 때 편리한 패랭이를 즐겨 쓴 것으로 보인다.

지금까지 고구려 남자들의 옷맵시와 관련하여 머리쓰개·저고리

·바지 등을 살펴보았다. 신분이 높은 사람일수록 소매통이 넓은 저고리와 통이 넓은 바지를 입었고, 신분이 낮은 사람은 바지통이 좁긴 했으나 지금의 옷과 비교하면 여전히 활동에 거추장스러울 정도로 통이 넓은 것은 사실이다. 그래서 활동량이 많은 고구려 사람들은 저고리에 띠를 매듯 무릎 아래의 정강이 부분에 해당하는 바지통에도 끈을 매거나 행전이란 것을 쳐서 통 넓은 바지통을 감쌌다. 행전은 끈보다 더 편리한 것으로 넓은 헝겊이나 누비헝겊으로 만들었다. 조선시대에도 이러한 행전이 많이 사용되었으며 근대 초에도 각반이라고 해서 교사·군인·노동자들 사이에 많이 이용되었다.

무덤벽화를 보면 말타고 사냥하는 사람, 문지기, 장수 들은 어김없이 행전을 치고 있다. 활동량이 많지 않은 사람들에게는 이러한 행전이 별 필요가 없었을 것이나 그렇지 않은 사람들은 누구를 막론하고 모두 행전을 친 것으로 볼 수 있다. 활동량이 특히 많고 민첩성을 필요로 한 군인은 반드시 이 행전을 쳤으므로 행전은 고구려시대 군인복장의 상징적 요소라 해도 좋을 것이다.

마지막으로 신발이 있다. 신발 역시 무덤벽화를 통해 그 모양을 알 수 있는데, 크게 목있는 것과 목없는 것으로 나뉜다. 목이 있는 신발을 보면, 목이 좀 길고 발끝이 닿는 앞부분이 약간 들려 있으며 신발코가 솟아 있다. 이를 줄임말로 목달린 코신이라고 한다. 그런데 무덤벽화에 흔히 등장하는 것은 이러한 목달린 코신보다는 목없는 신발이다. 무덤의 주인공, 문지기, 거문고 타는 사람의 신발이 그것으로, 집안 제4호 무덤의 벽화에 보이는 거문고 타는 사람의 신발의 경우는 코가 뾰족하며 들려 있다. 따라서 목있는 신발이건 목없는 신발이건 대개는 코가 솟아 있다고 보면 되겠으나 예외적으로 코가 솟아 있지 않은 경우도 있다. 집안 제5호 무덤 벽화에 등장하는 문지기의 신발이 그 대표적인 예라 할 수 있다.

그렇다면 목있는 신발이건 목없는 신발이건 고구려 신발이 대체로 코가 솟아 있는 것은 왜일까. 우선 신발의 미적 효과를 높이기 위한 것이라고 생각해 볼 수 있으나, 역시 신발 안에 신은 버선이 코가 솟은 버선이기 때문이라는 설명이 설득력을 갖는다. 조선시대를 이어 지금도 한복을 입는 여인은 코가 솟은 신발을 신는다. 한복에는 버선을 신는 것이 격식에 맞는데, 코없는 신발을 신게 되면 당연히 버선발이 불편해지기 때문이다. 이렇게 보면 코가 들린 우리의 전통적인 신발의 원형은 고구려시대로까지 거슬러 올라간다고 하겠다.

2) 여자의 옷차림

고구려 여인의 옷차림은 저고리·바지·치마·겉옷·띠·머리치장·머리쓰개·신발 등 그 종류와 가지수가 다양하다. 이 중 기본이 되는 것은 저고리·바지·치마인데, 여자들이 치마와 함께 바지도 입었던 것은 활동에 편리하였기 때문이다. 여인들의 옷도 남자들과 마찬가지로 신분에 따라 차별이 두어졌다. 귀부인들은 통이 넓고 화려한 색상에 무늬가 놓인 아름다운 비단옷을 입고 그렇지 않은 여자들은 통이 좁은 소박한 옷을 입었다. 미천왕릉의 벽화를 보면 왕후는 진한 자주색 바탕에 점무늬·붉은 물결무늬 등이 놓인 화려한 옷을 입고 있다. 그와는 대조적으로 부엌에서 음식을 만들고 있는 여인들은 단색으로 처리된 소박한 옷을 입고 있다.

이러한 의복의 차이는 신분의 높낮이에 따라 활동량이 다르고 그

활동에 맞추어 각기 의상을 착용하였기 때문이다. 활동량이 많은 여인들이 귀부인들처럼 통이 넓고 화려한 비단옷을 입는다면 자유자재로 활동할 수 없을 것임은 물론이다. 이와 관련하여 『사기』 흉노전을 보면, 한나라 사람과 흉노 사람들의 옷입는 방식에 대한 이야기가 나온다. 흉노가 한나라로부터 비단 등을 조공품으로 받아 흉노의 귀족들이 비단옷과 비단이불을 즐기자 이동성이 강한 유목민족인 흉노에게는 비단이 결코 어울리지 않는다며 비단의 폐해를 지적한 이야기가 그것이다. 이는 중국의 사신 일행으로 흉노를 방문했다가 망명하여 그대로 흉노에 눌러앉은 중행설(中行說)이라는 내시의 말이다.

치마는 지금 여인만의 고유 의상으로 통용되고 있으나 과거에는 그렇지 않았다. 옛 문헌과 벽화로 보건대 고구려 여인만이 아니라 승려도 치마를 입은 것으로 보인다. 이들 치마의 종류는 여러 가지인데 길이만 갖고 보더라도 정강이까지 내려오는 것이 있는가 하면 발목까지 내려오는 것, 발까지 내려오는 것 등 다양하였다.

이들 치마는 대개 주름을 잡고 끝단에 단아하게 선을 댄 공통점을 갖고 있는데, 지금의 주름이 들어간 통치마와 매우 유사하다. 무덤의 벽화를 보면 대부분의 여인들이 이 주름치마를 입고 있는데, 같은 주름치마라도 옷감의 질 등으로 신분의 차이를 드러냈을 것으로 보인다.

주름이 잡히지 않은 치마도 있다. 예컨대 미천왕릉의 행렬그림에 등장하는 춤추는 여인은 누런 바탕에 붉은 점무늬가 찍히고 붉은 선이 둘린 치마를 입고 있고, 약수리무덤의 벽화에 나오는 시중 드는 여인들은 앞폭이 세 쪽으로 된 치마를 입고 있다. 좌우 폭은 흰색이며 가운데 폭은 적갈색인데 각 폭마다 검은 점무늬가 들어간 경우도 있다.

여인만이 입는 옷으로 행주치마라고 불리는 앞치마가 있다. 여인들은 집안일, 특히 부엌일을 도맡아하는데 음식을 만들 때는 청결을 유지하기 위하여 치마 위에 이 앞치마를 둘렀다. 앞치마는 지금의 것과 모양이 크게 다르지 않아 자그마한 타원형을 이루고 있는데, 허리에 매는 끈의 폭이 넓고 길어 매어도 아래로 길게 늘어지는 점이 지금의 앞치마와 약간 다르다. 이러한 앞치마는 주로 가사일을 위한 것이므로 귀족부인들은 착용하지 않는다.

여성의 옷 중에 특이한 것으로는 저고리와 치마가 한데 붙은 통옷을 들 수 있다. 구조상 머리부터 입게 되어 있는 이 통옷은 대개 시중 드는 여인들이 입고 있으며 통옷 위로는 앞치마를 두르고 있다. 그래서 얼핏 보면 저고리와 치마를 따로 갖춰 입은 것으로도 보인다. 통옷에는 무늬에 단색으로 된 것과 줄무늬가 들어간 것이 있는데, 특히 줄무늬 통옷의 경우는 무늬가 위에서 아래까지 한 줄로 죽 이어져 있어 위아래가 한데 붙은 통옷임을 분명히 드러내 준다. 통옷의 깃은 둥근 모양으로 되어 있으며 소매 끝과 단에는 선을 둘러 품위를 더해 준다. 특별히 둥근 깃은 문헌을 통해 보건대, 고구려의 고유한 양식으로 추측된다. 『후한서』 예전을 보면 고대 우리 종족의 하나인 예족의 남녀가 모두 둥근 깃의 옷을 입었다는 기사가 있다. 고구려가 예족과 같은 갈래인 사실을 염두에 두면, 이 둥근 깃은 고구려의 고유한 양식이라고 보아야 할 것이다.

고구려 여인이 입는 겉옷으로는 남자들과 마찬가지로 두루마기가 있는데 저고리보다 길이가 길다. 소매 끝, 깃, 아랫단에 두른 선이 두루마기의 아름다움을 돋보이게 해 주며, 허리에 띠를 매는 것이 격식으로 되어 있다. 섶은 왼쪽 또는 바른쪽으로 여미게 되어 있는데 이른 시기에는 섶을 왼쪽으로 여미다가 나중에 바른쪽으로 여미게 되었다. 흔하지는 않지만 맞섶으로 된 두루마기도 있다. 시대의 변천과 함께 섶을 여미는 방법도 달라지듯이 소매통의 넓이도 고정되어 있지 않다. 이른 시기의 소매통은 좁았으나 나중에 가면 점차 넓어지는 경향을 보인다. 유행의 흐름이라고 해야 할 것이다. 무늬와 색상은 신분에 따라 차별이 두어졌다. 귀부인들의 두루마기는 색상과 무늬가 화려하고 다양한 반면, 신분이 낮은 여인이 입는 두루마기는 단색에다 무늬가 없어 단조로워 보인다. 옷감의 질 또한 신분에 따라 차이가 많았을 것은 당연하다.

한편 고구려 여인들은 남자들과 마찬가지로 머리를 틀고 그 위에 머리쓰개를 썼다. 머리를 튼 모양은 다양하게 나타나지만 트는 방법은 딱 두 가지이다. 틀어올린 머리와 틀어내린 머리가 그것이다. 올린 머리는 그 모양에 따라 틀어서 얹는 머리와 고리 모양으로 틀어 올린 머리로 나뉜다. 무덤의 벽화에서 보면 여자 주인과 시중 드는 여자가 함께 틀어올린 머리를 하고 있다. 이는 신분의 차이 없어 여인들 누구나 이런 머리 모양을 할 수 있었음을 보여준다. 대신 귀부인들은 자신의 높은 신분을 드러내기 위해 머리에 장식품으로서 머리꽂이를 꽂고, 특히 왕후와 궁중의 시녀들은 머리를 쌍고리로 틀어올리고 비녀와 머리꽂이를 많이 꽂았다. 머리꽂이가 귀한 신분의 여성들에게 이용되었던 만큼 이런 머리장식을 한 여인들은 많은 경우 황금 목걸이 · 귀고리 · 팔찌 · 반지 등을 함께 즐겨 사용한다.

다음으로 내린 머리가 있다. 여러 무덤의 벽화에서 보면, 이런 머리 모양은 나이 어린 소녀나 하녀 등 신분이 낮은 여성이 하고 있다. 대략적으로 여자 주인은 올린 머리를 한 반면 이들의 미혼의 딸과 하녀들은 내린 머리 모양을 한다고 보면 될 것이다.

머리 위에 쓰는 쓰개로는 무덤 벽화에서 확인된 머리수건과 털모자가 있다. 고구려 여인들은 이마에 머리수건을 동여매거나 머리수건으로 머리 위를 완전히 가린 모습을 하고 있다. 여인들의 이 머리수건을 신기하게 생각한 중국인은 이를『구당서』고려전에 기록해 두고 건괵(巾幗)이라고 표현하였다. 지금도 우리 농촌에서는 아낙네들이 논밭에서 일할 때 으레 수건을 머리에 쓰고 있는데 그 연원은 적어도 고구려시대까지 거슬러 올라감을 알 수 있겠다. 머리에 수건을 착용한 것은 일할 때 흘러내리는 땀을 닦기도 하고 머리가 더러워지는 것을 예방할 수도 있으며 그 외에 뙤약볕을 피할 수 있는 등 여러 가지 장점 때문이다. 수건이 더운 여름철에 많이 사용된 것이라고 한다면, 겨울에 많이 쓴 것은 역시 털모자이다. 무덤 벽화에도 털로 짠 모자가 등장하며 이러한 털모자는 추위로부터 머리를 따뜻하게 보호해 주는 역할을 하였을 것이다. 털모자의 재료로는 역시 고구려 사람들이 사냥에 능했던 점을 염두에 두면 사냥에서 얻은 짐승의 털이 많이 사용되었을 것이다.

끝으로 여자들의 신발이 있다. 남자의 신발처럼 여자의 신발도 목이 있는 것과 없는 것 두 가지가 있다. 목있는 신발은 쌍기둥무덤과 사냥무덤의 벽화에 그려진 여주인공에게서 찾아볼 수 있고, 남자들의 목없는 신발과 비슷하나 보다 곱게 만들어진 여성용 목없는 신발은 미천왕릉의 벽화에서 볼 수 있다. 왕후와 여인들이 신은 신발을 보면 붉은색에 코가 약간 솟아 있는데 이 또한 신발 안에 코 있는 버선을 신고 있었음을 말해 준다.

3. 새로운 시작을 위한 이중주 - 혼례와 장례

1) 자유로운 연애, 검소한 혼례식

혼인은 개인이나 국가의 발전에 기본 요소가 되는 것이다. 혼인을 함으로써 개인은 노동력을 확보하여 가정수입을 늘릴 수 있으며 국가도 또한 노동력을 보유하여 더 많은 조세수입을 항구적으로 확보할 수 있다. 그렇다면 고구려 사회에서 혼인은 어떻게 이루어졌을까.

고구려에서의 혼인은 집안끼리의 합의를 통해 이루어지는 것이 아니라 남녀 당사자가 직접 배우자를 선택하는 형식으로 이루어진다. 물론 형식상으로는 양 당사자 집안이 합의하는 절차를 밟는다. 고구려의 풍속 중에는 밤만 되면 부락의 남녀가 신분을 무시하고 한데 모여 춤추고 노래부르거나 부락민들이 무리를 지어 함께 어울려 노는 집단놀이가 있었다. 혼인을 앞둔 남녀는 이러한 기회에 혼인할 배우자를 골랐다고 한다. 고구려 사람들이 신분을 무시하고 매일 밤 만나 놀이를 즐겼다는 것은 고구려 민족이 개방적인 성품의 민족임을 의미한다. 고구려의 전통적인 혼인 형태라 할 개방적인 혼인은 바로 여기에서 나왔다. 이처럼 당사자가 직접 배필을 구한 관계로 고구려 사회에는 일종의 중매혼은 별로 없었을 것이다. 그러나 매일 밤 이루어지는 이러한 만남으로 자신의 처지를 잊고 배필이 아닌 이성과 육체적 즐거움을 갖는 일이 사회적으로 만연되기도 했다. 특히 배필이 아닌 사람과의 육체적 관계를 선호한 쪽은 부인들이었다. 그러나 고구려 사회에서는 누구도 이러한 혼외정사를 부끄러운 일로 여기지 않았고 고구려의 법에서도 이를 문제삼지 않았다. 그러다 보니 고구려에는 노는 여자 같은 생활을 하는 여자가 많을 수밖에 없었고, 이런 여자의 남편은 그 수가 일정하지 않았다고 한다.

이처럼 이성관계가 은밀히 이루어진 것이 아닌 만큼 고구려 사회는 성이 대단히 개방된 사회였다. 결국 공동체의식을 다지려는 의미에서 매일 밤 남녀가 자연스레 만나 하루를 즐겁게 마무리짓는 놀이가 성 개방을 낳았고, 따라서 성 개방은 고구려 사회에서 볼 수 있는 공동체의식의 강화수단이라고 보아야 하지 않을까 한다. 또한 이처럼 개방된 상태에서 이루어지는 혼인은 평소 잘 아는 사람끼리의 결합이기 때문에 이혼은 흔한 현상이 아니었을 것이다.

이렇듯 고구려 사회는 당사자의 배우자 선택권을 존중했으나 그렇다고 해서 당사자가 곧바로 동거생활로 들어갈 수 있었던 것은 아니다. 먼저 신랑집에서 신부집에 돼지고기와 술을 보내는 소정의 절차(『수서』 고려전)가 필요하고, 신랑은 동침을 위해 또 다른 절차를 밟아야 한다. 즉 신랑은 동거를 위해 정한 날 저녁에 신부집 밖에서 이름을 대고 끓어앉아 신부와의 동거를 원한다고 두세 번 청을 하고 신부의 부모가 동거를 승낙하면 그 때야 비로소 신랑과 신부는 본가 뒤쪽에 마련된 서옥에서 동거를 시작하게 된다.

그런데 『삼국지』(고구려전)를 보면, 신랑이 서옥에 들 때 돈과 비단을 신부집에 내놓는다는 기사가 있다. 『삼국지』보다 더 나중에 편찬된 『주서』(고려전)를 보면 신부집에서 신랑으로부터 재물을 받게 되면 딸을 종으로 팔았다는 나쁜 소문이 퍼져 재물받는 것을 수치로 여긴다는 기사가 있다. 두 기사를 종합해 보면 처음에는 신랑이 신부집에 재물을 주었으나 나중에는 재물을 주지 않는 것이 혼인풍속으로 자리를 잡은 것이 아닌가 한다. 이러한 풍속은 양가로 하여금 혼인으로 인한 경제적인 부담을 느끼지 않게 하였을 것이고 낭비를 막아 국가로서도 권장할 만한 바람직한 풍속이었을 것이다.

한편 돈과 재물을 신부집에 내놓고 서옥에서 동거에 들어간 신랑은 신부가 아이를 낳고 그 아이가 자라면, 그 때 신부와 함께 자기집으로 돌아갔다. 아내를 얻기 위해 신부집에 내놓는 돈과 재물은 일종의 몸값이라 할 것이다. 그런데 몸값을 지불하고도 곧바로 신부와 함께 자기의 집으로 돌아가지 않고 서옥에서 동거에 들어간 것은 왜일까. 중국측의 고구려 관련기사는 모두 그 까닭을 말하고 있지 않으나 다른 지역의 혼인 형태를 보면 이유를 추정해 볼 수 있다.

일찍이 성서에도 유대인 야곱이 레아와 라헬을 얻기 위해 장인이 되는 라반 밑에서 각각 7년씩 14년 간 노동을 제공하였다는 이야기가 나온다. 몽골법에는 오랜 혼인 형태 중 하나로서 노동을 대가로 지불하고 신부를 얻는 혼인이 있었고, 특히 동부 시베리아 원주민은 금세기 초까지도 신부를 얻기 위해 가축을 제공하고 장인의 집에서 고용인으로서 노동을 제공하는 관습이 지켜졌다. 관습법에 따르면 신랑은 신부의 집에서 대략 6~8년 정도 노동을 하였는데, 고구려에서 신랑이 신부와 아이를 데리고 자기 집으로 돌아가기까지 걸린 시간도 대략 이 정도 되지 않았을까 한다.

몽골에서 이처럼 노동을 통해 처를 얻는 혼인관습이 자리잡은 것은 먹을 것이 부족한 상황에서 딸의 혼인으로 인해 줄어들 노동력을 보충하기 위해서였을 것이다. 고구려도 매한가지였다. 알다시피 고구려는 건국 초부터 땅이 척박하여 항상 먹을 것이 부족하다 보니 음식의 절약이 생활화되어 있었다. 바로 이러한 상황에서 딸의 혼인이 가져올 노동력의 감소를 일정 기간 사위의 노동력 제공이라는 방식으로 메우고자 하였고, 그렇게 해서 나타난 것이 서옥제였다고 풀이할 수 있겠다.

한편 이러한 혼인방식은 여성의 노동력이 중시되었음을 반영하는 것으로, 처를 노예로서가 아니라 남편과 서로 대등한 조력자로 인정하게 하였다. 실제로 가정 내에서 처가 수행하는 경제적 역할은 커서 그 지위를 높여 주었다. 몽골 사회에서 남편이 부재중이거나 사망하게 되면 그 처는 독자적으로 전 재산을 처분할 수 있는 등 여성의 지위가 상당히 높았다. 이 사회에서 가부장의 권위가 절대적인 지위를 누리지 못한 것은 이 때문이다. 이러한 특성은 농경민족으로 정착하고 나서도 유목민적 성격을 일정하게 남기고 있던 고구려 사회에 유사하게 적용할 수 있지 않을까 한다. 한편『주서』(고려전)에는 이전의 역사서들과는 달리 서옥에 대한 언급이 없는 것으로 보아, 북주시대(557~580) 즉 고구려 후기에는 이미 서옥제가 존속하지 않게 된 듯하다. 그러나 오랜 기간을 통해 관습화되었을 고구려 가정 내에서의 여성의 지위와 역할은 크게 변하지 않았을 것으로 생각된다.

2) 또 하나의 새로운 시작 - 장례

혼인이 발전과 창조의 시작이듯이 죽음도 마찬가지이다. 고구려인들에게 있어서 죽음은 끝이 아니라 새로운 시작을 의미하였다. 때문에 그 시작의 절차가 필요하였는데 그것이 바로 장례이다. 고구려 사람들이 혼인을 하게 되면 동시에 수의를 장만한 까닭도 혼인을 새로운 시작을 의미하는 죽음과 직결시켰기 때문이다.

그런데 혼인할 때는 거의 재물을 쓰지 않았던 것과는 달리 장례 때는 금·은·재물 등을 들여 장사를 후하게 치렀다. 사람이 죽으면 집안에 빈소를 차리고, 3년이 지난 뒤에 길일을 잡아 장사를 지냈다. 부모나 남편이 죽으면 가족 모두는 3년 동안 상복을 입었고, 친척들은 석 달 동안 상복을 입었다. 백제에서도 부모나 남편이 죽으면 3년 동안 상복을 입고 친척들은 장사를 치르면 곧 상복을 벗어 고구려와 비슷하였다. 이에 비해 신라는 왕·부모·처자가 죽으면 1년만 상복을 입었다고 한다.

한편 고구려에서는 사람이 죽고 난 후 석 달 동안 모두 소리내어 울지만 장사를 지낼 때는 북을 치고 춤을 추면서 죽은 사람을 즐겁게 보내는 장례의식을 거행하였다. 매장을 끝내고 나서는 죽은 사람이 입던 옷과 수레, 말을 무덤가에 가져다 놓았는데, 장례에 참석한 사람들이 이를 가져갔다고 한다.

고구려 사람들의 장례에서 남다른 것은 ① 장사를 즉시 치르지 않는 점, ② 재물을 많이 들여서 치르는 후장이라는 점, ③ 장사를 치르고 난 후 춤을 추며 죽은 사람을 즐겁게 떠나 보내는 뒤풀이를 한다는 점을 들 수 있다. 이렇듯 후장을 하는 것은 앞서 언급했듯이 죽음을 새로운 시작으로 받아들였기 때문이다. 따라서 죽음을 살아 있는 사람과의 완전한 단절로 받아들이지 않았고 그러한 믿음 때문에 장사에 참석한 사람들은 죽은 사람이 생전에 쓰던 물건을 나누어 가진 것 같다.

고구려인의 무덤에 대해서는 중국인이 남긴 문헌자료가 참고된다. 즉 고구려의 풍속에 사람이 죽으면 돌로 무덤을 만들고 여기에 시신을 묻는 매장법이 있다는 기사가 나온다. 이 무덤의 구조는 지역에 따라 달랐다. 예컨대 압록강 유역에는 비교적 적석무덤이 많고 대동강 유역에는 토석무덤이 많은데, 각각 먼저 시대의 전통과 양식을 계승한 것이다. 어쨌든 이들 무덤은 모두 돌을 이용하여 대단히 견고하게 만들어졌다. 사람이 죽은 지 3년 후에 장사를 치렀기 때문에 무덤을 만드는 작업도 3년 동안 계속되었을 것이고 거기에는 당연히 많은 재물과 노동력이 들었을 것이다. 따라서 많은 장례 비용 중 상당 부분이 이 무덤을 만드는 데 들어가지 않았을까 한다. 일반적으로는 장례 비용에서 부장품이 차지하는 비중이 적지 않지만 고구려의 경우 부장품에 대한 기록이 따로 없는 것으로 미루어 무덤에 부장품을 넣은 것 같지는 않으며, 이는 죽은 사람이 생전에 쓰던 물건을 조문객들이 나눠 갖는다는 문헌의 기록을 통해서도 증명된다.

무덤 둘레에는 소나무와 잣나무를 심었다. 일부러 이러한 나무를 골라 심은 것은 고구려처럼 척박한 땅에서도 잘 성장하는 수종이고 솔방울과 잣이 열리는 등 유용성이 다른 나무에 비해 컸기 때문일 것이다. 이런 면에서 소나무와 잣나무, 특히 소나무는 고구려를 상징하는 '나라 나무'가 아니었는가 한다. 고구려 5부의 하나인 소노부(消奴部)의 전신인 송양국(松讓國)은 그 발음이 소나국이다. 여기에서 소나국의 소나는 어원상 소나무가 되며 따라서 송양국, 즉 소나국은 소나무 나라라는 뜻이 되어 소나무와의 각별한 관련을 추측케 한다.

장례와 직접 관련되는 것은 아니지만, 고구려에서는 형이 죽으면 아우가 형수를 아내로 취한다는 '형사처수(兄死妻嫂)'의 풍속이 있었다. 원래 '형사처수'는 혼인의 한 형태가 아니므로 혼인 항목에서 다룰 수 없고 장례 항목과도 더군다나 관계가 없다. 그러나 한 가족의 구성원인 형이 사망함으로써 남동생이 형수를 처로 맞아들이게 되기 때문에 장례 항목에 넣어 살펴보기로 한다. 『양서』(고구려전)에서 이 풍속에 대한 기사를 고구려 사람의 장례 기록 안에 포함시킨 것도 이 때문일 것이다. 엄밀히 말하자면 형사처수는 가족제도 또는 여자에 대한 사회보장과 보다 많은 관련성을 갖고 있다고 할 수 있다.

이러한 제도는 군혼(群婚)의 잔재로서 형제가 처를 공유하는 제도의 유물인데, 모권제 시대에도 일정하게 남아 있었으며 보다 높은 발전단계에 이른 민족, 예컨대 유대인·그리스인·인도인 들에게서 보이기도 한다. 이는 부여 사회에도 존재했다고 하는데, 고구려는 부여와 마찬가지로 맥족이 세운 국가이기 때문에 부여와 유사한 풍속과 습관이 많다. 두 나라의 형사처수는 내용상 같았으나 구체적 설명은 문헌에 남아 있지 않다. 시대적으로는 한참 떨어지기는 하지만 몽골 사회에도 이러한 풍속이 있었다. 몽골에서는 이 형사처수제 외에도 아버지가 죽으면 아들이 아버지의 모든 첩을 맞아들이는 '부사처처제(父死妻妻制)'도 있었다. 부여와 고구려에서는 찾아볼 수 없는 제도이다. 형사처수제에 대해서는 현재 부여와 고구려의 기록만으로는 구체적으로 밝히기 어려운 바가 있으므로 몽골의 그것을 통해 유추해 보기로 하겠다.

알다시피 몽골족은 전형적인 유목민이고, '부사처처제'와 '형사처수제'는 유목사회에서 볼 수 있는 고유한 가족제도이다. 그런데 몽골과는 달리 부여와 고구려에 '형사처수제'만 있었던 것은 두 나라가 유목민적 성격을 갖고 있고 그 영향을 남기고 있는 것은 사실이나 몽골과는 달리 순수한 유목국가가 아니기 때문일 것이다. 유목민 사회에서는 남자 못지않게 여자도 힘든 가사노동에 종사한다. 남편이 전쟁에 나가 전사하면 부인이 남편의 남은 병역을 마치는 것도 관례였다. 이 때문에 여자들도 남자 못지않은 훌륭한 노동력으로 인정을 받았으며 동시에 여자들은 시집올 때 지참금으로서 유목사회의 가장 큰 재산인 가축을 가져왔기 때문에 여자의 지위는 농경사회의 그것과는 다를 수밖에 없었다. 따라서 이혼이 성립할 경우, 부인은 남편으로부터 그 지참금을 돌려받을 권리가 있었다. 그러다 보니 만약 과부가 된 여자를 시가에서 내보내게 될 경우 시가는 노동력과 지참금을 상실하게 되어 그만큼 경제적으로 큰 손실을 입게 된다. 몽골인들이 자기 가문과 혼인하여 시집온 여자를 완전한 동족으로서 받아들이는 강한 가족유대 관념을 갖고 있었던 것은 이것과 깊이 관련되어 있고, '부사처처제'와 '형사처수제'는 이러한 가족제도가 낳은 산물이었다.

부여와 고구려에 '형사처수제'가 존재하였던 것도 바로 위와 같은 맥락에서 이해하면 될 것이다. 몽골의 예로 보건대 이 제도는 여러 가지로 이로운 면이 있었을 것이다. 그러나 부여에서 질투한 부인은 죽여 그 시체를 산 위에 내다버린다는 기록이 나오는 점으로 보아 부작용 또한 없지 않았을 것이다.

4. 풍요와 호국을 기원하며 – 종교신앙

민족마다 토착종교와 외래종교가 있다. 토착종교에서는 시조신을 숭배하는 것을 흔히 볼 수 있는데, 고구려 역시 시조의 사당을 세우고 나라 사람들로 하여금 시조를 국조신으로 받들게 했다. 처음에 고구려 사람들은 종족신인 부여신(扶餘神 : 주몽의 어머니인 유화부인)과 고등신(高登神 : 동명왕)을 최고의 신으로 숭배하여 서기 24년 동명왕의 어머니를 제사 지내기 위해 태후의 사당을 세우고 이어 시조

동명왕의 사당도 세웠다. 이로 보아 고구려는 태후를 신앙의 대상으로 여겨 오다가 시조로 그 대상을 바꾸었음을 알 수 있다.

고구려의 토착종교에서는 또한 하늘·해·달·별·산 등 자연을 숭배하고 이를 신앙의 대상으로 받들기도 하였다. 그 대표적인 행사가 제천의식이다. 10월에 농사일을 마무리짓고 풍년이 든 것에 대해 천신에게 감사를 올리고 이듬해에도 농사가 잘 되기를 기원했다. 이 토착신앙은 고구려 사람들이 같은 조상으로부터 나온 혈족이라는 관념을 심어 주어 민족적 일체성을 확고히 해 주는 역할을 하였다.

외래종교로는 유교·불교·도교의 세 종교가 들어와 있었다. 종교란 그것이 어떤 것이든 사람들에게 정신적 안정을 가져다 준다. 이러한 면은 토착종교보다 외래의 고등종교 쪽이 훨씬 커서 그 도입과 수용을 거부하기 어렵게 한다.

고대시대 지배계급은 종교까지 장악할 수 있는 위치에 있음을 이용하여 자신들의 구미에 맞는 토착종교의 틀을 세웠다. 그런데 외부로부터 보다 고등한 보편성을 띤 종교 등 문화요소가 들어옴으로써 토착종교의 원시적인 한계성이 드러났다. 이에 지배계급이 먼저 집권적 차원에서 보다 고도하고 보편타당성을 띤 외래종교로 개종하고 누구나 이를 믿도록 유도해 나갔다.

중국에서 자생적으로 형성된 유교와 도교, 또는 중국을 거쳐 들어온 불교가 고구려에서 국가적 관심을 집중시키는 종교로 자리잡을 수 있었던 것은 고등종교로서의 요소를 많이 구비하고 있음을 지배계급이 가장 먼저 인식했기 때문이다. 고구려의 지배계급은 이러한 유교와 불교를 받아들임으로써 자신들을 중심으로 하는 사회질서를 유지하고 왕권강화를 도모하며 나아가 국가수호를 위한 단결을 촉진할 수 있을 것으로 기대하였다.

이를 위해 지배계급은 372년 유교의 최고 교육기관인 태학을 세우고 여기에서 5경(五經)과 3사(三史) 등을 가르쳐 유교의 정신을 보급하는 데 힘을 기울였다. 또한 각 지방에는 경당(扃堂)이라는 큰 집을 세워 혼인하지 않은 청소년들에게 5경과 3사 외에 활쏘기 등 무예도 함께 가르쳤다. 이를 통해 보건대 고구려 사회는 이미 4세기 후반부터 유교적 색채를 띠게 되었을 것으로 생각된다.

불교가 고구려 지배계급의 관심을 끈 사정은, 유교의 사정과 별반 차이가 없다. 3세기에 처음 들어온 불교는 지배계급의 비호를 받았으나 공식적으로 전파되기 시작한 것은 372년부터였다. 당시 불교의 공인 문제는 국가적인 초미의 관심사였고, 지금도 학계에서는 이 문제를 둘러싸고 의견이 분분한데 간단히 살펴보면 다음과 같다.

먼저 유물론적 입장에서는, 불교의 본질 자체를 현실을 도피하며 계급의식을 마비시키고 계급투쟁을 죄악시함으로써 지배계급의 이익에 부합하는 것이었다고 본다. 따라서 지배계급은 불교를 보급시키기 위해 토지와 노비까지 희사하여 절을 세우고 승려를 양성하는 데 힘을 아끼지 않았고, 이에 힘입어 사찰은 대토지소유자로 변신하고 승려는 특권과 기만을 동원하여 백성들을 착취했다고 파악한다.

이 같은 유물론적 견해를 단선적인 파악으로 보고 반박하는 견해도 있다. 물론 고구려 지배계급의 불교 공인이 피지배계급의 이익을 지켜주기 위해서였다는 말은 아니다. 그렇다고 해서 유물론자들의 주장처럼 지배자 자신들의 권익을 위해서만도 아니었다. 실제로 가장 핵심적인 것은 국익에 있었다. 시대적 특성상 고구려의 국가적 발전은 지배계급에 의해 주도되기 마련이다. 그 과정에서 지배계급의 권익이 우선됨은 자명한 사실이겠으나 그것만이라면 바로 국가발전을 약속할 수는 없다. 즉 지배계급만이 아니라 피지배계급도 함께 한군데로 뜻을 모을 수 있을 때에야 비로소 국가발전을 약속할 수 있는 것이다. 그런데 지배계급이야 권익 면에서 보장을 받고 있었기 때문에 항상 국가발전을 위한 행동에 나설 준비가 되어 있는 반면, 피지배계급은 그렇지 않다. 따라서 지배계급은 이들의 동참을 끌어내기 위해 다각도로 방도를 마련하게 된다. 그 동참이 무력을 동원한 강제만으로 이루어질 수 없음은 당연하다.

당시 지배계급이 피지배계급의 국가적 동참을 이끌어 내는 데 있어 불교보다 달리 더 좋은 것은 없었을 것이다. 그렇다면 불교의 어떤 점이 이들의 자발적 참여를 이끌어 낼 수 있으리라 판단했을까. 그것은 호국사상이었을 것이다. 원래 불교가 인도에서 성립할 당시에는 불교에 호국사상이라는 요소가 존재하지 않았다. 그런데 중국의 남북조시대, 특히 북조에서 전제군주권이 확립되면서 속세만이 아니라 비세속까지 황제권에 예속해야 하는 황제 중심의 사회적 분위기가 조성되고 이에 따라 불교도 황제권에 복속하게 된다. 그 복속의 의미로 표출된 것이 바로 호국사상이었다. 이러한 중국을 경유한 불교가 고구려에 들어옴으로써 고구려는 처음 호국사상을 맛보게 되었던 것이다.

고구려가 받아들인 불교는 바로 이 호국사상이 내재된 북조의 불교였고, 따라서 고구려 지배계급이 피지배계급에게 따로 호국사상을 역설하지 않더라도 피지배계급이 불교에 귀의한다면 자연스레 호국사상을 받아들이는 결과가 되는 것이다. 고구려의 지배계급이 불교를 받아들이는 데 적극성을 보인 것은 바로 이 때문이었다.

당시 귀족의 지극한 불교 신앙은 무덤의 예불도에서 잘 드러난다. 5세기 말의 것으로 추정되는 장천 1호 무덤은 현재 확인된 4세기 중엽에서 7세기 중엽 사이에 축조된 약 90기에 이르는 벽화무덤 중 불교적인 벽화무덤(만주 집안에 16기, 북한에 20여 기)을 대표하는 것이다. 압록강가의 장천 마을에 위치한 이 무덤의 전실 천장에는 예불그림과 보살그림이 그려져 있다. 예불그림을 보면, 한가운데 자비로운 모습을 한 부처님이 앉아 있고 무덤의 주인인 듯한 부부가 머리와 무릎을 땅에 대고 이 부처님에게 절을 올리고 있는데, 그 모습에 정성이 넘쳐난다. 이러한 정성스러운 예불 행위는 당시의 불교가 호국불교인 점을 고려할 때 곧 국왕, 국가에 대한 충성 그 자체였을 것이다.

요약하면 고구려의 지배계급이 절을 짓고 승려를 양성하여 불교의 발전을 꾀하는 데 힘을 아끼지 않았던 것은 특별히 백성들에 대한 교화에서 큰 비중을 차지하고 있는 호국사상을 확산시키려는 데 있었던 것이 아닐까. 그러므로 불교 수용의 중요 목적이 백성들을 착취하는 착취계급과 착취기관을 양성하려는 데 있었다는 주장에는 전적으로 찬동을 할 수 없는 것이다. 따라서 고구려가 372년 이후 평양에 9개나 되는 사찰을 세운 것도, 착취기관으로서가 아니라 호국사상을 전파하는 기관을 세운 것이라고 보아야 할 것이다.

외래종교로서 맨 마지막으로 고구려에 들어온 것은 도교이다. 7세기 초부터 보급되기 시작한 도교의 수용에서 큰 역할을 한 인물은 연개소문이다. 원래 도교는 노자의 도(道) 사상에서 기원하여 점차 종교로서의 틀을 갖춘 것인데 이것이 정치적 도구로 이용되었음은 눈여겨 보아야 할 것이다. 불교 공인의 성격을 둘러싸고 의견이 갈려 있듯이 도교의 정치적 이해 문제를 놓고도 두 갈래로 의견이 갈려 있다. 즉 유물론적 견해와 비유물론적 견해가 그것이다.

유물론자들은 고구려의 신흥귀족이 보수적 집권귀족을 방해하기 위한 사상적 무기로서 도교를 이용했다고 주장하고 있다. 여기에서 말하는 신흥귀족이란 연개소문과 그를 추종하는 집단을 가리키며 그 반대되는 집단이 보수귀족이다. 이러한 논리에 따른다면, 연개소문이 집권 초부터 보장왕에게 도교의 도입을 역설한 만큼 도교를 사상적 무기로 이용한 집단을 대표하는 인물임에 틀림없다. 그렇다면 연개소문 등이 반대한 보수적인 정치집단에 속한 인물들은 누구일까. 연개소문이 주도한 쿠데타로 죽음을 당한 영류왕 등 180여 명의 고급관리가 그들이다.

그렇다면 이렇게 규정할 수 있는 근거는 어디에 있는 것일까. 연개소문이 집권할 즈음의 상황을 깊이 들여다보면 이러한 식의 규정에는 문제가 있음을 곧 알 수 있다.

당시 고구려 조정은 당나라에 대해 어떠한 정책을 전개하는 것이 고구려에 국익이 되는가를 둘러싸고 견해가 둘로 나뉘어 대립해 있었다. 그 한편에 선 것이 영류왕과 그 추종자들로 당나라에 대해 강경책을 써야 한다고 주장하였다. 이에 대해 연개소문과 그 추종자들은 당나라에 대한 섣부른 강경론이 화를 부를 것이라는 판단 하에 처음에는 온건론을 들고 나왔다. 이러한 온건론을 못마땅하게 여긴 강경론자들은 온건론의 제일인자인 연개소문을 죽이려는 음모까지 꾸몄다. 연개소문 등은 이들 강경론자가 고구려의 국익을 해치게 될 것이라고 보고 결국 정권 장악을 위해 쿠데타를 일으켰다. 쿠데타에 성공한 연개소문은 곧 도교의 도입을 역설했는데, 이는 고구려를 위험시하고 있던 당나라를 자극하지 않고 비위를 맞추려는 발상에서 나온 것이었다. 이렇게 본다면, 도교가 고구려 신흥귀족에 의해 보수적 집권귀족을 반대하기 위한 사상적 무기로서 이용되었다는 유물론자들의 표현은 온당하지 않다. 반복하지만, 도교는 쿠데타로 정권을 장악하고 집권세력의 핵심 인물이 된 연개소문의 애국적 판단에 따라 고구려에 받아들여진 것이다.

그렇기 때문에 도교의 발흥을 당시의 세계사적 사조라고 보고, 그 도입을 적극 추진한 연개소문과 그 추종자들을 새로운 사조에 부응한 신흥귀족이라고 보는 견해에는 수긍하기 어렵다. 물론 도교가 고구려에 들어온 후 일시적으로 불교를 능가할 만큼 큰 세력을 얻은 것도 사실이다.

예컨대 연개소문의 주도로 당나라의 도사가 들어오면서 열린 도덕경(道德經) 강론은 영류왕 이하 대신들의 참석 하에 매일 성황을 이루어 마침내 불교사찰이 도사들이 머무는 도관(道館)으로 바뀔 정도였다. 이렇게 되자 자연히 고구려 사람들의 정신과 사상 면에서 큰 비중을 차지하고 있던 불교 세력은 위기의식을 느끼지 않을 수 없었다.

반룡사(盤龍寺)의 보덕화상(普德和尙)이 백제의 완산(完山 : 전주) 고대산(孤大山)으로 거처를 옮긴 것도 이 때였다. 그는 고구려 지도층이 앞장서서 받아들인 도교가 앞으로 고구려의 국운을 위태롭게 하리라 생각하고 보장왕에게 도교를 억제시킬 것을 여러 차례 간했지만 계속 거부당하였다. 이에 일종의 종교적 망명을 단행한 보덕화상은 이후 불교 세력의 만회에 초점을 맞추고 사상 면에서 도교와의 종교적 논쟁을 전개해 나갔다. 특히 그는 도교의 기본 사상인 불로장생설(不老長生說)을 누르기 위해 모든 중생은 불성(佛性)을 가지고 있는 만큼 누구든지 수양만 올바르게 하면 열반의 세계에 들어가 영원히

살 수 있다는 것을 기본 사상으로 하는 열반종(涅槃宗)을 열었다. 이는 크게 유행하여 후일 신라 5교(五敎)의 하나가 된다.

이처럼 고구려 불교계를 바짝 긴장시켰던 도교도 오래지 않아 곧 쇠잔하기 시작하였다. 그 가장 큰 이유는 연개소문이 당나라에 배신을 당하면서부터 당나라에 대한 태도를 바꾸었기 때문이다. 만약 유물론자의 주장대로 도교의 도입이 세계사적 사조였다면, 도교는 고구려의 정치적 변화와 크게 상관없이 일정하게 세력을 계속 유지했어야 온당하다. 따라서 도교 문제는, 같은 외래종교라 해도 세계사적 사조로서 고구려에 수용되어 고구려의 고유 사상과 문화·사회 등의 모든 면에서 큰 영향을 미친 유교 및 불교와는 다른 차원에서 다루어야 할 것이다.

고구려에 들어온 유교와 불교는 당시 동아시아 세계의 최고급 사상으로서, 기존의 고구려의 저급한 고유사상을 질적으로 끌어올리고 사회의 건전한 발전을 촉진하는 등 긍정적인 역할을 하였다. 그 중에서도 특히 불교는 고구려의 고유한 신앙과 사상에 큰 타격을 주며 고유 신앙을 밀어내고 신앙의 중심체로 자리하게 되었다. 그렇게 되자 이제 고구려 사람들은 고조선 이래의 단군이나 시조 주몽을 신앙의 중심체로 여기지 않고 석가모니를 그 중심체로 삼기 시작하였다.

그러한 면에서 불교는 고구려로 국한된 지역의 신앙과 사상적 제한을 뛰어넘어 고구려인에게 사상의 코스모폴리탄이즘을 맛보게 했다고 할 수 있다. 불교와 마찬가지로 세계사적인 보편성을 띠는 기독교가 로마 제국에 들어가 로마 사람들의 정신적 수준을 높인 것과 다름이 없다. 그리고 기독교가 로마 제국에 유입되어 제국 내의 이질적인 민족 간의 종교적 갈등을 용해시키고 종교와 신앙 그리고 사상의 통일을 보게 했듯이, 고구려에서도 불교의 유입이 유사한 상황을 만들어 냈을 것임은 의심할 바 없다. 즉 고구려도 불교를 받아들임으로써 영토 내의 한족을 비롯한 이질적인 여러 민족들을 한데 얼싸안음으로써 로마와 마찬가지로 '천년 제국'을 이룩하게 되었던 것이다. 『삼국사기』 또는 중국의 역사책에도 고구려의 영토 안에서 고구려 사람들과 이질적인 다른 민족구성원 간에 민족적 갈등, 대립, 분열이 일어났다는 기록이 보이지 않는 것은 이를 유추해 볼 수 있는 예의 하나가 아닐까 한다.

실제로 고구려는 제발로 찾아 들어온 한족을 잘 보살펴 주어 생활에 불편이 없도록 적극적으로 배려하였다는 사실에 주목해야 한다. 즉 서진 말기 오호(五胡)의 침공에 쫓겨 수많은 북중국 사람들이 고구려로 삶의 터전을 옮겨 왔다. 이 때 고구려는 이들을 모두 수용하여, 몇 대에 걸쳐 고구려에서 편안히 살도록 해 주었으며 다시 북조로 돌아갈 때도 방해를 받지 않고 무사히 고향땅으로 돌아갈 수 있도록 해 주었다(광개토왕 때). 이는 고구려가 고구려인이 아닌 중국인 등 모든 이민족 구성원에 대해 관대한 포용정책을 폈음을 여실히 보여 주는 예이다. 고구려가 중국 사람들을 붙잡아들이는 정책으로 일관했다면 고구려 땅에서 살던 중국 사람들이 그들의 고향땅으로 무사히 돌아갔을 리 없다. 또한 고구려의 지배 하에 있던 말갈족이 고구려에 반항을 했다는 기록이 없는 것도 고구려가 말갈족에 대해 관용책을 썼음을 증거하는 것으로 볼 수 있을 것이다.

이러한 예는 모두 불교 수용 이후의 일들이다. 그렇다면 그 이전은 어떠하였을까. 『후한서』 구려전을 보면, 2세기 초 선비족을 앞세운 고구려가 거의 해마다 후한의 군현을 침공했다는 기사가 나온다. 이는 영토를 넓히기 위해서라라기보다 중국 사람들을 붙잡아가기 위해서였다. 붙잡아온 중국 사람들을 후한으로 돌려보낼 때 고구려는 일정하게 몸값을 받았는데, 후한에서 정한 몸값을 보면 성인이 비단 40필이고 어린아이는 그 반인 20필이었다. 시기적으로는 약간 차이가 지지만 고구려가 중국 본토의 우북평 등 4군을 침공한 주요 목적도 요동 침공과 마찬가지로 중국인을 납치하는 데 있었다. 따라서 납치되어 온 중국 사람들은 일종의 상품으로서 취급을 받았다고 할 것이다.

이러한 예들은 불교 수용 이후 고구려 땅에서 다민족 간의 대립·갈등 따위가 보이지 않았던 것과 대조를 보이는 것이다. 즉 불교의 수용이 특히 민족 간의 갈등을 완전히 용해키는 데 상당한 역할을 했던 것으로 생각된다.

반면 앞서 지적한 바 있지만 불교와 유교의 수용으로 고구려 고유사상의 발전이 억제된 측면 또한 부정할 수 없다. 고구려의 역사적 의의는 무엇보다 잃어버린 고조선의 옛 땅을 회복한 데 있고, 여기에 고조선시대의 단군사상의 회복도 분명하게 점칠 수 있다. 그렇다면 왜 『삼국사기』에서는 고구려시대의 이러한 단군사상에 대한 기사가 보이지 않는 것일까. 여기에 대해서는 김부식을 탓하는 견해가 유력하다. 유교적 사관을 지닌 역사가였던 김부식이 『삼국사기』에서 자신의 유교적 입장을 반영하려는 의도에서 고구려시대에 회복된 고조선의 단군사상을 제외시켜 버렸을 가능성이 있기 때문이다. 그렇다면 『삼국사기』에서 불교를 제외시키지 않은 것은 무엇 때문일까. 그것은 그가 불교국가인 고려시대를 살았기 때문이다.

어쨌든 유교와 불교, 특히 불교가 고구려에 들어온 이후 고구려의 고유한 민족신앙이 현저히 약화되었음은 분명한데, 만약 고구려 민족 고유의 토착신앙이 일정하게 힘을 갖고 계속 존속할 수 있었다면 어 떠했을까. 고구려는 불교 수용의 영향으로 토착신앙이 거의 소멸된 상태에서, 정치적 판단에 따라 도교를 받아들였다. 그리고 새로이 수 용된 도교와 기존의 불교 사이에 극한 대립이 일어났고 이는 결국 고구려의 멸망을 재촉하는 결과를 불러왔다. 만약 불교와 도교가 극 한 대립으로 치닫고 있을 때 토착신앙이 일정하게 힘을 갖고 존재했 더라면 두 종교 사이에 완충적인 역할을 하여 격렬한 종교적 대립은 피할 수도 있지 않았을까 한다.

한편으로는, 당시 도교가 세계사적 흐름의 종교였다면 불교와의 망 국적인 대립을 피할 수도 있었을 것이고 도교가 지배하는 신고구려시 대가 열렸을 수도 있다. 고구려에 도교를 전해 준 당나라를 보면, 정치 적 목적에서 도교를 비호했으나 측천무후(則天武后)의 집권과 함께 다시 불교의 시대가 열리는 등 중국에서도 도교는 신사조의 종교가 아니었다. 그러한 도교가 들어옴으로써 고구려에서는 불교와 도교의 종교적 갈등이 극심해지는 등 국론이 분열되고 급기야는 국가적 멸망 을 피할 수 없게 되었던 것이다. 당나라는 건국 초부터 고구려를 멸망 시키기 위해 온 국력을 쏟아부었으나 쓰라린 참패만을 맛보았을 뿐이 다. 그러던 당나라가 결국 고구려제국을 무너뜨릴 수 있었던 것은 불 교와 도교의 심각한 대립으로 빚어진 국론의 분열을 포착하여 때맞추 어 신라와 연합하여 무력을 동원했기 때문이다.

5. 높은 교육열, 엄한 법률

1) 교육

'형사취수'라는 가족제도를 통해 알아보았듯이 고구려에는 분명 유목적 요소가 사회 저변에 깔려 있었다. 그러나 전체적으로 보아 고구려는 중국의 농경문화와 접촉함에 따라 농경적 요소를 아울러 보유하면서 농·목 양면의 특성을 띠었다. 그렇다면 농경적 문화요소를 대표할 만한 것으로는 어떤 것이 있을까. 역사적 견지에서 보면, 우선 개인과 국가의 지적 수준을 높여 주는 교육을 들 수 있을 것이다. 역사적으로 증명되듯 지적 수준은 유목민보다 농경민 쪽이 높았다. 이는 농경민이 정착되고 안정된 생활환경 속에서 유목민보다 높은 교육열을 갖고 있었기 때문이다.

중국인의 역사기록에는 한결같이 고구려 사람들의 교육열이 매우 높다고 나와 있다. 실제로 고구려 사람들은 누구를 막론하고 배우기를 좋아하여 궁색한 마을에서 가진 것 없는 사람들까지도 부지런히 배우고 책 읽기를 좋아했다. 나이 먹은 어른들이 모두 배우기를 좋아하니, 미혼의 청소년들도 이 어른들을 본받아 마을마다 큰 길가에 들어선 경당에서 밤낮을 가리지 않고 열심히 책을 읽었다. 이들이 주로 읽은 책은 중국의 역사책인 『사기』·『한서』·『후한서』·『삼국지』 등이며 그 다음으로는 5경이 있었다. 역사책과 경전을 효과적으로 학습하기 위해 이들이 항상 옆에 두고 보았던 것은 『옥편』·『자통』·『자림』 등 한자사전이었다. 또한 이들은 중국의 유명한 문학서인 『문선』 읽기도 게을리하지 않았다고 한다.

고구려 사람들의 높은 교육열과 관련하여 『수서』(백제전)를 보면, 백제 사람들의 교육열 또한 매우 높았음을 보여 주는 기사가 있다. 백제 사람들은 책과 역사를 좋아했으며, 뛰어난 사람들은 글을 지을 줄 알았을 뿐만 아니라 음양과 오행을 이해하고 의약과 점치고 관상 보는 방법까지 알았다고 한다. 이는 백제 사람에 한해서 볼 것이 아니라 고구려 사람들 또한 마찬가지였다고 보아도 좋을 것이다.

성장기에 있는 자제들이 밤낮으로 책만 읽는다면 성장에 지장이 생길 것이다. 독서가 지적 수준을 높여 주고 강인한 정신력을 기르는 데 절대적인 힘이 되는 것임은 분명하나, 그 쪽에만 치우칠 경우 신체를 허약하게 만들 수도 있다. 따라서 고구려의 젊은이들은 책만 읽은 것이 아니라 활쏘기나 말타기에도 열심이었다. 정신력과 체력을 아울러 기르는 문·무 양면의 공부를 한 것이다.

고구려 사람들이 국가를 발전시켜 나가는 과정에서 대결을 피할 수 없었던 대상은 경계를 마주하고 있던 중국이었다. 특히 영토팽창을 통해 흡수한 중국인들을 어떻게 통치하는가는 큰 과제였다. 중국인들은 당시 동아시아 세계에서 최선진 문화를 지닌 민족이었으므로 그들을 통치하는 데는 높은 정치적 기술이 필요하였고 이를 뒷받침할 높은 학문수준이 요구되었다. 이 때문에 다른 민족의 경우 중국인을 통치할 때는 중국인을 이용할 수밖에 없었으나 고구려 사람들은 앞서 보았듯이 높은 교육열에 뒷받침된 우수한 학문 실력과 정치적 기술을 바탕으로 중국인을 직접 통치하였다.

한편 고구려 사람들이 문화의 발전을 위해 중국인의 문화를 흡수하는 데 열심이었다고 하나 그렇다고 해서 그 문화에 이끌려 자신을 망각하고 중국화하는 일은 결코 없었다. 그들이 얼마나 강력하게 민

족적 긍지를 지켜나갔는가는 여러 면에서 쉽게 발견된다. 예컨대 ①
나라의 이름을 중국식으로 하지 않은 점, ② 버슬이름·땅이름·사람
이름 등에서 고구려식을 견지한 점, ③ 왕의 시호를 중국식으로 하지
않고 무덤의 소재지 이름을 그대로 썼던 점 등을 보면 고구려 사람들
이 민족의 고유한 요소를 끝까지 지켜왔음을 분명히 알 수 있다. 이처
럼 민족성을 지킬 수 있었던 것은 어릴 때부터 민족적 견지에서 책을
읽고 공부할 수 있는 바탕이 마련되어 있었기 때문이다.

　고구려 사람들이 강한 무력만 갖고 문화적인 힘을 갖지 못했더라면
설사 중국인을 일시적으로 통치할 수 있었다 하더라도 결국은 중국인
에게 동화되는 길을 면치 못했을 것이다. 이는 중국 주변의 이민족의
역사에서도 자명한 사실이다. 고구려가 그렇게 되지 않았던 것은 요
컨대 문·무 양면에서 막강한 힘을 갖고 있었기 때문이라 하지 않을
수 없다. 중국적인 학문은 중국인과의 경쟁에서 이길 수 있는 힘을
키우는 데 필요한 요소였고, 그 바탕에는 강렬한 민족정신이 살아 숨
쉬고 있었다. 이름만 전해지고 있는 『유기』·『신집』은 이 민족적 자
존을 최대한 드러낸 역사책이라고 평가해야 할 것이다.

　이러한 민족적 자존을 바탕으로 한 고구려 사람들의 학문 수준이
중국인의 경지에 올랐음은 자타가 공인하는 바였다. 고구려를 다녀온
중국의 사신으로부터 보고를 받은 중국의 통치자들은 누구보다도 이
점을 잘 알고 있었다. 특히 당나라 태종은 고구려 사람들의 학문수준
이 매우 높다는 사실을 정확히 알고 있었다. 그리하여 태종은 고구려
에 들어갈 사신에게 이 점을 재삼 일깨우며 고구려에서 실수 없이
임무를 수행하도록 특별히 당부했던 것이다. 당나라는 당시 고구려의
높은 학문적 수준만이 아니라 강렬한 민족정신에 두려움을 갖고 있었

다. 당나라가 고구려의 『유기』와 『신집』을 없앴다는 의심을 받고 있는 것도 이 때문이며, 고구려의 유민들을 대거 중국 땅으로 강제 이주시킨 것도 모두 고구려인의 자존적 태도를 분쇄시키려 한 데서 빚어진 것이었다 할 것이다.

  2) 법률

  국가가 형성된 이래 사회의 질서르 세우고 유지하는 데 중심적인 역할을 하는 것은 항상 법이다. 그러므로 국가가 존립하는 한 법은 존재하기 마련이다. 그런데 각 민족은 자신이 처해 있는 생활환경의 차이로 법 내용을 달리하고는 있지만, 그 법은 공통적으로 자연환경의 영향을 받아 자연법의 성질을 띠고 있다.

  고구려 법에도 자연법이 있는데, 예컨대 고구려 사람이 같은 고구려 사람을 대상으로 도둑질을 할 경우 10배로 배상을 한다는 것이 그것이다. 같은 종족인 부여의 경우, 12배로 배상한다고 되어 있는데 이 또한 자연법에 속한다. 고구려에서 절도행위를 이처럼 엄히 다스린 것은 물론 절도를 근절하기 위해서였다. 그리고 실제로 법이 이렇게 엄하다 보니 고구려인은 길바닥에 떨어진 하찮은 물건일지라도 줍지 않는다는 기사가 있다(『당서』 고려전). 이는 도둑질하는 사람을 엄히 다스려 사회질서가 완전히 잡혀 있었음을 보여 주는 증거이다. 내국인 간의 도둑질에 대해서 이처럼 엄한 처벌을 내린 것과는 달리, 주변의 다른 종족과 국가를 상대로 한 노략질에 대해서는 매우 관대하였다. 이러한 행위를 척박한 땅에서 생존해 나가기 위한 피할 수 없는 수단으로 보고 문제삼지 않았기 때문이다. 한편 뒤에서 다시 언급하겠지만 소나 말을 죽인 자에 대해서 그 신분을 노예로 떨어뜨리는 중벌을 적용하였다. 국가 통치권자가 판단하기에 소와 말은 국가의 발전에 필요한 물자를 운반하는 데 긴요한 것이라 엄격히 그 도살을 막을 필요가 있었기 때문이다.

극형은 이를테면 성곽을 지키다가 적군에게 투항하거나 패한 자, 사람을 죽이거나 겁탈한 자에게 적용되었다. 고구려에서는 도둑질을 한 자에도 중벌을 내렸으므로 살인자와 겁탈자 등을 극형으로 다스린 것은 법의 형평상 지극히 타당한 것이었다. 특히 지키던 성곽을 적군에게 넘겨주는 것은 영토를 넘겨주는 이적 행위인 만큼 극형으로 다스렸다. 영토의 확장과 확장된 영토의 유지에 심혈을 기울였던 고구려로서는 사활이 걸린 문제였기 때문이다. 극형이 적용되는 대표적인 또 하나의 경우가 바로 반역을 꾀하거나 일으키는 자이다. 반역을 꾀한 자는 불에 태워죽이거나 군중들이 횃불로 그슬린 후 목을 베어 죽였고 범인의 집은 몰수하였다. 반역을 일으킨 자는 기둥에 묶어 놓고 역시 불로 지져 죽이며 재산을 몰수하였다.

여기에서의 반역이란 물론 주권자에 대한 반역이다. 주권은 국가 형성 초기에는 봉건제후가 장악하였으나 점차 중앙집권화가 이룩되면서 국왕에게 넘어갔다. 이들은 소수였으나 강력한 무력과 높은 지적 수준, 오랜 국가경영의 경험을 배경으로 주권을 행사하였고, 법의 제정권을 장악하여 자신들에 대한 도전을 용납하지 않았다. 이처럼 소수에 의한 엄격한 법률 적용에는 무리가 따르기도 하고 부작용을 낳기도 했을 것이다. 그러나 고구려가 그 같은 법률 하에서 근 1천년의 장구한 세월에 걸쳐 국가로서 존립하고 나아가 대제국으로 발전할 수 있었다는 것은 그 법률이 타당성을 갖고 있었으며 고구려를 강력한 국가로 만드는 데 기여하였기 때문임은 말할 것도 없다.

6. 귀족의 화려한 나날

미천왕에서 광개토왕에 이르는 4~5세기는 고구려가 최대의 민족적 번영을 누린 시기이다. 이 시기에는 빈번한 대외전쟁을 통해 영토가 늘어나고 한족 및 북방민족과의 경제적·문화적 교류가 활발해졌으며 농업·어업·수렵·(수)공업 등 생산 면에서 큰 발전이 이룩되어 국내의 정치기반도 비교적 안정되었다.

이에 따라 고구려의 왕족과 귀족은 궁궐을 크게 짓고 미녀나 첩들과 함께 환락적이고 사치스러운 생활을 즐길 수 있었다. 현재 집안에 남아 있는 고구려의 무덤벽화 가운데 이러한 환락적인 생활이 그려져 있는 그림은 대개 이 시기의 것이다. 수도가 평양으로 옮겨진 후에 만들어진 무덤 벽화를 보면, 그림의 주제는 그 동안의 귀족생활과 사회풍속을 다루던 데서 신(神) 중심으로 바뀌고 있다. 그러나 화면은 여전히 전과 다름없이 화려하며 향락을 추구하는 등 귀족적 취향을 보여 주고 있다. 이 같은 벽화를 통해 고구려 귀족의 일상 생활과 사회계급의 모습까지 살필 수 있을 것이다.

1) 잔치

벽화 중에 아주 흔한 것은 고구려 귀족이 가정에서 여는 잔치 장면이다. 이는 씨름무덤 등의 여러 무덤벽화에서 보인다. 실내에 여섯 사람이 묘사되어 있는 벽화에는, 가운데에 주인공 되는 남자가 머리에 절풍을 쓰고 있으며, 옷깃이 대칭되는 짧은 옷을 입고 있다. 이 남자주인은 허리에 띠를 매고 큰 바지를 입고서 팔짱을 낀 채 나무평상에 단정한 자세로 앉아 있는데, 그 왼쪽에는 긴 치마를 입은 두 여인이 주인을 향해 단아하게 앉아 있다. 주인과 가까이 있는 여인은 왼손을 흔들고 있어 마치 정답게 이야기를 나누고 있는 듯한 모습이다. 이 두 여인은 아마도 주인의 처와 첩으로 보아도 좋을 듯하다.

좌우에는 각기 상이 세 개씩 놓여 있는데, 그릇에 가지런히 담긴 음식은 남녀 주인을 위해 마련한 듯하다. 남자주인 앞에는 머리를 숙이고 무릎을 꿇은 채 시중을 드는 사람들이 주인의 분부를 받고 있다. 그리고 남자주인의 뒤에는 두 사람이 물건을 들고 서 있다. 이는 4세기 전후 고구려의 한 귀족집안의 가정생활을 전형적으로 보여 주는 것이라 여겨진다.

다른 내용의 잔치 그림도 대개 이와 같다. 부부 두 사람 또는 부부·첩 등 세 사람이 방에 함께 앉아 있고 시중드는 남녀가 옆에서 식사 시중을 들고 있다. 흔히 잔치 장면 그림의 바른쪽 모퉁이에 있는 부엌에서는 조리사가 주인에게 바칠 음식물을 마련하는 장면이 그려져 있는데 인물과 그릇의 크기는 모두 실물과 같다. 살림방에서 남편·부인·첩이 잔치를 즐기는 이러한 장면은 고구려 귀족의 가정구조와 음식문화 등을 그대로 보여 주고 있다.

가정 안의 잔치 그림에 등장하는 인물의 크기는 주인을 중심으로 해서 결정된다. 대개 옷섶을 여미고 가운데 앉아 있는 주인의 형상은 매우 크게 묘사되어 있다. 그러나 주인과 가까이 있는 부인의 형상은 주인보다 작으며 처 옆에 있는 첩의 형상은 처보다 더 작다. 제일 작은 것은 주인의 시중을 들고 있는 남녀 시종인데 이들은 주인집의 하인이다. 이러한 배치는 고구려 귀족의 가정에서 신분과 계급 관념이 매우 엄격히 지켜지고 있음을 잘 보여 준다.

2) 노래와 춤

고구려의 무덤벽화에 그려져 있는 노래와 춤 장면은 귀족의 향락생활을 잘 보여 주고 있는 동시에 고구려의 가무를 재현하고 있다. 이런 면에서 벽화 그림은 고구려의 노래와 춤을 살펴보는 데 매우 귀중한 자료가 아닐 수 없다.

노래하고 춤추는 그림이 그려져 있다 해서 춤무덤이라는 이름이 붙은 무덤의 벽화에는 대규모의 가무 장면이 나온다. 아마도 4세기 고구려의 전형적인 집단춤을 묘사한 것으로 보인다. 집 밖의 빈터에는 한 줄로 늘어선 일곱 사람이 남녀 가수의 선창에 따라 노래를 부르고 있다. 소매가 긴 아름다운 옷과 큰 색바지를 입은 남자 네 명과 소매가 긴 맞섶치마를 입은 두 여인이 빙빙 돌면서 춤을 추고 있다. 세 남자 사이에 두 여인이 끼여들어 한 줄로 서 있으며 앞 측면에 한 남자가 춤꾼들을 향해 춤을 추고 있는데 시범자로 보인다. 춤추는 자태는 아름답고 질서정연하며 팔을 뒤로 펴들어 긴 소매가 가지런히 드리워져 있다. 대단히 세련된 모습이어서 이들 춤꾼은 많은 연습을 했음을 알 수 있다.

춤꾼 대열 아래에는 남녀 일곱 명이 있다. 손과 발은 놀리지 않고 있으나 표정으로 보건대 노래를 부르고 있음을 알 수 있다. 노래하고 춤추는 대열은 춤을 이끄는 시범자 한 명, 군무자 다섯 명, 반주자

한 명, 함께 노래 부르는 가수 일곱 명 등 모두 열네 명으로 이루어져 있다. 구경꾼은 말을 탄 한 사람뿐이다. 그는 퍽 오만하고 냉담한 표정을 짓고 있는데, 체계적으로 연습을 많이 한 가무단의 주인처럼 보인다.

이와 비슷한 가무 장면은 다른 여러 벽화에 그려진 그림에서도 볼 수 있다. 가무 대열·춤추는 자세·반주·합창 및 남녀 가무자의 옷 모양 등은 모두 똑같다. 그 중 장천 1호 무덤의 전실 남쪽벽의 가무 장면이 화면도 크고 사람 수도 많다. 그러나 구경꾼은 여전히 많지 않다. 이들은 정자에 깔아 놓은 호랑이 가죽 위에 앉아 있는데 부부로 보인다.

가무 장면에 등장한 사람으로 알 수 있듯이 가무를 하고 있는 사람은 지위가 낮으며 이를 보면서 즐기고 있는 사람은 바로 귀족계급이다. 이런 면에서 고구려의 가무 장면 벽화는 고구려 귀족의 향락생활과 가무를 생동감 있게 보여 주는 귀중한 자료이다.

3) 놀이

한나라 시대의 문학가인 장형(張衡 : 이란인)은 그가 지은 『서경부(西京賦)』에서 당시 장안의 모든 놀이를 소개하고 있다. 이에 의하면, 놀이 종류는 줄타기·원숭이놀이·기마 등 몇 십 종이나 되며 이 모두를 가리켜 백희(百戱)라 했다.

고구려의 경우, 어떤 놀이도 문헌자료에는 실려 있지 않으나 다행스럽게도 무덤벽화에 놀이 장면이 그려져 있다. 그 놀이 그림은 장천 1호 무덤의 벽화에 나오는데 가무 장면과 뒤섞여 있다. 무덤의 주인과 손님이 나무 아래에서 즐기고 있는 원숭이놀이가 그것이다. 큰 나무에 열매가 가득 달린 나뭇가지 사이로 새가 날고 있으며 누런 옷을 입은 작은 원숭이가 머리에 하얀 가면을 쓴 채 나뭇가지를 타고 거꾸로 내려가고 있는데 목에는 밧줄이 매어져 있다.

또한 나무 위에는 작은 원숭이가 쭈그리고 앉아 있는데 역시 누런 옷에다 머리에 흰 곰가죽을 쓴 채 주인의 두 손을 맞잡고 인사를 하고 있다. 나무 아래에서는 두 남녀가 원숭이를 다루고 있는데 왼쪽의 남자는 무릎을 꿇고 있으며 바른쪽에는 여자가 우두커니 서 있다.

무덤 주인은 나무 왼쪽에서 구경을 하고 있는데, 옆에는 누런 개가 땅바닥에 편안한 모습으로 엎드려 있다. 뒤에는 남녀 시종이 우산과 수건을 든 채 시중을 들고 있다. 손님은 나무 바른쪽에 앉아 있는데 주인을 향하고 있으며 뒤에는 시중드는 사람이 서 있다. 주인 왼쪽에는 두 개의 가무 장면이 있는데 놀이 장면을 좌우에 끼워 그렸다. 가무 윗부분에는 수레 한 대가 놓여 있다. 치마를 입은 한 여인은 수레채를 잡고 있으며 앞의 긴 몽둥이를 든 여인 하나가 뒤돌아보고 있으며 또 한 사람은 수레바퀴를 바싹 따르면서 수레를 끄는 사람을 해학적으로 놀려대고 있다.

수레의 왼쪽에는 두 사람이 쫓으면서 놀고 있고, 다른 두 사람은 씨름을 하고 있다. 손님 뒤의 한 사람은 전통적인 공놀이를 하고 있는데 작은 나무공을 번갈아 공중으로 던졌다가 다시 손에 받아 쥔 다음 또 던지면서 각종 동작을 다양하게 보여 주고 있다. 공을 던졌다가 다시 받아 쥐는 이 사람의 손에는 공 하나가 들려 있고 공중에는 공 다섯 개가 떠 있다. 다른 손은 분명하지 않으나 공 하나가 더 있어야 한다. 그렇다면 공은 모두 일곱 개가 된다. 이전의 공놀이에서는 공을 세 개에서 다섯 개 정도 이용하였는데 이처럼 공을 일곱 개씩이나 가지고 노는 놀이는 고도의 솜씨가 아니면 도저히 해 낼 수 없다. 공놀이하는 사람 뒤에서 한 사람이 몽둥이를 휘두르고 있는데 한쪽 모퉁이에는 바퀴가 돌아가고 있다. 머리를 들고 두 다리를 조금 구부린 이 사람의 표정은 매우 자연스럽다. 각 동작 사이에는 인물·말·연꽃 장식물 등을 그려넣어 가무·놀이와 조화를 꾀하고 있다. 주인과 손님이 함께 가무와 놀이를 즐기는 장면이 그려진 이 벽화는 실제 모습을 그대로 표현한 듯하다. 이런 놀이 그림을 통해 고구려 귀족의 한가롭고 여유 있는 향락생활을 시공을 초월하여 보고 있는 듯하다.

4) 기예

고구려 사람들은 즐거움을 표현하는 수단으로 음악과 무용을 생활화하여 큰 발전을 거두었듯이 기예(재주부리기) 분야에서도 같은 양상을 볼 수 있다. 고도로 발전된 기예의 모습은 역시 무덤의 벽화 안에서 확인된다.

기예하는 모습은 미천왕릉의 벽화 등에서 볼 수 있는데, 이 벽화에서는 모두 걸어가면서 펼치는 기예가 묘사되어 있다. 고구려에는 여러 종목의 기예가 있었고, 걸어가면서 펼치는 기예는 그러한 다양한 기예 중 하나이다. 현재 확인된 것은 말타기 재주·손재주·발재주·칼부림 재주 등이다.

기예 장면이 가장 많이 그려져 있는 팔청리무덤의 벽화를 보면, 기예는 주인공이 탄 수레 앞에 배치된 고취악대 뒤에서 벌어치고 있다. 말을 탄 두 사람이 큰 뿔나팔을 불고 그 사이에 한 사람이 메는 북을 치고 있다. 말을 탄 채 큰 뿔나팔을 부는 것은 말타기 재주와 악기 연주를 동시에 하고 있음을 의미한다. 구체적으로 보면, 이들은 각기 메는 북의 주위를 돌면서 말을 타고 윗몸을 돌려 나팔 끝을 대다시피 하면서 불고 있으며 말은 말대로 머리를 뒤로 돌리고 있다.

이는 어떤 재주를 표현한 것일까. 나팔 소리에 맞추어 말을 마음대로 부리는 재주이다. 알다시피 고구려 사람들은 말타기를 생활화하다 보니 그것이 풍속으로 자리를 잡았을 것이다. 그리하여 말타기는 널리 유행한 기예 중 하나가 된 듯하다.

메는 북은 미천왕릉의 행렬그림에서도 보인다. 북을 치는 사람은 흥을 돋우기 위해 해학적인 몸짓을 하고 있다. 다리를 앞뒤로 꼬아 몸을 낮추고 머리를 뒤로 제껴 하늘을 보면서 흥에 겨워 북을 치고 있다. 말에 올라타고 나팔을 부는 사람도 더욱 신이 난듯 보인다.

취타악대의 반주에 맞추어 말타기 재주가 벌어지는 현장에서는 수레를 탄 주인공을 향해 또 다른 재주가 벌어지고 있다. 즉 주인공 되는 사람 앞에 사람 키만한 높은 나무다리에 올라서서 춤을 추는 사람이 있는데, 허리는 약간 구부정하면서도 가슴을 폈으며 바른팔은 옆으로 펴고 손은 위로 했으며 왼팔은 어깨 높이로 들어올렸으나 반쯤 꺾었다. 이 사람 뒤에는 한 남자가 완함(비파)을 연주를 하고 있는데 목발을 짚고 기예를 펼치고 있는 이 사람은 그 반주에 맞추어 춤을 추면서 걸어가고 있다.

수산리무덤의 벽화에도 나무다리 춤을 추는 춤꾼 뒤에 짧은 막대기 서너 개와 작은 공 대여섯 개를 엇바꾸면서 던져 올리는 손재주를 보이는 장면이 있다. 이러한 장면은 약수리무덤의 벽화에도 있는데, 한 남자는 짧은 막대기 한 개와 작은 공 두 개를 던지고 있고 두 남자는 각기 여러 개의 긴 막대기를 위로 올리고 있다. 수산리무덤 벽화에도 유사하게 한 남자가 작은 막대기 다섯 개와 짧은 막대기 세 개를 엇바꾸면서 위로 올리고 있으며 다른 한 남자는 작은 바퀴를 위로 올리고 있다.

팔청리무덤의 벽화에도 손재주를 부리는 장면이 있다. 이를 보면 두 남자가 격검을 하고 있는데 한 남자는 바른손에, 다른 남자는 왼손에 긴 칼을 쥐고 있다. 바른손에 칼을 쥔 남자는 무릎을 굽혀 몸을 낮추고 왼쪽 이마에 손을 대고서 상대방을 응시하고 있으며 왼손에 칼을 쥔 남자는 칼을 세워 칼끝을 응시하고 있다.

칼부림 재주는 미천왕릉의 행렬그림에서도 보인다. 남자 두 명이 타고대 앞에서 바른손에 자루에 고리가 매달린 긴 칼을 뒤로 치켜들고 있으며 다른 남자는 왼손에 굽은 칼을 쥐고 앞으로 쭉 내밀고 있다. 고구려 사람들의 상무정신을 보여 주고 있다. 이 재주 역시 고구려 사람들의 다양한 재주의 하나이다.

이상에서 보았듯이 기예는 고구려 사람들의 전투적인 상무정신을 잘 나타내고 있으며 그 수준은 매우 높았다. 벽화를 통해 확인할 수 있는 기예는 이 정도이나 실제로는 더 많은 종류의 기예가 있었을 것이다. 벽화의 내용으로 보건대 음악과 무용처럼 기예도 지배층을 즐겁게 해 준다거나 이들의 권위를 드러내는 데 자주 이용되었을 것이다.

5) 씨름

고구려벽화에서 두 사람이 서로 버티면서 힘을 겨루고 있는 장면을 볼 수 있는데 씨름하는 모습이다. 춤무덤의 천정과 장천 1호 무덤의 벽화에도 씨름 장면이 있으나 화면이 너무 작다. 이에 비해 씨름무덤은 그 이름으로도 알 수 있듯이 묘실 동쪽벽 전체에 씨름 장면이 그려져 있다. 이를 보면, 맑은 하늘에는 구름이 떠 있고 가운데 있는 큰 오동나무 아래에서는 힘이 좋아 보이는 건장한 두 장사가 씨름을 벌이고 있다. 한 사람은 우뚝 선 콧대와 검게 패인 두 눈에 뻗친 수염을 하고 있으며 상대방은 콧수염을 하고 있다. 각자 웃옷을 벗고 짧은 바지만 입고 있으며 수건을 두른 머리를 상대방 어깨 위에 놓고 손으로 상대방 허리를 부둥켜안은 채 서로 안간힘을 쓰고 있다. 바른쪽에는 수염이 흰 노인이 지팡이를 짚고 서 있는데 짧은 웃옷에 헐렁한 큰 바지 차림으로 허리에 수건을 매고 바라보면서 사기를 돋우고 있는 모습이다.

나무 위의 새, 나무 아래의 두 짐승도 흥겨운 씨름구경에 빠져든 듯하다. 세 개의 씨름벽화가 있는 무덤의 주인들은 각기 생전에 씨름구경 하기를 좋아하여 그 흥취에 흠뻑 젖었던 것으로 여겨진다. 당시 씨름은 흥겨운 오락인 동시에 체력을 단련하는 경기종목 중 하나였다.

6) 사냥

예로부터 사냥은 통치자들에게서 빼놓을 수 없는 즐거운 오락이다. 알다시피 고구려 사람들은 유목적 기질을 지닌데다 큰 산과 깊은 골짜기가 많은 생활권에서 살고 있다 보니 각종 들짐승을 사냥함으로써 생활에 보탬을 주고 즐거움을 누리기도 했다. 따라서 사냥은 오락인 동시에 중요한 생산수단이기도 하였다.

『삼국사기』를 보면, 고구려왕이 군신을 거느리고 사냥했다는 기사가 많이 나온다. 유리왕은 국내로 수도를 옮긴 지 두 달도 되지 않아 백성과 조정이 모두 아직 안정을 찾지 못했음에도 불구하고 몸종을 데리고 사냥하느라 오래도록 궁궐을 비운 일이 있다. 고구려의 다른 왕들도 마찬가지였다. 이로 보아 사냥하는 풍조가 고구려의 귀족들에게 만연되어 있었음을 알 수 있다. 고구려 역사상 그 명성을 높이 날렸던 광개토왕도 전쟁중에 사냥하는 것을 잊지 않았을 정도이다.

벽화에 나타난 사냥 내용을 보면 대단히 풍부하고 다양하다. 통계에 의하면, 집안지방의 고구려무덤 20기 중 7기의 벽화에 사냥하는 장면이 등장한다. 즉 춤무덤·세칸무덤·통구 12호 무덤·왕자무덤·마선 1호 무덤·장천 1호 무덤이 그것이다.

그 중 통구의 12호 무덤에는 세 폭의 그림이 그려져 있다. 산림 가운데 맞섶 저고리를 입은 한 사람이 붉은 말을 탄 채 활을 당기면서 달리고 있으며 사슴 세 마리는 동쪽으로 뛰어 달아나고 있다. 앞의 것은 수컷으로, 목에 화살을 맞았다. 왼쪽에 있는 다른 한 사람은 흰 옷에 흰 말을 탄 채 활을 당겨 사냥을 하고 있다. 다른 두 폭은 복도의 두 벽에 그려져 있다. 바른쪽 벽에는 길게 뻗은 높은 산이 있으며 산 아래에 한 사람이 말을 타고 달리면서 화살을 쏘는 등 사냥감을 쫓고 있는 장면이 그려져 있다. 왼쪽벽에는 큰 나무 아래서 한 사람이 활을 당겨 화살을 쏘고 있으며 다른 한 사람은 그 뒤를 바싹 따르고 있는 그림이 그려져 있다.

현재 비교적 보존상태가 양호한 사냥그림은 장천 1호 무덤의 벽화에 있다. 상부는 가무·놀이로 채워져 있고, 하부는 산림·사냥 그림인데 20여 명이 산 속에서 대규모의 사냥을 벌이고 있다. 산림 가운데서 사냥꾼들은 저마다 사냥솜씨를 한껏 뽐내고 있다. 사냥꾼 중 일부는 사냥감을 왼쪽으로 쫓고 있으며 다른 일부는 바른쪽으로 포위를 하고 있는데 들짐승들이 무서워하며 도망치는 모습이 생생하다. 사냥꾼 중 어떤 사람은 걷거나 말을 타고 있으며 또 어떤 사람은 사냥개를 데리고 있고, 어떤 사람은 매를 손에 들고 있다. 그림에서 보듯 범은 날뛰고 멧돼지는 도망치고 있는데 뭇 사람들은 몹시 무서워하며 떨고 있다. 검은 곰 한 마리가 무서워 나무 굴 안으로 들어가고 있다. 전체 화면은 사실적으로 생동감 있게 분위기가 잡혀 있으며 고구려의 정치와 경제가 발전하는 시기를 살았던 귀족들의 생활과 취미 등이 사실적으로 잘 묘사되어 있다.

   7) 나들이

   고구려의 귀족들은 들놀이를 하거나 신이나 부처 등을 배알할 때 또는 잔치가 벌어지는 장소에서 손님과 만날 일이 있으면 주로 말을 타거나 수레를 탔다. 장천 1호 무덤의 벽화를 보면, 무덤주인이 손님과 함께 가무와 놀이를 즐기고 있는 장면이 있다. 왼쪽의 두 사람은 말을 탄 채 개를 데려오고 있으며 주인과 손님은 와서 놀이를 구경하고 있다. 그리고 남자 하인 한 사람이 말을 끌고 와서 기다리고 있다.
   씨름무덤의 벽화를 보면, 큰 나무 아래에 주인을 태우고 밖으로 나갈 마차가 열을 짓고 있다. 앞에는 안장을 걸친 말 두 마리가 있는데 각기 마부가 있고 뒤에는 하인과 소가 끄는 수레가 있다. 이러한 수레는 춤무덤의 벽화에 그려진 사냥그림에도 두 개가 나온다. 그 중 하나는 보존 상태가 양호한데 주인을 위해 사냥물을 운반하려고 준비한 듯하다.

통구 12호 무덤의 벽화를 보면, 귀족 여인들은 지붕이 굽은 수레를 타고 있다. 붉은 빛이 나는 이 수레의 높다란 검은 바퀴는 정교하고 우아하며 귀족 여인들이 타기에 제격이다. 앞에는 두 명의 남자 하인이 수레채를 끌고 수레 뒤에는 여섯 명의 여자가 있는데 두 사람은 수레를 부축하고 있으며 한 사람은 양산을 들고 있고 뒤에는 손에 물건을 든 하인이 따라가고 있다. 고귀한 여주인이 수레를 타고 밖으로 나가는 장면이다. 벽화의 다른 몇 군데에도 지붕이 굽은 정교한 수레가 그려져 있는데 사람이 수레채를 끌고 있다. 이 지붕이 굽은 수레는 우아하면서도 힘차 보인다. 귀족 여인들이 탄 수레 뒤로는 남녀 하인이 따라가고 있다.

고구려의 벽화 내용은 중국 한나라와 진나라의 그것과 아주 유사하다. 고구려 귀족과 중국 귀족이 생활 면에서 같은 점이 많다 보니 서로 모방하고 영향을 주는 바가 적지 않았기 때문일 것이다. 고구려 귀족들은 성을 공격하고 땅을 빼앗는 전쟁에 몰두하면서도 제사·예불·신령 숭배 등 신앙과 종교 면에서 공경하는 마음이 지극하여 생활 속에 그대로 반영되었다. 특히 유교와 결합되어 통치계급의 통치사상으로 자리잡게 된 중국의 불교가 고구려에 전파되면서 양국의 생활 양식은 더욱 유사해진 듯하다.

4장 생활 속에 피어난 문화예술

당시 세계적 수준에 이른 것으로 높이 평가받고 있는 고구려의 문화는 기본적으로 고조선과 부여의 문화를 계승·발전시킨 것이다. 특히 수세기에 걸쳐 조영된 무덤의 화려한 벽화는 고구려 예술의 발전된 모습을 잘 보여 준다. 비록 지배층을 중심으로 한 것이기는 해도 고구려 사람들의 일반 생활과 신앙·종교뿐만 아니라 당시의 미술·음악·무용·공예·건축 등의 모습과 특성을 종합적으로 잘 보여 주고 있다. 이하에서는 이들 무덤벽화와 문헌기록, 기타의 유물과 유적을 통해 고구려 문화의 특성을 살펴보기로 하자.

1. 동방회화의 극치 - 무덤벽화

고구려 사람들이 예술 장르에서 추구하려 했던 것은 아름답고 고상하면서도 힘찬 것이었다. 그리고 이러한 추구를 바탕으로 하여 독창성 넘치는 화법을 동원한 무덤벽화의 그림은 세계적인 수준이라는 평가를 받고 있다. 힘차게 그어내린 굵은 선과 부드럽고 섬세한 선을 바탕으로 그리고자 하는 물체의 성격과 특징 등을 사실적으로 표현하는 동시에, 명암과 입체감을 잘 살렸으며 여러 색깔을 잘 배합하여 색감과 질감을 두드러지게 표현하였다.

따라서 그림에는 힘과 기백이 넘쳐 흐른다. 또한 그림은 대단히 큰 화면에 대담하게 그려졌다. 약수리무덤 벽화에 나오는 사냥그림과 행렬그림, 미천왕릉 벽화의 행렬그림 등이 그 예에 속한다.

이를 구체적으로 보면, 약수리 무덤벽화의 사냥그림은 무덤의 서벽 전체에 걸쳐 그려져 있고 성곽을 향해 행렬을 지어 가는 장면을 묘사한 행렬그림은 동벽 전체의 절반을 차지하고 있다. 미천왕릉의 행렬그림은 화면을 웅장하게 보이도록 하기 위해 250여 명이나 되는 인물을 등장시키고 있다. 아마도 당시까지 그려진 세계적으로 가장 큰 행렬그림이 아닐까 한다. 이러한 규모의 방대성은 고구려의 건축물에서도 유감없이 드러난다. 아시아에 현존하는 역사적인 비석 가운데 가장 크고 오래 된 광개토왕릉비를 비롯하여 돌산을 연상시키는 거대한 태왕무덤·장군무덤·임강무덤·천추무덤·서대무덤 등의 석실무덤이라든지 미천왕릉과 용강 큰무덤 등의 석실봉분, 그리고 자그마치 90여 m에 이른다는 금강사의 나무탑 등이 그것이다. 여기에는 모두 방대한 건축 규모를 보다 더 크게 보이게 하기 위해 여러 가지 기법이 동원되고 있다. 거기에 깊고 두터운 테두리 안에 연꽃·인동꽃 등의 식물과 기하무늬 및 귀면 등이 힘차고 생동감 있게 새겨진 고구려의 기와막새 등은 이러한 웅장한 건축물에 대단히 잘 어울린다. 이는 온화하고 유연한 감을 풍기는 백제의 것과 소박한 느낌을 주는 신라의 것과 뚜렷이 구분되는 특징이다.

1) 회화

고구려 사람들은 고구려 이전 시대의 미술 유산을 계승·발전하여 다양한 종류의 그림을 많이 남겨 놓았다. 이들이 남긴 그림은 모두 50여 기의 무덤 안에 벽화로서 보존되어 있는데 하나같이 세계적인 문화유산으로서 귀중한 가치를 지니고 있다. 벽화라면 벽면과 천장에 그려진 그림을 말하는데, 무덤의 방을 구성하는 돌의 표면을 매끄럽게 잘 다듬거나 돌 표면에 회벽을 만든 후 그 위에 그림을 그렸다. 현재 우리에게 알려진 무덤벽화들은 내부에 습기가 들어차거나 물이 스며들어 벽면을 타고 흘러내리는 바람에 큰 손상을 입고 있어 철저한 보존대책이 절실히 요청되는 실정이다.

무덤벽화는 근본적으로 무덤의 내부 돌벽을 잘 꾸미거나 치장하기 위해 그려졌으므로 일단 장식용 그림이라 할 수 있다. 그림은 매우 다양한 내용으로 구성되어 있는데 내용에 따라 크게 인물풍속그림, 짐승그림, 경치그림, 도안그림 등으로 나누어 살펴보기로 하자.

① 인물·풍속그림

인물·풍속그림은 당시 고구려 사람들의 일상 생활에서 볼 수 있는 온갖 장면을 보여 주고 있다. 집안에서 먹고 입는 등의 생활을 비롯하여 노래·춤·씨름·사냥·행렬·전투·공양 등의 모습이 그것이다. 여기에서 두드러지는 특징은 사람의 얼굴 묘사가 대단히 사실적이라는 것이다. 벽화에 그려진 사람의 얼굴 모습에는 인물의 개성이 확연히 드러난다. 미천왕릉의 주인공과 왕후의 경우, 늘어진 아래턱, 꼭 다문 자그마한 입술, 화려하게 치장하여 틀어올린 머리 등은 매우 위

압감을 준다. 주인공 부부를 시중드는 하인과 신하들, 접시를 다루는 여인들의 얼굴 역시 개성적이다. 쌍기둥무덤의 벽화에 나오는 미인들은 불그스름한 색깔의 얼굴에 가느다란 눈과 눈썹, 빨간 입술을 하고 있어 매우 아름답게 보인다.

이처럼 고구려 화가들은 실제로 살아 있는 사람의 얼굴을 개성 넘치게 표현하고 있을 뿐 아니라 환상적인 대상에 대한 묘사에서도 독창적 실력을 유감없이 발휘하고 있다. 무덤의 벽화에는 현실의 사람만이 아니라 실재하지 않는 하늘을 자유자재로 날아다니는 상상의 인물도 등장하는데, 이는 종교적 관념이 빚어낸 것이다. 신인(神人)이 나래옷을 입고 날고 있으며, 비천은 날개를 몸에 휘감고서 날고 있다. 어떤 신선은 용, 기린, 학 같은 짐승을 타고 날며, 또는 중 머리에 나래옷을 입고 날거나 날개를 단 채 짐승을 타고 날고도 있다.

또 다른 벽화에 그려진 비천상은 기쁨에 찬 가벼운 미소를 지으면서 상반신을 조금 추켜든 몸놀림에 어울리게 펄럭이는 날개와 꽃줄기를 묘사하여 자연스럽게 날아가는 경쾌한 모습을 보여 주고 있다. 다른 무덤의 벽화에는 이와 대조적으로 경쾌하고 아름다운 몸놀림 대신 안정된 표정에 틀이 잡힌 균형미를 자랑하는 비천상이 묘사되어 있다.

어떤 무덤의 벽화에는 신들이 한결같이 일하는 모습으로 묘사되어 있다. 나무 밑에서 일하는 두 신 중 하나는 손에 망치를 들고 수레바퀴를 만들고 있으며 또 한 신은 허리를 구부리고 무엇인가에 열중하고 있다. 그리고 소머리 형상을 한 신은 두 팔을 벌려 춤을 추고 있다. 이들 신은 종교적 관념이 자아낸 환상적인 모습을 하고 있을 뿐만 아니라 인물로서의 특징까지 생생하게 드러내고 있다.

그런데 고구려 화가들은 벽화에 인물을 그릴 때 무덤의 주인공 되는 사람의 얼굴을 구체적으로 관찰하고 나서 일단 그림을 그린 후 그 위에 다시 가감을 가했다. 이는 어디까지나 주인공의 감정까지 나타내기 위한 것으로, 고구려 화가의 인물화 수준이 상당한 정도에 이르렀음을 보여 준다.

이러한 화법으로 그려진지라 인물들의 표정은 매우 다양하다. 예를 들면 전투하는 무사들의 씩씩한 모습을 비롯하여 문지기의 무서운 얼굴 표정, 씨름꾼들의 신중한 표정, 이를 옆에서 지켜보는 노인의 구부정한 모습, 노래하고 춤추고 재주부리는 사람들의 경쾌한 얼굴 표정은 이를 구경하고 있는 주인공의 표정과 잘 어울려 나무랄 데가 없다.

그러나 벽화 자체가 크게 고구려라는 시대적 배경 속에서 그려진 것들이라 한계를 안고 있을 수밖에 없다. 사회적 신분과 계급성이 뚜렷이 드러나, 귀족계급은 권력과 위엄을 갖춘 얼굴에 화면에서 크게 그려진 반면 신분이 낮은 사람들은 초라하게 묘사되었다. 그 대표적인 예를 미천왕릉에서 볼 수 있는데, 주인공 부부의 얼굴은 여러 번 고쳐 그려 크게 하고 눈썹·눈매·코·수염 등을 위엄 있게 그렸으나 같은 자리에서 그들의 시중을 드는 사람들은 주인공보다 훨씬 작게 그렸다. 이런 기법으로 그려진 인물그림은 다른 벽화에서도 쉽게 찾아볼 수 있다. 특히 회랑에 그려진 행렬그림에서 확연한데, 주인공을 중심으로 그림을 그리다 보니 주인공의 얼굴이 너무 크게 묘사되어 그 바람에 하반신은 온데간데없이 사라져 버렸다. 뿐만 아니라 소나 수레와의 비례도 맞지 않게 된 것은 물론이다.

이처럼 인물의 구도가 기형적으로 처리된 것은 신분과 권위 중심의 사상이 그림의 통념으로 자리잡은 탓이다. 여기에 고구려 그림의 한 계성이 있었던 것이다.

② 짐승그림

인물그림과 마찬가지로 짐승그림도 벽화에 나타나 있다. 특히 미천왕릉 등에 보이는 짐승그림은 대단히 예술적이다. 짐승그림에는 세상에 실재하는 짐승 외에도 세상에 없는 상상의 짐승까지 포함되어 있다. 세상에 있는 짐승으로는 소, 말, 개, 범, 노루, 사슴, 새, 닭, 매 등을 들 수 있으며 상상의 짐승으로는 청룡, 주작, 현무를 비롯하여 세 발 달린 까마귀, 날개와 발이 달린 물고기, 방아찧는 토끼, 날개 달린 사슴 그리고 기형적인 기린 등이 있다.

이른 시기의 사냥그림을 보면 짐승들은 목과 허리를 편 채 꼬리를 휘날리면서 달리는 모습을 하고 있고, 늦은 시기의 사냥그림에서는 짐승들이 달리는 모습이 더욱 더 사실적으로 묘사되고 있다.

그런데 짐승그림의 특징은 뭐니뭐니해도 상상의 짐승에 대한 묘사에서 뚜렷하게 나타난다. 가장 우수한 것으로는 흔히 통구 사신무덤의 사신(四神)을 들 수 있다. 고구려 지배귀족들은 하늘의 네 방향을 주재하는 짐승으로서 청룡·백호·주작·현무의 사신이 있다고 믿고 이를 무덤벽화에 그리게 했다. 화가들은 그 주문에 따라 네 방위의 신인 사신을 힘쎈 동물로 표현하였는데, 어찌나 사실적인지 마치 살아 움직이는 것처럼 보인다. 사신그림은 다른 나라에서도 볼 수 있지만 고구려의 것이 단연 두드러진다는 것이 일반적인 평이다. 강서 무덤벽화의 청룡·백호 등도 맹수의 용맹성이 대단히 생동감 있게 묘사된 것으로 유명하다.

③ 경치그림

경치그림은 그 자체 단독으로 그려진 경우도 있으나, 대부분 산, 나무, 구름 등 자연경치로서 벽화의 주제와 어우러져 조화를 이루고 있다. 이른 시기의 고구려 화가들은 경치그림의 소재를 주로 자연에서 찾았기 때문에 단순성을 완전히 극복하지 못하였다. 그러나 6~7세기가 되면 이 자연을 보다 입체감 있게 표현하는 등 발전된 모습을 보인다. 강서와 진파리의 무덤벽화에 나오는 경치그림은 그 대표적인 예라고 할 수 있다.

강서 큰무덤의 고임돌을 보면, 산 경치는 마치 진짜 산을 축소해서 재현시켜 놓은 듯한 착각을 불러일으킨다. 진파리 제1호 무덤의 중심그림은 현무인데 그 배경인 소나무 그림은 바람에 나부끼는 가지가 대단히 사실적으로 묘사되어 있다. 진파리 제4호 무덤의 벽화에는 연못이 나오는데, 겹겹이 에워싸인 산 한가운데 있는 연못이 있고 여기에는 연꽃이 활짝 피어올라 있고 물결은 잔잔하다. 연못을 에워싸고 있는 산에는 곳곳에 바위가 널려 있으며 소나무가 울창하다. 산으로 에워싸인 이 연못그림도 여러 무덤 옆에 실제로 존재하고 있는 듯한 착각을 불러일으킬 만큼 뛰어난 풍광그림이다.

④ 도안그림

무덤벽화에는 다양한 종류의 도안무늬도 그려져 있다. 이를 종류별로 보면 식물무늬, 구름무늬, 기하무늬, 별, 기둥, 두공 등 다양하다. 벽화 중에는 이 도안무늬만으로 되어 있는 경우도 있다.

먼저 식물무늬부터 보면 가장 흔한 것이 연꽃무늬와 인동무늬이다. 특히 연꽃무늬가 많은 것은 불교의 영향으로 보이는데, 이 무늬는 대단히 아름다워 도안의 효용성을 한껏 높이는 데 주로 쓰였다. 두 무늬는 넝쿨무늬로 길게 서로 연결되어 있기도 하다.

구름무늬는 구름 그 자체를 그리는 것이 아니라 구름을 하나의 도안으로 형상화한 것을 말한다. 이러한 구름무늬는 때로 다른 무늬와 한데 엉켜 있기도 한데 아름다움을 더해 준다.

기하무늬에는 둥근무늬, 톱날무늬, 병풍무늬 등이 있다. 둥근무늬의 경우는 무덤의 내부구조인 고임돌에 사신을 간단히 그리고 나머지 벽면에 겹으로 처리되어 있다. 톱날무늬와 병풍무늬는 고임돌이나 도리(기둥과 기둥 위에 건너 얹어 그 위에 서까래를 놓는 나무) 등에 주로 그려져 있다. 이는 무덤 안을 아늑하게 꾸미려는 발상에서 비롯된 것이다.

무덤 안을 방처럼 아늑하게 꾸미기 위해 병풍무늬 등을 그려 넣었듯이 무덤 자체를 지상의 건물처럼 꾸미고자 무덤의 벽면에는 기둥과 두공까지 그려 넣었다. 기둥은 진짜 지상건물에 서 있는 것처럼 붉게 칠하고 두공에는 여러 가지 무늬도 그려넣었다.

무덤의 천장에는 별자리 그림도 그려넣었다. 별이 그려진 무덤은 진파리 제4호 무덤, 춤무덤, 약수리무덤 등이 그 예에 속하며 진파리 제4호 무덤 천장 벽에는 금박으로 장식한 별자리 그림까지 있다. 무덤의 천장에 이러한 별자리 그림까지 그려넣은 것은 무덤 안에서도 하늘을 나타내기 위함이다. 『삼국사기』에 의하면 고구려에는 천문을 담당하는 전문관리가 있었으며 『세종실록』 지리지를 보면 평양성에 첨성대가 있었다고 한다. 이 첨성대에서 관측해서 그린 천문도는 당나라 침공 때 없어졌으나 그것을 본으로 해서 찍어낸 천문도가 조선 초에 발견되었다. 이를 근거로 약간의 수정과 보충을 거쳐 1395년(태조 4)에 천상열차분야지도(天像列次分野之圖)가 만들어져 현재 전해지고 있다. 이 천문도는 세계에서 가장 오래 된 항성표의 하나로, 별자리의 관측 자료는 기원전 1세기 무렵 것이다. 여기에는 1,467개의 별들이 282개의 별자리로 묶여 있다.

이상에서 보았듯이 고구려의 무덤 벽면과 천장에 다양한 무늬를 그려 넣은 것은 무덤 안을 화려하게 꾸미기 위해서이다. 무덤의 주인공이 귀족인 만큼 생존 당시의 화려했던 집안 구조를 그대로 무덤벽화로 묘사함으로써 무덤 안에서 그 영생을 구하려 했던 것이다.

2) 조각

고구려 사람들은 건축물 주변의 공간 환경을 아름답게 보이게 하기 위하여 조각물을 많이 만들어 놓았다. 특히 고구려는 삼국 중 가장 먼저 불교를 받아들여 불교적인 조각물을 많이 남겼을 것으로 추측된다. 그러나 지금까지 그 흔적을 전해 주는 것은 거의 없다. 현재 고구려인의 조각품으로 전해지고 있는 것은 돌사자와 불상 정도이다. 돌사자는 두 개가 남아 있는데, 하나는 평양시 역사박물관 앞에 있으며 또 하나는 영명사란 절터의 계단돌 구조물로 서 있다. 특히 전자는 부릅뜬 눈, 앞으로 내민 가슴, 억센 앞다리를 통해 힘이 넘치는 고구려 조각의 특징을 잘 보여 주고 있다.

남아 있는 조각품 가운데 가장 많은 것은 불상이다. 불상조각은 헬레니즘 세계의 형성으로 인도 서부지방까지 들어와 살고 있던 그리스 사람들이 불교를 신앙하게 되면서 이루어지게 되었다. 고구려에서 불상이 많이 만들어진 것도 불교를 믿고 널리 전파시키려는 신앙적인 배경에서 비롯된 것이다.

현재 남아 있는 불상은 소형이며 작품 수도 아주 적다. 먼저 경남 의령군에서 발견된 연가칠년명금동여래입상(延嘉七年銘金銅如來立像 : 국보 119호)은 근엄한 미소를 짓고 있는 6세기의 작품으로, 중국 북위(北魏)의 영향이 엿보인다. 황해도 곡산군에서 출토된 금동아미타여래불상은 전체적으로 균형이 잘 잡힌 뛰어난 작품으로 평가받고 있다. 평양에서 발견된 금동미륵반가사유상(국보 118호)은 고구려의 유일한 반가사유상이며, 보살상으로는 보물 333호인 금동보살입상, 평남 대동군에서 발견된 이조보살입상(泥造菩薩立像) 등이 있다. 모두 균형이 잘 잡힌 조각품으로 인정받고 있다. 한편 대성산에서는 두 개의 불상이 나왔는데 남자상과 여자상이다. 역시 모두 균형이 잘 잡혀 있는 불상으로, 청동으로 된 남자상은 거푸집에서 부어낸 것이고 여자상은 순금과 은판을 형틀에 대고 두드려 만든 것이다.

황해도 황주 부근에서는 석불상이 나왔다. 돌여래좌상인 이 석불은 윗주름이 깊게 패여 있으면서 길게 늘어져 퍽 여유 있어 보인다. 한편 평안남도 평원군에서는 작은 불상들이 나왔는데 모두 거푸집에서 흙으로 부어낸 것이다. 균형미가 돋보이는 것이 특징이다. 이렇듯 불상을 만들 때 사용된 거푸집도 평양시 토성동에서 나왔다. 이는 고구려의 불상이 직접 고구려에서 만들어졌음을 분명히 밝혀 주는 매우 중요한 증거라고 할 수 있다.

3) 공예

고구려 사람들은 몸을 아름답게 꾸미거나 치장하기 위해 공예품을 만들었다. 재료로 쓰인 것은 주로 금속이며 대표적인 것으로는 약수리 벽화무덤과 평안남도 대동군에서 나온 금귀고리를 들 수 있다. 그 외에 평남 중화군 진파리 1호 무덤에서 나온 금동 관모(冠帽), 경주의 서봉총에서 나온 연수원년신묘(延壽元年辛卯)란 명문이 있는 은합(銀盒), 역시 경주의 호우총(壺杆塚)에서 나온 청동호(靑銅壺) 등도 우수하다.

금속공예품 외에 도자기 공예의 발달도 간과할 수 없다. 유약을 바른 황록색의 자그마한 항아리는 목이 길고 아가리가 벌어져 있어 사용에도 편리했을 것이다.

생활용기의 하나인 그릇에는 여러 가지 무늬가 등장한다. 특히 돋친 무늬는 대개 그릇의 뚜껑 또는 아가리의 변두리가 아니면 어깨 등에서 많이 보이며 흔한 것은 톱날무늬와 줄무늬이다. 그린 무늬는 주로 그릇의 어깨와 배에서 보이는데 연꽃무늬, 둥근무늬, 톱날무늬, 물결무늬, 점선무늬, 줄무늬 등 매우 다양하다. 그릇과 무늬에서 예외도 없지 않아, 경주의 호우무덤에서 나온 호우와 백호무늬가 있는 자그마한 항아리는 특이한 것이다. 고구려에서 도자기가 얼마나 다양하게 쓰였는가는 통구와 마선구 제1호 무덤에서 나온 유약 바른 부뚜막을 비롯하여 미천왕릉 벽화에 그려진 시녀가 받쳐든 그릇, 그리고 평양에서 나온 벼루 등이 잘 보여 주고 있다.

고구려의 공예에 포함되는 것으로 또 기와와 벽돌이 있는데 여기에는 예술적인 각종 무늬가 수놓아져 있다. 발견된 기와를 보면 암키와 · 수키와가 있으며 막새가 달린 것도 있다. 그 밖에 치미 · 귀면기와 · 귀면관이 있는데 모두 기와 종류에 속한다. 치미와 귀면기와는 지붕의 용마루를 장식하는 데 쓰이며 귀면관은 추녀 끝이나 두공 위에 붙인다. 무늬가 다양하게 새겨진 기와는 대개 암키와이며 식물무늬·기하무늬 등이 들어간다. 식물무늬로는 넓은 잎무늬·꽃무늬 등이 있으며, 기하무늬로는 돗자리무늬·멍석무늬·물결무늬 등이 흔하다. 드물기는 않지만 귀면무늬·불길무늬도 더러 보인다.

이런 무늬를 가진 암키와 막새로 알려진 것은 안학궁·청암리 토성 등지에서 나왔는데, 무늬를 보면 연잎 한 개를 가운데 새기고 양쪽에는 돌돌 말려 뻗쳐 나간 넝쿨무늬, 넝쿨 대신 뻗친 고사리무늬, 연잎 대신 귀면을 새긴 무늬가 있다. 수키와 막새도 암키와 막새에 새겨진 무늬와 대개 같지만 얼핏 보아도 알 수 있을 만큼 다른 무늬들이 섞여 있는 것이 특징이다. 가장 흔한 것은 연꽃무늬인데 네 잎부터 열두 잎짜리까지 있으며 꽃잎은 완전히 돋아 있거나 선으로 두르기도 한다. 완전히 돋아 있는 꽃잎도 두터운 것, 얇은 것, 변형된 것 등 다양하다. 또한 외줄 또는 겹줄로 된 둥근테 안의 꽃잎은 구슬무늬, 인동무늬, 넝쿨무늬 등과 조화를 이루고 있다. 후기로 들어오면 이런 무늬의 막새도 많이 보인다.

기와에는 무늬 외에 글자가 새겨져 있기도 하다. '夫一', '十谷民造', '歲□戌年造瓦 啓記', '丁巳□□□□歲 □□□□□□萬世太歲在丁巳五月廿四', '太寧四年太歲□□閏月六日己巳造吉保子宜孫'의 글자가 알려져 있는데, 제조자의 이름 또는 기와를 만든 부락의 이름과 제조 연월일이 적혀 있다.

이상에서 보았듯이 고구려의 기와무늬는 대단히 다양하며 예술성이 돋보인다. 이는 벽돌에서도 마찬가지이다. 고구려의 벽돌을 보면 방형, 장방형, 부채꼴 등 다양하다. 방형 벽돌은 금강사터의 건물 바닥에 깔려 있으며, 장방형 벽돌은 집안과 평양 등의 집터와 무덤에서 나왔다. 무늬와 글자가 새겨진 것은 장방형 벽돌인데 무늬는 대개 기하무늬와 식물무늬이다. 식물무늬에서는 연꽃무늬와 인동무늬가 가장 흔하다.

장방형 벽돌 가운데 글자가 새겨진 것이 나온 것은 주목할 만하다. 광개토왕릉에 쓰인 장방형 벽돌 무더기 가운데서 '願太王陵安如山固如岳'이라고 새겨진 벽돌이 발견되었고 천추무덤에 쓰인 벽돌 무더기 중에서 '千秋万歲永固'라고 새긴 벽돌이 나왔다. 이들 글자는 모두 왕릉의 주인공 되는 인물의 명복과 왕릉의 영구보존을 간절히 바라는 뜻에서 새긴 것이었다.

부채꼴 벽돌은 장방형 벽돌을 한쪽으로 휘게 만든 것이다. 이 벽돌의 안쪽과 바깥쪽에는 돋은 인동무늬가 있는데 여러 가지 모양으로 변형되어 있다.

한편 고구려의 무덤벽화에는 화려한 색깔의 무늬가 들어 있는 옷을 입은 인물이 많다. 또한 귀족인 주인공이 앉아 있는 방 안에는 휘장이 화사하게 드리워져 있는데, 이는 고구려 염색기술의 발전을 보여 주는 것이다. 여기에서 염색기술의 발달을 보여 주는 화려한 무늬의 옷이란 고급비단으로 만들어진 옷을 말한다. 따라서 고구려 귀족들이 여러 가지 화려한 색실과 무늬로 짠 고급 비단옷을 입었던 것은 견직물 직조기술과 염직공예가 동시에 발달하였음을 보여 주는 것이라 할 수 있다.

백옥으로 그릇을 만드는 것도 공예의 한 분야이다. 집안에서는 두 귀가 달린 백옥잔이 나왔는데 안팎을 잘 갈아 옥의 색깔이 맑은 것이 특징이다. 이 맑은 옥잔과 옥으로 만든 몸 치장 장식품도 모두 고구려의 발달된 공예 수준을 보여 준다.

고구려의 공예 수준을 보여 주는 것으로 또한 칠공예를 빼놓을 수 없다. 미천왕릉 등 여러 무덤에서 그 흔적을 보여 주는 칠그림 조각이 나왔다. 바탕에 검은 칠을 두껍게 바르고 정성들여 다듬은 다음 붉은 색과 흰색으로 그림을 그려넣었는데 칠판 테두리에 두 겹으로 줄을 두르고 그 안에는 넝쿨무늬를 그려넣었다. 테두리 띠 안에는 휘감긴 인동무늬와 날개를 쭉 편 봉황이 그려져 있는데 고구려의 뛰어난 칠공예와 회화 솜씨를 보여 주는 생생한 자료이다.

이 밖에 가죽공예의 발전도 간과할 수 없다. 가죽공예품의 실물은 발견되지 않았으나 무덤의 벽화를 보면 가죽신·털모자·가죽으로 된 말갑옷 등 가죽제품이 많이 보인다.

이처럼 고구려의 공예는 종류도 다양하고 그 수준 또한 높다. 이는 무엇보다도 공예품의 수요자가 거의 귀족 등 지배계급이라 이들의 요구와 수준에 맞추었기 때문이다. 엄격히 제한된 사회신분제적 틀 안에서 공예품 제조자들은 오랜 세월에 걸쳐 쌓인 제조기술을 한껏 발휘하여, 극히 일부만 남아 있는 제품으로도 알 수 있듯이 세계적 수준의 작품들을 창조해 냈던 것이다.

2. 탁월한 국제감각의 선율 - 고려악

원래 고구려 사람들은 노래와 춤을 즐길 줄 아는 멋스러운 감각과 여유를 갖고 있었다. 중국 사람들은 이 사실을 알고 수나라 때부터 고구려의 노래와 춤을 고려악 또는 고려기라 하여 그들의 역사책에 적어 놓았다. 『구당서』 음악지를 보면, 남북조시대의 송나라에 고구려와 백제의 기악이 들어와 있었다는 기사가 있다. 이로 보아 늦어도 5세기에는 고구려의 기악이 송나라에 들어와 있었음을 알 수 있다. 6세기 말 북제를 이어 북주가 들어서자 고구려는 북주에 사신을 보내 이를 축하하는 동시에 음악을 선보였다. 북주의 시인 중에 왕포(王褒)라는 사람이 있었다. 고구려의 노래와 춤에 조예가 남달랐던 그는 고구려 노래와 짝을 이룬 섬세하고 멋스러운 춤맵시를 「고구려곡(高句麗曲)」이란 시에서 이렇게 읊었다.

> 기울인 잔에서 술이 줄줄 흐르고
> 늘어뜨린 팔소매 하느적 거리어라
> 傾杯覆碗灌灌　垂手奮袖婆娑

고구려의 노래는 수나라와 당나라의 궁정음악으로 자리를 잡아 당시 저명한 7부악·9부악(9본기) 또는 10부악의 하나가 되었다. 고구려 정권 자체는 668년에 소멸되었으나 국제적 감각요소를 갖춘 고구려 노래는 그 후에도 여전히 중국 사람들의 사랑을 받으며 오랜 세월 변함없이 아름답고 진귀하며 다채로운 꽃이라는 호평을 받았다. 당나라 말기에도 멸망한 고구려의 노래와 춤이 중국에서 공연되는 등 중국 사람들의 정신생활을 멋스럽고 여유롭게 해 주었다.

위에서 보았듯이 중국의 역사에서 고구려의 노래는 약 오백 년 동안 호평을 받았다. 그런만큼 중국의 음악세계에서 중요한 위치를 점하였을 것임은 분명하다. 유감이라면 이 방면에 관련된 자료가 너무 부족하다는 점이다.

현재 중국의 길림성 집안 일대는 고구려 사람들이 이른 시기부터 대대로 살아 왔던 터전이다. 그러므로 이 곳은 고구려의 문화가 화려하게 꽃핀 문화의 중심지인 동시에 고구려 노래의 발상지이기도 하다. 집안에는 고구려의 무덤벽화가 아주 많다. 이 곳의 벽화를 보면, 고구려 사람들이 노래·춤 등 예술을 폭넓게 즐겼음을 보여 주는 장면이 많이 나온다. 이는 5세기 전후한 시기 고구려의 노래를 알아보고 연구하는 데 다시없는 귀중한 자료이다. 이러한 고구려의 노래를 전체적으로 이해하려면 아무래도 앞서 언급한 중국의 역사책에 실려 있는 고구려의 노래와 춤에 관한 자료를 들춰보지 않을 수 없다.

당나라 역사책으로 고구려의 음악자료를 가장 많이 수록하고 있는 것은 『구당서』 음악지, 『신당서』 예악지와 『통전』의 악(樂)이다. 이들 자료와 비교하거나 참조할 만한 것으로는 『수서』의 음악지 정도가 있다. 그런데 이들 자료를 볼 때 염두에 두어야 할 것은 『구당서』와 『통전』의 관련 기록이 거의 같다는 점이다. 이는 같은 자료를 참고했거나 인용한 탓일 터인데, 꼼꼼히 대조해 보지 않으면 그 차이를 발견하기 힘들다.

예를 들면 네 명의 무용수가 쌍을 이루어 일어나 춤춘다(雙雙立而舞)는 공통된 기사에 대해, 『구당서』는 다만 두 사람이 황색 치마 저고리에 적황색 바지를 입었다(二人黃裙襦 赤黃袴)고만 적고 있을 뿐 다른 두 사람의 복색에 대해서는 어떤 언급도 하고 있지 않다. 그런데 『통전』은 다른 두 사람의 복색을 적황색 치마 바지(赤黃裙袴)라고 밝히고 있다. 그러므로 『구당서』의 글에 빠진 부분이 있음을 알 수 있는데 그것은 '二人赤黃裙袴'라는 여섯 자이다. 또 악대의 구성을 보면, 『구당서』에는 없는 5현 비파 하나와 젓대 하나(橫笛一)가 『통전』에 보인다. 이 부분 역시 『구당서』가 소홀히 취급하여 빠뜨린 것이다. 그러므로 고구려 노래에 대해 살펴보려면 『통전』을 인용하는 쪽이 훨씬 나을 것이다.

이제 관련 자료를 종합하여 고구려 노래를 정리해 보면 다음과 같다.

먼저 고구려의 악대는 구성과 규모 면에서 상당하였다. 악대를 구성하고 있는 악기를 보면, 『수서』에 14종, 『통전』에 17종, 『구당서』에 13종, 『신당서』에 20종으로 나와 있다. 이를 유형별로 보면 취주악기와 타악기로 구분된다. 같은 종류이거나 비슷한 음색을 내는 악기만 해도 크고 작은 것이 있다. 그러므로 연주의 음폭은 넓을 수밖에 없으며 각종 음색을 다양하게 마음대로 처리할 수 있었다. 그런데 집안의 고구려벽화에 그려진 그림에는 이 기록과는 다른 점이 눈에 많이 띈다.

고구려 노래를 연주하는 데 사용한 악기는 대부분 중국 또는 서역의 그것과 같다. 그 구성은 당시 궁정악대와 비슷하나 『신당서』에서 보듯이 비파의 몸체는 뱀의 껍질로 만들고 그 두께는 한 치가 넘으며 겉은 가래나무로 하고 비파채의 끝에 붙인 장식은 상아로 만들었다. 전체적으로 고구려 악기의 특색은 어떤 한 가지 악기가 전체 악대에서 차지하는 비중이 그다지 크지 않다는 점이다.

한편 『수서』 음악지에는 고(구)려에 가곡으로 지서(芝栖), 춤곡으로 가지서(歌芝栖)가 있다는 기록이 있다. 이것으로 미루어 고구려의 노래는 춤과 밀접한 관계를 갖고 있음을 알 수 있는데, 즉 고구려에서의 노래는 춤을 반주하는 전문적인 춤곡이라고 할 수 있다. 노래는 춤의 영혼이라는 말이 이 경우에 딱 어울린다 하겠다.

마지막으로 지적할 수 있는 것은 고구려 사람들의 노래가 매우 다양하다는 점이다.『구당서』와『통전』을 보면, 당나라의 무태후(武太后) 시대까지만 해도 귀하게 여겨지며 불린 노래가 스물다섯 곡이나 되었다고 한다. 이는 고구려 사람들의 노래가 매우 다양했으며 국제적 감각이 풍부했음을 증명하는 것이다.

다음으로는 주로 무덤벽화에 묘사된 악기와 연주 모습 등을 중심으로 고구려 노래의 실태에 보다 더 가까이 접근해 보도록 하자.

먼저 무덤벽화에 그려진 고구려 악기는 현악기·관악기·타악기의 셋으로 나눌 수 있다. 그 종류는 스물한 종이나 되는데 문헌으로 보건대, 열다섯 종의 악기가 더 있었던 듯하다. 그러므로 고구려에는 총 서른여섯 종 이상의 악기가 있었다고 할 것이다.

먼저 현악기부터 살펴보면 벽화에 4현금, 6현금의 거문고와 완함(비파)이 그려져 있으나 문헌에서는 탄쟁, 추쟁, 수공후, 와공후, 봉수공후, 오현 등이 보인다. 4현금은 고구려의 고유한 현악기 중 하나이고, 이를 더욱 발전시킨 것이 6현금이다.『삼국사기』를 보면 왕산악이 6현금을 연주할 때 검은 학이 날아와 춤을 추었다는 기사가 있는 것으로 미루어 6현금이 훌륭한 악기였음을 알 수 있다. 현학금이란 이름을 가진 이 거문고는 독주·중주·합주가 모두 가능하다.

완함이란 현악기는 둥그런 음향 부분에 긴 자루가 붙어 있고 그 끝에 줄이 감겨 있다. 미천왕릉의 벽화에 그려진 완함을 보면, 줄감기 끝부분에 붉은색이 나는 댕기가 달려 있다. 이러한 완함이 기록에 보이는 비파가 아닌가 한다. 완함의 완전한 모습은 세칸무덤의 벽화에 그려져 있는데 네 줄이 감긴 것으로 보아 현이 네 개인 비파임이 분명하다. 고구려의 독특한 비파인 완함은 거문고처럼 우아한 음을 내며 독주와 합주가 가능한 훌륭한 악기이다.

　벽화를 통해 볼 수 있는 고구려의 관악기로는 뿔나팔, 긴저(장적), 젓대(횡적), 소, 나패 같은 것이 있는데, 문헌에는 이 밖에도 생호로생, 대피리, 소피리 등의 악기 이름이 나온다. 벽화에서 흔히 보이는 뿔나팔로는 큰 뿔나팔(대각), 두가닥 뿔나팔(쌍구대각), 작은 뿔나팔(소각) 등이 있다. 한 발 가량 되는 큰 뿔나팔은 휘어 구부러져 있으며 끝으로 갈수록 굵어지는 것이 특징이다. 두가닥 뿔나팔은 대개 큰 뿔나팔과 모양이 같으나 끝이 두 가닥으로 되어 있는 것이 다르다. 작은 뿔나팔은 길이가 대략 20cm 정도이며 모양은 큰 뿔나팔과 같다. 벽화에서 보면 뿔나팔 부는 것은 비천상이거나 젊은 남자들이다. 뿔나팔은 서 있는 자리에서 또는 걸어가면서, 아니면 말을 타고 가면서 두 손으로 쥐고 불어야 하므로 젊은 남자들에게 어울리는 악기이다.

　'긴저(장적)'라는 관악기는 밑을 쥐고 불어 소리를 내므로 퉁소를 연상하기 쉬우나, 퉁소와는 다르다. 관이 매우 긴 이 악기를 부는 장면을 미천왕릉의 벽화에서 보면, 연주자는 두 무릎을 바닥에 대고 서서 불고 있으며 저의 끝은 바닥까지 닿아 있다. 강서 큰무덤과 통구 제17호 무덤의 벽화에 그려져 있는 젓대(횡적)는 지금의 젓대와 모양과 사용법이 모두 같다. 고구려 사람들은 이 젓대가 하늘의 음을 낸다고 해서 신성시하였다.

　'소'라는 관악기는 짧은 참대 토막을 옆으로 붙여서 만든 악기이다. 미천왕릉의 벽화에서 이 악기를 부는 사람은 두 손으로 소의 좌우 밑부분을 쥐고 있으며 하모니카를 불듯이 윗부분에 입을 대고 불고 있다. 검정색의 소는 흔히 타악기와 함께 쓰인다.

　가느다란 소라 모양을 하고 있는 나패는 통구의 사신무덤 벽화에서 보이는데 『삼국사기』 악지에는 '태'로 기록되어 있다.

다음으로 악대에서 빼놓을 수 없는 고구려의 타악기를 보자. 벽화를 보면, 여러 종류의 북과 메는 종, 그리고 요가 그려져 있다. 문헌에서 보면 철판이라는 것이 더 있었다고 기록되어 있다.

먼저 북에 대해서 보면 세운 북(건고), 매단 북(현고), 말북(마상고), 메는 북(담고), 장고(요고), 거는 북(개고), 흔들북(도고) 등 종류가 다양하다.

세운 북은 글자 그대로 기둥받침에 세워 놓는 북을 말한다. 여러 무덤의 벽화에서 볼 수 있으나 평양역전 무덤의 벽화에 그려진 것이 선명하다. 이를 보면, 북의 배가 부르고 가운데 부분이 열십자 모양의 큰 나무막대 위에 세워져 있다. 북 위를 보면 우산 같은 것이 놓여 있으며 그 밑에 새 날개털 같은 것이 늘어져 있다. 세운 북이 있는 곳에서 조금 떨어져 같은 모양의 작은 북이 있는데 한 악사가 방망이를 쥐고 치고 있다.

매단 북은 안악 제1호 무덤에서 보듯이 북틀에 매달려 있다. 나무 기둥을 좌우에 세우고 그 위에 가운데가 구부러진 나무를 댄 것이 북틀이다. 북은 구부러진 부분 밑의 양쪽에 매어둔 끈으로 맸는데 북을 칠 때 움직이지 않도록 하기 위해 북의 배 부분을 다시 한 줄로 매었다.

말북은 말 위에서 치는 북으로, 대표적인 것은 미천왕릉의 행렬그림에서 보인다. 받침대에 달아맨 두 개의 북 위에 검정색 나는 우산을 올려 놓았는데 그 밑에 붉은 댕기줄이 달려 있다. 이 말북은 행진할 때 주로 쓰인다.

메는 북은 어깨에 메고 다니면서 치는 북을 말한다. 수산리 무덤벽화에 그려진 행렬그림을 보면 북의 양 옆에 받침기둥이 있는데 메고

가면서 치기도 하고 땅에 내려 놓고 칠 수도 있다. 이 북은 기능으로 보아 메는 북과 매단 북을 합성한 구조로 되어 있다. 북 위에 붉은 털로 된 우산이 세워져 있으며 북치는 사람의 두 손에는 방망이가 쥐어져 있다. 이 메는 북은 약수리무덤의 벽화에서도 보이는데 두 사람이 어깨에 메고 치고 있으나 앞의 메는 북과 달리 받침기둥은 없다. 어깨에 북을 멘 사람은 북을 칠 수 없고 다른 사람이 옆에서 북을 치게 되어 있다. 이 메는 북도 행진할 때 쓰임을 알 수 있다.

장고는 양쪽보다 가운데가 들어가 있으며 왼쪽은 채로 치고 바른쪽은 손바닥으로 쳐서 소리를 내게 되어 있어 그 모양과 기능이 오늘날의 것과 똑같다.

흔들북은 손잡이 끝에 매단 작은 북을 말하는데, 북 양쪽에 구슬이 하나씩 끈에 매달려 있다. 손잡이를 좌우로 흔들면 이 구슬이 움직이면서 북을 치게 된다.

거는 북은 멜빵에 걸어 몸 앞으로 늘어뜨려 손으로 치는 작은 북을 말한다. 흔들북과 거는 북이 그려진 미천왕릉과 약수리무덤 벽화의 행렬그림에 한 사람이 흔들북(구슬북)과 거는 북을 함께 치고 있는 장면이 있다. 즉 바른손으로는 흔들북을 들고 왼손으로는 거는 북을 치면서 행진하고 있다. 한편 미천왕릉의 벽화에 그려진 춤추고 노래하는 그림에는 거는 북을 메고서 춤을 추는 두 남자가 있다. 이로써 보면 흔들북과 거는 북은 항상 함께 쓰는 것이 아님을 알 수 있다.

다음으로는 종을 보자. 먼저 메는 종은 어깨에 메고 다니면서 치는 종으로, 그 모양은 메는 북과 같다. 메는 종은 마치 말방울을 확대해 놓은 것처럼 생겼다. 요는 손에 쥐고 흔드는 작은 종을 말하는데, 바른손으로 종을 잡고 왼손으로 방망이를 쥐고 친다. 미천왕릉의 벽화에 그려진 행렬그림을 보면 말을 탄 사람만 이 요를 치고 있어 행진할 때 주로 쓰인 듯하다.

위에서 살펴보았듯이 벽화에는 고구려의 악기들이 많이 그려져 있다. 악기의 쓰임 빈도를 보면, 많이 쓰이는 것이 있는가 하면 드물게 쓰이는 것도 있다. 벽화에 가장 많이 등장하는 현악기로는 거문고와 완함이 있고, 관악기로는 큰 뿔나팔이 있다. 그 다음이 관악기인 젓대와 소이며, 타악기인 거는 북, 세운 북, 말북, 메는 북 순이다. 나머지 악기는 벽화에 자주 보이지 않는 것으로 미루어 드물게 쓰인 듯하다.

악기의 쓰임새를 보면, 각 종류의 악기가 차지하는 비중을 짐작하기 어렵지 않다. 거문고, 완함, 큰 뿔나팔은 독주와 합주에 다 쓰이며 연주 장면에 자주 등장하는 것으로 보아 기본 악기임을 알 수 있다. 긴저도 독주와 합주에 모두 쓰이긴 했으나 기본 악기는 아닌 듯하다. 젓대는 독주에만 쓰이고 메는 종, 요, 소 등은 합주에만 쓰인 만큼 기본 악기가 아닌 것이 분명하다.

독주 악기를 보면, 주로 실내에서 연주하면서 야외에서 연주하기도 하며 또는 야외에서만 연주하는 악기도 있다. 실내용 악기는 거문고, 완함, 긴저, 젓대이며 큰 뿔나팔은 주로 야외 연주에 쓰인다. 거문고와 완함은 독특한 연주법과 음률로 보아 실내에서 연주되었으리라 생각되나, 완함은 야외에서 노래반주로도 많이 쓰였다. 대개 고구려의 실내용 악기 또는 야외용 악기는 모두 우아한 음률을 자랑하는데 이것이 고구려 악기의 특징인 듯하다. 큰 뿔나팔이 야외에서 주로 연주되는 것은 비교적 큰 소리를 내기 때문이다. 넘치는 기백을 특징으로 하는 이 악기는 무덤의 벽화에서 보듯이 주로 젊은 남자들이 연주하고 있다. 이들이 아니면 이러한 악기를 다룰 수 없었기 때문이다.

다음은 합주인데, 춤무덤과 미천왕릉의 벽화에서 볼 수 있다. 먼저 춤무덤의 벽화를 보면, 남녀 두 신선이 마주 앉아 4현금을 타고 있다. 이로 보아 거문고는 합주로 연주되었음을 알 수 있다. 또한 미천왕릉의 벽화를 보면, 남자 두 사람이 마주 서서 큰 뿔나팔을 불고 있는 장면이 나온다. 그러므로 큰 뿔나팔은 합주로도 연주되었음이 분명하다.

벽화에서 보이는 고구려의 기악합주는 관현악과 고취악의 두 부분으로 나눌 수 있는데, 관현악은 노래에 맞추어 춤을 추는 춤노래 연주 때 주로 쓰인다. 기악의 발전이 없었다면 종합예술로서의 춤노래도 성립하지 못했을 것이다. 춤노래의 실례는 미천왕릉 벽화에 나오는 춤노래 그림에서 보인다. 악사 세 사람이 긴저, 완함, 6현금을 연주하는 데 맞추어 남자 한 사람이 춤을 추는 장면이다. 이 장면은 실내에서 행해진 춤노래이므로 악사와 춤추는 사람이 그다지 많지 않으나 야외에서는 많은 연주자들이 나와 연주를 한다. 『삼국사기』(악지, 고구려 무악)를 보면, 17종의 악기로 구성된 합주단의 연주에 맞추어 네 사람이 춤을 춘다는 기사가 나온다. 고구려 음악의 높은 수준을 알 수 있다.

고취악은 고구려 기악합주에서 빼놓을 수 없다. 고취악이란 타악기와 뿔나팔, 소 등의 관악기로 연주하는 음악을 말하는데 궁정고취악과 행진고취악이 있다. 미천왕릉의 벽화에서 궁정고취악 장면을 보면 악사 네 사람이 나란히 앉아 세운 북, 소 등의 악기를 연주하는 데 맞추어 남자 네 사람이 춤을 추고 있다. 네 명의 악사 중 두 악사가 연주하는 악기는 지워졌으나 다른 궁정고취악의 장면을 참조하건대 지워진 것은 뿔나팔과 소인 듯하다. 연주에 맞추어 추는 춤동작이 경쾌해 보인다. 이로써 보건대 고취악대의 연주 또한 그러하였을 것이다.

궁정고취악 장면은 평양역전 무덤의 벽화에서도 볼 수 있다. 이를 보면, 두 개의 세운 북과 뿔나팔 하나로 연주를 하고 있다. 뿔나팔과 북이 고취악의 기본 악기인데다가 뿔나팔을 부는 사람이 머리를 뒤로 묶은 젊은이인 점 등으로 미루어 이 고취악 역시 경쾌하게 연주되었을 것으로 생각된다. 고취악의 이러한 면은 행진고취악에서 더욱 두드러진다.

군대고취악과 시위고취악으로 나뉘는 행진고취악은 고취군악이라고도 하는데, 군대고취악 장면은 감신무덤의 벽화에서 잘 볼 수 있다. 말 위에서 말북을 치고 큰 뿔나팔을 불어서 이루어지는 고취군악은 군대의 전투 사기를 북돋는 데 이용되었다. 시위고취악 장면은 미천왕릉 등 여러 무덤의 벽화에서 볼 수 있다. 그 중 약수리무덤의 벽화에 그려진 고취악 장면을 보면, 가운뎃줄 맨 앞에 메는 북을 치는 사람들이 걸어가고 있으며 양쪽 줄에는 서너 명의 기마대가 깃발을 들고 가고 있는데 그 뒤로 말을 탄 채 거는 북과 흔들북을 치는 사람과 큰 뿔나팔을 부는 사람이 따라가고 있다.

가장 규모가 큰 행렬고취악 장면은 미천왕릉의 벽화에서 보이는데, 여기에 등장하는 인물은 주인공을 호위하는 기병, 보병, 의장병 그리고 고취악대와 고관 귀족들이다. 왕보다 조금 앞에 선 고취군악대는 메는 북 두 개와 메는 종 한 개로 구성된 타고대와, 왕보다 뒤에서 말을 타고 말북·소·작은 뿔나팔·요로 구성된 기마취타대로 이루어져 있다.

미천왕릉의 다른 벽화를 보면, 약수리 무덤벽화에서 보이는 행렬처럼 석 줄이 있는데 양쪽 줄에 기마무사, 깃발을 든 사람, 거는 북과 흔들북을 치는 사람, 큰 뿔나팔을 부는 사람 등 네 명으로 이루어진 고취대가 3개 조나 되고 그 고취대와 고취대 사이에 7~8명의 보병이 있다. 가운뎃줄을 보면 양쪽 줄의 고취대보다 조금 앞자리에 각기 메는 북 두 개와 메는 종 한 개로 구성된 3개 조의 타고대가 있다. 이 행렬에서 보이는 고취악대(64명)는 총해서 아홉 종류의 타악기와 스물여덟 개의 관악기를 치고 불면서 걸어가고 있다. 이렇게 구성된 고취악대의 연주에 맞추어 많은 사람들이 군가를 부르고 있다. 이는 왕의 행렬을 위엄있게 보이기 위해서이다.

고구려의 관현악과 고취악을 살펴본 결과, 악기 편성에 세심한 주의를 기울였음을 알 수 있다. 즉 관현악은 거문고와 완함 등 현악기와 관악기인 긴저, 젓대만으로 연주되며, 고취악은 뿔나팔과 북으로 연주된다. 관현악과 고취악의 각 특성에 따라 여기에 어울리는 악기가 동원되고 있는 것이다.

3. 씩씩함과 우아함의 조화 - 고려무

그 백성들은 노래와 춤을 좋아하여, 나라 안의 촌락마다 밤이 되면 남녀가 떼지어 모여서 서로 노래하며 유희를 즐긴다.

중국의 『삼국지』 위서 동이전 고구려조에 나오는 대목이다. 중국의 다른 역사서들도 모두 유사한 지적을 하고 있어 고구려 사람들이 유난히 춤과 노래를 좋아했음을 알 수 있다. 그리고 당시의 중국 문헌기록을 보건대 고구려인의 춤이 중국인들의 시선을 사로잡아 크게 유행하였음을 알 수 있다.

『구당서』와 『통전』에는 고구려춤을 추는 춤꾼의 모습이 묘사되어 있는데 우선 춤꾼의 매우 화려한 몸치장이 눈길을 끈다. 즉 춤추는 사람은 이마를 다홍색으로 칠하고 구슬귀고리를 했다는데, 이는 춤추는 사람이 정성들여 곱게 화장했음을 보여 주는 것이다. 또 소매가 아주 길었다고 하는데, 이는 춤을 출 때 평상시 복장이 아니라 특별히 춤복장을 만들어 입었음을 말해 준다. 특히 긴 소매가 너울너울 날린다는 표현이 있다. 춤의 남다른 동작을 가리킨 것이 아닌가 생각된다. 그러나 안타깝게도 이 두 역사책은 구체적인 춤의 동작에 대해서는 거의 기록을 남기지 않아 그 실상을 알기가 어렵다.

그런데 『신당서』 예악지에 실려 있는 호선율(胡旋律)이라는 춤의 한 종목에 대한 기록이 주목된다. 원래 이 춤은 서역의 강국(康國 : 사마르칸트) 일대에서 중국으로 들어와 당나라 때 크게 유행한 것이다. 그럼에도 불구하고 『신당서』의 편찬자는 이 춤을 고구려의 노래에 집어넣고 있다. 편찬자의 편찬 잘못이 아니라면 고구려 사람들도 이 춤을 배웠거나 창작하여 춤 내용을 풍부하게 했음을 보여 주는 것이 아닌가 한다.

이러한 기록 외에 고구려 노래와 춤을 이해하는 데 도움을 주는 것으로, 당나라 때 중국인의 입장에서 고구려 사람들의 춤 동작과 표현을 보고 느낀 감상을 시로써 찬미한 이백(李白)의 시가 있다.

금꽃 장식한 절풍모를 쓰고
흰신을 신은 이 조금 늦게 도네

넓은 소매 너울너울 춤추는데
훨훨 날아오는 해동청 같구나

우리 말로 옮긴 것인데, 스무 자로 된 원래의 한시를 보면 어색한
두 글자가 눈에 거슬린다. 원문을 적어보면 다음과 같다.

金花折風帽　　白馬小遲回
翩翩舞廣袖　　似鳥海東來
(『李白集校註』卷6, 樂府 高句麗)

위의 시에서 절풍(折風)은 고구려 사람들이 즐겨 쓴 일종의 모자이
다.『삼국지』위서 동이전 고구려조를 보면 고구려의 소가(小加)는
절풍을 머리에 쓰는데 그 모양이 고깔 같다는 대목이 나온다. 위 절풍
은 집안의 고구려벽화에서도 흔히 보인다. 모양은 마치 종 같고 밑부
분 앞뒤에 검은색 테가 둘러 있는데, 앞으로 좀 비스듬하게 기울여
쓰며 머리 꼭대기와 앞이마 사이에 깃털을 꽂는다. 시에서 보이는 금
화(金花)란 금꽃으로 절풍을 장식했다기보다는 절풍에 금색 나는 깃
털을 장식으로 꽂았다고 보는 것이 맞을 것이다.

　그런데 그 다음에 나오는 백마(白馬)라는 글자는 아무리 보아도 춤
과는 관련이 없어 보인다. 즉 글자상으로 보면 흰 말이라는 뜻이 되는
데, 만약 그렇게 해석하면 시의 뜻이 전혀 통하지 않게 된다. 그 뒤에
나오는 소지회(小遲回)라는 말은 망설이고 주저하며 머뭇거리는 모
습으로 보아야 한다는 견해가 있다. 그렇다면 '백마'는 그러한 동작과
관련된 어떤 것이어야 하고 따라서 백마는 백석(白舄)이라는 단어를
잘못 표기한 것이 아닌가 보고 있다. 원래 석(舄)은 고대시대의 가죽

신발인데 그 글자 모양이 보다시피 마(馬)자와 유사하다. 특히 초서로 쓸 경우 馬자의 왼쪽 위에 점이 하나 더 붙으면 鳥자가 된다. 오랜 시일에 걸쳐 이 글자를 베끼는 과정에서 틀리게 적었을 가능성이 아주 크다.

정리하면 백석(白鳥)은 춤출 때 신는 하얀 가죽 신발이다. 실제로 집안의 춤무덤벽화에 등장하는 춤추는 사람들은 모두 하얀 신발을 신고 있다. 1981년 중국예술연구원 무용연구소는 위와 같은 의견을 인정함으로써 백마는 백석의 잘못된 글자임이 판명되었다. 이제 다시 시를 다시 한 번 음미해 보면, 전반부는 춤추는 사람의 머리 장식을 표현하고 후반부는 춤추는 사람의 신발과 춤추는 장면을 묘사했음을 알 수 있다.

'해동(海東)'은 우리 나라를 가리키는 미칭으로서 요하 동쪽을 말하며 잘 알려져 있다시피 발해국은 해동성국으로 불렸다. 위 시에서 나오는 조해동(鳥海東)은 해동청(海東靑)을 말하는 것으로 동해에서 서식하는 사냥매를 뜻한다. 해동청은 몸은 작지만 날쌔어 거위와 따오기 등을 잘 잡았고, 이 때문에 거란의 상류 지배층이 즐겨한 매사냥에서 큰 인기를 모았으며 특히 발톱이 흰 매를 좋아했다고 한다. 그러므로 위 시에서 '사조해동래'라는 구절은 매(해동청)처럼 머나먼 동해바다에서 날아왔다고 풀이하는 것이 자연스럽다.

이렇듯 이 시는 고구려의 춤추는 사람의 날렵한 동작을 묘사하는데에 그치지 않고 고구려가 머나먼 동해(해동)에 있었다는 사실까지 암시하는 동시에, 당나라에서 감상할 수 있는 이 아름다운 춤은 이미 멸망한 동방의 고구려족의 것임을 중국인에게 밝혀준 셈이다.

위의 설명을 토대로 이백의 시를 다시 풀이해 본다면 이러할 것이다.

> 깃털모양 금장식 절풍모를 쓰고
> 하얀 신 신고 망설이고 머뭇거리다가
> 재빨리 넓은 소매 저으며 훨훨 춤추어
> 마치 요동에서 날아온 매처럼 나래를 펼치누나

이백은 시인으로서 자신이 직접 감상한 고구려 사람들의 노래와 춤에 대한 느낌을 이 짤막한 시에서 간결하고 서정어린 필치로 솔직하게 표현했다. 이 시는 멸망한 고구려의 노래와 춤이 화려하며 더군다나 춤동작이 경쾌하고 강렬하여 예술성이 매우 풍부함을 느끼게 해 준다.

한편 당나라 측천무후 시대 때 어사대부로 양재사(楊再思)라는 인물이 있었다. 그는 매우 아부성이 강한 인물로 알려져 있는데 특히 즉석에서 고구려춤을 잘 추었다고 한다. 『신당서』(권109)를 보면, 장역(張易)의 형으로 사례소경(司禮少卿)이란 벼슬을 갖고 있는 동휴(同休)가 양재사의 허가 하에 잔치를 열고 공경들을 청했다. 모두 술이 거나해질 즈음 동휴가 "공(양재사)의 얼굴이 마치 고구려 사람 같습니다" 하니, 양재사는 기뻐하며 주름 잡힌 고운 명주를 베어 건 위에 매어달고 자주색 두루마기를 뒤집어 걸치고는 고구려춤을 추었다. 그 춤동작은 박자에 잘 맞았다고 한다.

위 기록은 짤막한 기사이지만 눈여겨 볼 필요가 있다. 먼저 재상의 신분에 있는 양재사의 고구려춤이 박자에 잘 맞았다고 한 것은 그가 고구려춤을 확실하게 추었다는 것을 말한다. 동시에 기록을 통해 보건대 잔치에 초대받은 공경들은 양재사의 춤을 감상하되 춤이 박자에 맞는지 어떤지까지 평할 수 있었다. 이는 좌중 모두가 고구려춤의 율동을 잘 알고 있었음은 물론 당시 고구려의 노래와 춤이 중국에서 유행하고 있었음을 전해 주는 것이다. 그리고 명주를 베어 건 위에 매달고 예복인 두루마기를 걸쳐 입었다는 것은 중국 사람들이 고구려의 춤을 출 때 격식을 차렸음을 보여 주는 것이다.

원래 고구려춤의 전형적인 동작은 넓고 긴 소매를 펄럭펄럭 날리며 두 팔을 자유자재로 움직이는 것이다. 이러한 춤동작은 위에서 보았듯이 『신당서』의 양재사전에는 나오지 않는다. 그런데 『구당서』(권 90)의 양재사전에는 『신당서』에서는 실려 있지 않는 대목이 나온다. 예컨대 명주 대신 "종이를 베어 건에 달고(剪紙自帖于巾)" "머리를 돌리며 손을 펴는(縈頭舒手)"이라는 동작 묘사가 그것이다.

이 두 기록은 당나라 시대 고구려의 노래와 춤을 살피는 데 매우 중요하다. 손을 편다는 것은 손바닥을 펴고 손목을 움직이는 동작으로, 박자에 맞춰 긴 소매를 자유자재로 움직이는 동작을 표현한 것이다. 그리고 목을 돌려 머리를 감는다고 하였는데 이는 일반적으로 춤에서 흔히 볼 수 있는 동작이 아니다. 하지만 종이를 베어 건에 매다는 동작과 머리를 감는다는 동작은 서로 잘 어울린다. 즉 머리를 감듯이 돌리면 모자 위에 붙인 너비 3cm 정도의 긴 종이가 자연스레 공중에서 회전을 하며 둥근 원을 그리게 된다. 이 특수한 동작은 현재 우리의 농악놀이에서도 흔히 볼 수 있는 것으로, 상모를 돌리는 모습과 아주 흡사하다. 이로써 보건대 우리의 농악놀이에서 상모를 돌리는 독창적인 동작이 벌써 고구려의 노래와 춤에서 시작되었다는 견해도 타당성이 있어 보인다.

이제 고구려의 무덤벽화에 생생하게 묘사된 그림을 통해 이 춤의 대체적인 모습을 살펴보기로 하자. 고구려의 춤은 우선 형식이 매우 다양하다. 벽화상으로 확인되는 것만 해도 독무·쌍무·군무·탈춤·북춤·칼춤·창춤 등 그 종류가 많다.

고구려의 춤은 동작 면에서 보아 연한 춤과 기백이 넘쳐 보이는 춤으로 나눌 수 있다. 연한 동작의 춤에 속하는 것은 독무·쌍무·군무·탈춤 등이며, 미천왕릉 벽화에 그려진 독무를 그 대표적인 예로 들 수 있다. 세 명의 악사가 긴저, 거문고, 완함으로 연주하는 장단에 맞추어 앞에서 한 사람이 춤을 추는 장면이 그것이다. 춤동작을 자세히 들여다보면 춤추는 사람은 얼굴에 탈을 쓴 채 두 손을 약간 벌리고 다리는 꼬고 서서 반주에 맞추어 춤을 추고 있다. 옷차림을 보면 춤꾼은 좁고 긴 저고리와 바지를 입고 있으며 검정색 신발을 신고 있다. 악사들 역시 긴 저고리와 바지를 입고 있으며 춤꾼처럼 허리에 띠를 매고 있다. 한 군데로 모은 머리의 양쪽에 머리댕기 장식이 있는 것으로 보아 여자인 듯하며 춤의 동작 또는 연주악기로 미루어 연한 동작의 춤으로 여겨진다.

쌍무는 통구 제12호 무덤의 벽화에서 보이는데, 두 여자가 한 사람의 거문고 반주에 맞추어 춤을 추고 있다. 또 바른쪽 벽을 보면 노란 저고리와 파란 바지를 입은 한 여자가 두 팔을 앞으로 뻗고 있는데 긴 소매가 아래로 늘어져 있고 몸을 약간 앞으로 숙였으며 바른쪽 다리를 약간 뒤로 들었다. 그리고 왼쪽 벽을 보면 붉은 저고리와 파란 바지를 입은 한 여자가 있는데 바른팔은 절반 정도 꺾어 손이 가슴에 오게 했으며 왼팔은 옆으로 폈다. 바른쪽의 여자처럼 바른 발은 약간 앞으로 내딛었고 긴 소매는 아래로 늘어져 있다. 반주자는 춤을 추는 사람 앞에 꿇어앉아 무릎 위에 거문고를 올려 놓고 연주를 하고 있다. 춤꾼들이 입고 있는 옷은 뒤에서 보게 될 춤무덤의 그것과 같다. 반주 악기로 거문고가 쓰이고 있어 이 쌍무가 연한 동작의 춤임을 말해 준다.

다음으로 볼 군무는 세 사람, 네 사람, 다섯 사람이 함께 추는 춤이 다. 먼저 세 사람이 추는 춤은 남자 한 사람과 여자 두 사람이 나란히 서서 춤을 추고 있다. 옷차림을 보면 남자는 저고리와 푸른 점무늬가 있는 바지를 입고 있으며 허리에 띠를 매고 있다. 여자는 소매가 긴 저고리와 검정색, 붉은색, 노란색이 섞인 긴 치마를 입고 있다. 이들 남녀는 모두 두 팔을 어깨 높이 정도로 올리고 있는데 팔꿈치는 약간 위로 올라가 있다. 두 팔을 이러한 모습으로 펼치고 있는 것은 잘 선 회하도록 하기 위함인 듯하다. 이 춤의 특징은 다리보다 팔을 많이 쓰는 것인데 지금의 춤동작과 다름이 없다.

네 사람이 추는 춤은 『삼국사기』(악지 고구려조)에 자세한 설명이 나와 있다. 설명으로 보건대, 이 춤을 추는 사람은 여자들인 듯하다. 두 사람씩 나란히 서서 17종의 관현악기와 타악기로 구성된 악단의 반주에 맞추어 춤을 춘다. 춤의 동작에 대한 설명은 없고 주로 옷차림 이 설명되고 있는데, 이들은 상투를 틀어 뒤로 하고 이마에 붉은색을 칠하고 금구슬로 치장을 하고 있다. 두 사람은 누런빛이 나는 치마 저고리와 붉은색이 나는 누런 바지를 입고 있으며 다른 두 사람은 붉은색이 도는 누런 치마 저고리에다 바지를 입고 있는데 소매는 길 고 검정색 가죽 신발을 신고 있다. 악사들은 새깃을 꽂은 자주색 나는 비단모자를 쓰고 누런색의 큰 소매가 달린 웃옷을 입고 있는데 거기 에 자주색 비단띠를 매고 있으며 통넓은 바지를 입고 있다. 이들이 신은 신발에는 오색으로 물들인 든 줄이 장식되어 있다고 한다.

다섯 사람이 추는 춤은 춤무덤 벽화에서 볼 수 있다. 이를 보면 춤추는 사람은 남자 한 명과 여자 네 명으로 이루어졌는데, 남자는 긴 소매가 달린 저고리와 홀친 바지를 입고 있으며 머리에 절풍을 쓰고 있다. 여자 두 명은 긴 소매가 달린 두루마기를 입고 있으며, 다른 두 여자는 절풍만 안 썼을 뿐 남자의 옷차림과 같다. 여자들 중 노란색 저고리를 입은 여자는 붉은색 나는 노란 바지를 입고 있으며 붉은색 나는 노란 저고리를 입은 여자는 노란 바지를 입고 있는 등 색의 조화에 신경을 썼음을 알 수 있다. 옷에는 반점이 찍혀 있는데 검정색, 붉은색, 노란색이 들어 있다. 인상적인 것은 소매에 색끝동을 넓게 단 것이다. 다섯 명의 춤꾼은 춤동작 시범을 보이고 있는 한 춤꾼의 동작에 맞추어 긴 팔소매를 뒤로 펄럭이고 있다. 이 춤의 특징이라면 팔을 많이 쓰고 있는 것이다.

이상에서 살펴본 연한 춤은 종류가 다양하지만, 춤꾼이 대부분 여자이며 춤의 동작이 유연하다는 점에서 공통점을 보인다. 그러다 보니 옷차림도 여기에 맞추어 두루마기를 입거나 바지와 저고리를 입더라도 다시 긴 소매 저고리를 입고 있으며 배색 조화에 신경을 많이 쓴 흔적이 역력하다. 그러므로 이러한 춤에는 서정미 넘치는 음률을 내는 거문고, 완함, 또는 관현악기가 제격이다.

다음에 기백이 넘쳐 보이는 춤을 보면, 독무·쌍무·군무 등 역시 다양하다. 칼·창·북 등을 가지고 춤을 추므로 기백이 넘친다. 독무 장면을 보면, 쌍기둥무덤의 안길(연도)에 그려진 벽화에 남녀 30명 중 큰 북을 치는 사람이 그려져 있다. 소달구지와 말을 탄 30명의 남녀 가운데 창을 들고 북을 치면서 춤을 추는 두 남자가 있다. 이들이 치는 북소리에 맞추어 한 남자가 창을 쥐고 춤을 추고 있다. 창을 들고 춤을 추는 만큼 씩씩하고 기백이 넘쳐 흐른다.

쌍무 장면은 약수리무덤 벽화의 사냥그림에서 보인다. 사냥그림의 바른쪽을 보면 사냥이 벌어지고 있는 쪽으로 활을 가진 기마무사 11명이 걸어오고 그 뒤로 고취악사 세 명과 춤꾼 두 명이 따라오고 있다. 말을 탄 고취악사 중 한 사람은 큰 뿔나팔을 불고 있으며 두 사람은 말북을 치고 있다. 반주에 맞추어 두 남자가 춤을 추고 있는데 한 사람은 두 다리를 벌린 채 양 팔은 옆으로 벌리고 몸을 조금 바른쪽으로 기울이고 있으며, 한 사람은 몸을 앞으로 내밀고 있다. 쌍무 장면은 미천왕릉의 벽화에서도 보이는데 두 남자가 칼춤을 추고 있다. 모두 강렬한 느낌을 주는 동작의 춤이다.

세 사람 춤도 미천왕릉의 벽화에서 볼 수 있다. 이를 보면 세 남자가 춤을 추는 모습이 그려져 있고 바른쪽 아래에는 악사 네 명이 소와 건소를 연주하고 있다. 춤 추는 세 사람 중 두 명은 바른쪽 가슴에 거는 북을 걸고 뛰는 몸짓을 하고 있으며 한 명은 몸을 뒤로 젖히고 두 팔을 위로 벌리고 있는 것으로 보아 춤을 씩씩하게 추고 있는 것으로 여겨진다. 팔을 위로 벌리고 있는 사람은 다른 벽화에도 보이는데 손에 칼 또는 창을 들고 있다. 이로 미루어 벽화에서는 지워져 있으나 팔을 벌린 사람의 손에도 칼이나 창이 쥐어져 있었을 것으로 짐작된다.

이들 춤이 씩씩한 춤이었음은 동작만 보아도 알 수 있지만, 또한 세 명의 춤꾼이 모두 남자인 점, 반주하는 악기도 경쾌하고 웅장한 음률을 내는 소와 북인 점을 통해서도 알 수 있다. 악사 네 명 중 두 악사의 악기는 지워졌으나 씩씩한 춤동작으로 보아 큰 뿔나팔과 요일 것이다.

이상으로 보았듯이 몸동작을 씩씩하게 놀리는 춤에서 공통적으로 발견되는 요소는, 춤꾼이 모두 남자이며 이들은 저고리와 바지를 입고서 칼, 창 또는 북을 들고 씩씩한 몸놀림을 보이며 춤을 추고 있다는 점이다. 고구려 사람들이 전투적 기상을 좋아한 데서 나온 춤일 것이다.

4. 설화와 시문의 세계

고구려의 문학은 대개 서민문학과 귀족문학으로 분류된다. 전자는 설화, 후자는 시가 형식을 취하여 현재 전해지고 있다. 중국의 침략세력을 물리친 「을지문덕 이야기」나 「바보 온달 이야기」 등은 고구려의 대표적인 설화작품이다. 한편 귀족계급은 한문을 이해하고 있어 서정적인 감정을 한자로 된 서정시로 남겼다. 그 대표적인 작품으로는 「내원성가(來遠城歌)」, 「황조가(黃鳥歌)」, 「우중문(于仲文)에게」 등이 있다.

「바보 온달 이야기」는 미천한 신분의 온달이 평강공주와 혼인하여 고구려 최고의 무사가 되고 이어 요동을 침략한 중국 북조의 북주(北周)와의 전쟁에서 큰 공을 세워 정식으로 왕의 사위가 된다는 이야기로, 백제의 「서동과 선화공주 이야기」와 함께 삼국시대를 대표하는 설화작품이다.

서정시 작품은 남녀간의 사랑 또는 고구려의 위급했던 시대상까지 보여 주고 있는데 각 작품의 내용 및 배경 등을 살펴보기로 하자.

「내원성가」

작자·연대 모두 미상이며 원래의 시가 또는 한역된 시는 모두 전해지지 않는다. 작품의 제목과 유래가『고려사』(권71, 俗樂)에 전해지고 있으며 그 내용은『증보문헌비고』(권108, 樂考17)에 실려 있다. 「내원성가」의 내원성은 고구려의 압록강가에 있는 정주(靜州 : 평북 양주 부근)의 섬으로 고구려로 투항해 오는 침략군들을 여기에 안치했다고 해서 붙여진 이름이다.

「황조가」

고구려 제2대 유리왕의 작품으로 원래의 시가는 전해지지 않고 4언 4구의 한역시와 그 창작 배경이『삼국사기』(고구려본기 유리왕조)에 전한다. 유리왕은 왕비 송씨(宋氏 : 송양국의 딸)가 사망하자 골천 사람의 딸 화희(禾姬)와 중국인의 딸 치희(雉姬)를 동시에 계실로 맞아들였다. 그런데 두 여인의 사이가 좋지 않자 유리왕은 양곡(凉谷)의 동서에 두 궁을 짓고 따로 살게 했다. 뒤에 왕이 기산(箕山)으로 사냥을 나가 7일간 돌아오지 않은 사이에 두 여인은 크게 다투었다. 화희가 치희의 무례함을 크게 나무라자 원한을 품은 치희가 도망쳐 달아나 버렸다. 이 소식을 들은 왕이 말을 달려 뒤쫓아갔으나 분이 풀리지 않은 치희는 돌아오지 않았다. 왕이 치희를 뒤쫓다 나무 밑에 앉아 쉬고 있는데 마침 꾀꼬리들이 모여드는 광경을 보고 시 한 수를 지었다. 그것이 「황조가」이다. 내용은 이러하다.

훨훨나는 저 꾀꼬리
암수 서로 정다운데

외로운 이 내 몸은
뉘와 함께 돌이갈꼬

「우중문에게」

을지문덕은 고구려를 침공하는 수나라 수군을 평양성 부근까지 유인하여 섬멸할 전략을 세웠다. 전략대로 평양성 가까이 들어온 적은 식량난으로 전의를 상실하고 후퇴할 구실만 찾고 있었다. 그러던 참에 을지문덕은 수나라 수군을 이끌고 있던 우중문에게 5언 3구의 시 한수를 적어 보내 철수를 종용했다. 그 내용은 이러하였다.

신통한 계책은 천문을 헤아리며
묘한 꾀는 지리를 꿰뚫었구나
싸움마다 이겨 공이 이미 높았으니
족한 줄 알아서 그만둠이 어떠하리

을지문덕은 영양왕이 수나라의 양제를 알현한다는 조건을 내세워 거짓항복을 청해 퇴각 구실을 주는 척하면서 퇴각하는 이들 수군을 살수에서 섬멸하여 대승을 거두었다.

5. 해외로 전파된 고구려문화

고구려가 세계적 수준의 문화를 이룩한 것은 고구려 사람들의 창의력과 진취적 기상에 보편적인 예술감각의 3박자가 한데 어우러진 결과이다. 고구려의 이러한 질높은 문화는 안으로는 남쪽의 신라와 백제에 영향을 주었으며 노래와 춤의 예로 보았듯이 중국으로도 흘러 들어가 중국인의 정신생활을 풍요롭게 해 주었다. 나아가 일본으로 전파된 고구려 문화는 일본의 문화 발전에 크게 기여했다.

고구려의 문화를 일본에 전파한 사람들은 거의 학자나 기술자, 예술가 들이었다. 승려 혜자는 594년 일본에 들어가 쇼토쿠(聖德) 태자의 스승이자 문화사절로서 20년 동안(594~614) 활동하다가 귀국했다. 이어 담징은 불후의 명작으로 일컬어지는 호류지(法隆寺)의 금당 벽화를 남겼을 뿐 아니라 5경을 전해 주고 종이와 먹을 제조하는 기술과 물방아 제조법까지 가르쳐 주었다. 특히 이 때 전해진 물방아는 일본 농업의 발전에 큰 전기가 되었다.

고구려가 일본의 문화 발전에 미친 지대한 영향을 보여 주는 것으로 1972년 일본 나라 현 아스카 촌에서 발굴된 다카마쓰즈카 벽화무덤을 들 수 있다. 벽화에는 고구려 사람의 옷차림을 한 남녀 인물을 비롯하여 사신(四神), 해·달·별 등이 그려져 있는데 하나같이 고구려의 화풍과 양식을 그대로 본뜬 것이다. 이는 고구려 화가가 직접 그렸을 가능성이 있는 작품으로서 가치가 매우 크다.

특히 최근에는 일본 나라 현 아스카(明日香)의 기토라 고분 석실 천장에서 세계에서 가장 오래 된 천체도가 발견되었는데, 이것이 고구려의 옛 수도인 평양 부근에서 관측된 별자리를 토대로 그려졌다는 분석 결과가 나와 크게 관심을 끈 바 있다. 이 천체도에는 별의 운행 기준이 되는 내규(內規)와 적도(赤道) 등의 동심원, 태양의 운행을 보여 주는 황도(黃道)와 600여 개의 별, 34종의 별자리가 표시되어 있음이 확인되었다. 당시 고구려가 동아시아에서 최첨단의 천문기술국이었고 그 기술이 일본에 전래되었음을 보여 주는 증거라 하겠다.

한편 같은 나라 현에 아스카데라(飛鳥寺 : 法興寺)라는 대단히 유서 깊은 절이 있는데, 그 가람의 배치가 평양시에 있는 고구려 금강사터와 동일하다. 이는 고구려의 사찰 건축기술이 일본에 전해진 것이거나 아니면 고구려 사람이 직접 일본에 건너가 건축한 것이 아닌가 추측되고 있다. 또한 일본의 규슈 지방에 있는 오노조(大野城) 등은 고구려의 축성 양식을 따른 것으로 주목되며, 일본에서 가장 많은 국보급 유물이 보관되어 있는 쇼쇼인(正倉院)에는 고구려완함 등이 보관되어 있다. 그 외에 『일본서기』 닌토쿠기(仁德紀) 12년(영양왕 15, 604)조에 영양왕이 보낸 사신이 쇠방패와 쇠과녁을 선물로 주었고, 같은 책 스이코기(推古紀) 26년(영류왕 원년, 618)조에 수 양제가 대고구려전에서 대패한 사실과 함께 고구려가 북·관악기 등과 큰 활(화살과 돌을 잇달아 쏠 수 있다)·대포 등을 일본에 선물로 주었다는 기사가 나온다. 이는 고구려의 음악과 우수한 무기가 일본에 전래되었음을 전해 주는 귀중한 기록이라 하겠다.

고구려가 일본에 미친 무형문화의 영향은 소위 고려무라는 이름으로 아직까지도 그 흔적을 남기고 있는데, 독무(기도쿠), 4인무(신토리소·시키테), 6인무(고토리소) 등의 고구려춤이 전해지고 있다. 이처럼 유형·무형의 문화재와 옛 기록이 보여 주듯이 고구려의 문화와 기술은 일본으로 전파되어 일본의 문화와 기술 발전에 큰 도움을 주었다. 나아가 이 문화는 동아시아의 문화 창조에 큰 몫을 담당하였으며 아울러 세계의 인류문화 형성에 이바지한 바 적지 않았다.

5장 고구려 사람들의 삶터 지키기

1. 필요가 발명을 낳는다 - 무기

1) 활과 화살

고구려 사람들은 일찍이 활과 화살을 만들어 사냥과 전쟁에 사용해 왔다. 『삼국지』 위서 동이전 고구려조에 보면 고구려의 별종(別種)이 소수(小水) 유역에 나라를 세웠으므로 그 이름을 따서 소수맥(小水 貊)이라 하였고 그 곳에서는 좋은 활이 생산되는데 그것을 이른바 맥 궁(貊弓)이라 부른다는 기사가 있다.

고구려 사람들은 적을 공격을 할 때 주로 기병을 동원한다. 그래서 말타고 달리면서 사용하기에 편한 자그마한 활(굽은 활)을 많이 사용 한다. 춤무덤 등의 여러 벽화에는 활을 든 무사가 말을 타고 달리면서 활을 쏘는 장면, 활을 목에 건 무사의 모습 등이 생생하게 등장한다. 이들 벽화는 고구려의 전형적인 활을 보여 주는데, 이러한 작은 활은 기병이 공격을 가하거나 적군을 추격하는 전장터에서만이 아니라 말 을 타고 사냥할 때도 사용되었다. 한편 큰 활(곧은 활)은 성곽을 지키거나 멀리서 적군을 추격할 때 주로 쓰였다.

『남사』 고구려전을 보면 "고구려에서 중국의 남조인 송나라에 숙신족의 호시(싸리나무 화살)와 석노를 보냈다"는 기사가 있는데, 숙신족은 우수리강 유역에 살고 있던 읍루족의 조상이다. 중국의 『후한서』에는 숙신족이라는 이름이 많이 나온다. 『남사』의 숙신족이 『후한서』의 숙신족과 동일한지는 따져 볼 문제이겠으나 고대 중국 사람들은 이들의 활과 화살을 가벼이 보지 않았다.

또 『후한서』 읍루전을 보면, 읍루 사람은 길이가 넉 자 되는 활을 쓰는데 그 위력이 쇠뇌 같고, 화살은 싸리나무를 쓰는데 길이는 한 자 여덟 치나 되며, 활촉은 푸른 돌로 만드는데 독물 묻은 이 활촉을 맞은 사람은 살아날 수가 없다고 적혀 있다.

어쨌든 고구려에서 이런 활과 화살을 송나라에 보내 주었던 만큼 고구려 사람들이 이러한 활과 화살을 썼음은 의심할 바 없다. 화살촉은 크게 사냥용과 전투용으로 구분되는데 활의 종류와 목표, 거리, 대상에 따라 그 종류가 다양하였다.

2) 칼

칼(검)은 고구려에서 집집마다 항상 갖추고 있는 비상무기의 하나이며 그 종류는 다양하다. 『삼국사기』 연개소문전에는, 연개소문이 항상 몸에 다섯 자루의 칼을 차고 다닌다는 기사가 있으며, 『한원』에도 고구려 사람들은 누구나 칼 다섯 자루를 찬다는 기사가 있다. 두 기사를 종합해 보면 먼저 칼 종류가 다양함을 알 수 있다. 발굴을 통해 얻은 자료에 의하면 발견된 칼은 대부분 1m 남짓 되며 간혹 30cm

정도의 짧은 것도 있다.

고구려의 칼은 대부분 칼몸이 휘어져 있는데 주로 자르는 데 쓰이기 때문이다. 고구려 사람들이 칼을 쓸 경우 적을 찌르는 데 사용하지 않고 주로 말을 타고 전진하면서 적의 목을 자르는 데 쓴다는 것이 이를 증명한다.『삼국사기』고구려본기 중천왕 12년조를 보면 고구려의 기병 5천 명이 침략자인 위나라군 8천 명의 목을 잘랐다는 기사가 나온다. 고구려 사람들이 평소 말달리기와 칼쓰기 훈련을 게을리하지 않아 그 실력이 뛰어났음을 보여 주는 기사라 할 것이다.

외형상 고구려의 칼에서 보이는 두드러지는 특징은 칼자루 끝에 둥근 고리가 달려 있는 점이다. 고리에는 장식이 없는 것도 있고 인동무늬 장식이 들어 있는 것도 있다. 기록에 고구려 사람들이 칼을 차고 다닌다고 했는데 바로 이 고리에 끈을 매달아 칼을 달고 다녔을 것이다.

3) 창

고구려의 창도 쓰임새가 칼처럼 다양하다.『후한서』(예전)를 보면 예족 사람들은 보병전에 능하며 30자(9m)나 되는 긴 창을 여러 사람이 함께 들고 다닌다는 기록이 보인다. 그러한 예족이 고구려에 복속된 만큼 고구려 사람도 이러한 긴 창을 분명히 사용했을 것이다. 창의 길이가 이렇게 길었다는 것은 일부 과장이 섞인 듯하나 여러 사람이 함께 들 정도였다면 상당히 긴 창이었을 것이다.『통전』(권186, 변방 고구려조)을 보면 고구려의 무기로서 '삭(鎙)'이라는 창이 있다는 기사가 나오는데 그 길이는 18자(5.4m)나 되었다고 한다. 기병전에서 탁월한 능력을 발휘한 기병이 쓰는 창으로서 긴 창이 크게 발달했을 것은 충분히 짐작할 수 있다. 강서군 약수리무덤, 안악 제2호 무덤, 용강군 쌍기둥무덤의 벽화에 기병들이 이런 긴 창을 들고 있는 모습을 볼 수 있다.

고구려에서는 긴 창 외에 쇠자루가 달린 작은 창도 실전에 사용했다. 『주서』(권49, 이맥上 고려전)를 보면, 고구려에 모(矛 : 창)와 함께 '연(鋋)'이란 것이 있다고 기록되어 있다. 여기에서 '연'이란 쇠자루가 있는 작은 창을 의미한다. 고구려 보병이 갑옷을 입은 적을 찌를 때 사용한 듯하다.

고구려의 창을 모양별로 보면 끝이 뾰족한 것, 도끼날처럼 넙적한 것이 있으며, 뾰족한 부분만 해도 쌍칼날형·버들잎형·원추형 등 다양하다. 이 밖에 두 가닥으로 된 창도 있는데 한 번 찌르면 두 군데에 동시에 상처를 입힐 수 있는 가공할 무기이다.

4) 갈구리창과 갈구리

다시 『주서』를 보면, 고구려에는 '극(戟)'이란 것이 있었다고 한다. '극'이란 고조선시대부터 많이 쓰인 갈구리창과 같은 것으로 보면 될 것이다. 미천왕 무덤벽화를 보면 무사가 이 갈구리창을 메고 있는 모습이 그려져 있다. 보병용은 짧은 뾰족창에 갈구리를 덧붙였다. 이것은 창끝으로 적을 찌르거나 적을 끌어당기는 역할을 한 것으로 보인다.

5) 포차

고구려에서 가공할 만한 공격무기는 역시 포차(抛車)이다.『삼국사기』(신라본기 태종무열왕 8년 5월조)를 보면 고구려 군사가 신라의 북한산성을 공격할 때 포차에서 날린 돌에 성가퀴와 성 안의 집이 맞아 무너졌다는 기사가 있다. 이로 보아 돌을 날려보내는 노포(弩砲)를 장치한 포차는 자유자재로 이동하면서 성곽을 파괴하는 무기임을 알 수 있다. 밑에서 산성을 향해 쏘아올린 돌에 맞아 성가퀴와 성 안의 집이 무너졌다는 위의 기록으로 미루어 포차의 위력은 가히 위협적이라 할 것이다. 문헌에 실려 있는 고구려의 대표적인 몇 종류의 무기를 살펴보았는데, 당나라군에게 치명적 타격을 줌과 동시에 그들이 갖고 있지 못한 가장 위력적인 무기였던 쇠뇌에 못지않는 위협적인 공격용 무기였던 것으로 생각된다.

6) 쇠뇌

『주서』(고려전)와『통전』(권186, 고구려조)을 보면 고구려에 '노(弩)'가 있다는 기사가 있다. 노는 화살을 1천 보씩이나 멀리 날려보내 적을 물리치는 우수한 무기이다.『성호사설유선』(권5하)에 보면, 나무로 만든 노(쇠뇌)는 화살을 천 보나 날려 보내는 무기로서 고구려를 침략한 당태종이 이 노에서 날려보낸 화살에 눈이 맞았으나 사관들이 이 사실을 숨겼다고 감춰진 사실을 들춰내고 있다.

7) 도끼

고구려 무기 중에는 도끼도 있다. 이는 생활도구이긴 하지만 예로부터 한자로 월(鉞)이라고 표기할 때는 무기로 쓰인다. 안악 제3호 무덤과 강서군 약수리무덤의 벽화를 보면, 이 도끼를 멘 군사의 모습이 그려져 있다.

8) 갑옷

고구려의 갑옷에 관한 자료는 문헌에서 흔히 보인다.『삼국사기』와『주서』의 고려전,『남사』고구려전,『통전』고구려조를 보면 갑옷이 고구려의 병기라고 적혀 있다. 확인된 바에 의하면 고구려의 갑옷으로는 쇠조각을 꿰매어 만든 철갑과 가죽으로 만든 갑옷이 있다. 무덤의 벽화를 통해 갑옷 모양을 살펴보면 이러하다. 기병들은 높은 목도리에다 소매가 손목까지 닿는 갑옷 저고리와 발등까지 덮는 긴 갑옷바지를 입는다. 보병은 목도리가 없으며 소매는 있다 해도 팔꿈치까지만 오는 갑옷 저고리를 입는다. 이는 고구려 사람들이 맡겨진 병종에 따라 갑옷을 입었음을 말해 준다.『삼국사기』에는 갑옷 이름이 금갑·철갑·분개·명광개·금휴개 등 여러 가지로 기록되어 있다. 이는 갑옷을 만드는 철 재료의 질이 갑옷을 입는 사람의 신분에 따라 달랐음을 의미한다.

9) 투구

고구려의 무사들은 갑옷에다 투구를 쓴다. 투구 모양은 안악 2·3호 무덤, 감신무덤, 세칸무덤의 벽화에서 보이는데, 갑옷처럼 쇠조각을 꿰붙여서 만들며 윗부분은 둥글게 한다. 투구 중에는 차양이 달린 것도 있다. 신분이 높은 사람이 쓰는 투구에는 꼭대기에 여러 가지 장식을 단다. 꼭대기에는 꼬챙이를 세우고 그 위에 쇠로 만든 잔 비슷한 것을 달고 거기에 털을 단 것, 쇠꼬챙이 끝에 털을 단 것, 그리고 장식 없이 꼭대기에 서너 개의 깃을 단 것, 깃을 달지 않고 양쪽에 뿔 같은 것을 세운 것 등 모양이 다양하다.

10) 방패

고구려 방패에 관한 자료는 『일본서기』 닌토쿠기(仁德紀) 12년(영양왕 15, 604)조에 보인다. 쇠방패와 쇠과녁을 선물로 보내 주었다는 기사가 그것이다. 또한 무덤의 벽화에도 방패가 흔히 보이는데, 고구려 무사들이 들고 있는 타원형의 장육각형(長六角形) 방패가 그것이다. 여기에 그려진 방패는 칼을 든 보병이 들고 있는 것으로 보아 보병전에 쓰이는 방어용임을 알 수 있다. 방패는 요녕성 여대 지구의 누상무덤에서 발굴된 바 있어 그 사용이 고조선시대로까지 거슬러 올라간다. 고구려의 방패는 이 고조선의 것을 계승·발전시킨 것이라고 볼 수 있다.

11) 등자

고구려에서는 말이 생활화된 관계로 마구의 발전이 두드러진다. 거기에다 당시 전투에서 승리하기 위해 기병 조직과 기병의 전투력 강화는 국가의 중대한 관심사였다. 이 기병의 전투력을 높이려면 우선 말탄 무사들이 말을 자유자재로 부릴 수 있어야 하고 말 위에서의 몸동작이 민첩해야 한다. 기병이 마음대로 활동하려면 무엇보다 먼저 말갑옷과 등자(鐙子 : 말을 탄 사람이 두 발로 디디는 걸이) 및 말안장이 필수적이다.

철갑옷으로 중무장한 무사가 말을 달리거나 말 위에서 적군과 싸울 때 무엇보다 필요한 것은 균형을 잘 잡는 일이다. 이 균형을 잡는 역할을 해 주는 마구가 등자이다. 그래서 등자는 튼튼하게 만들어야 한다. 발굴된 등자가 대부분 쇠로 만들어져 있다는 사실이 이를 입증해 주고 있다. 물론 청동이나 다른 재료로 등자를 만들기도 하지만 쇠보다 약해 기능을 제대로 발휘할 수 없다. 그러므로 쇠로 만든 등자를 높이 쳐주었다.

그런데 쇠등자를 만들려면 등자의 사용이 불가피하다는 사회적 인식이 먼저 형성되어야 한다. 즉 등자가 생활 또는 전투시에 필요한 마구라는 인식이 자리를 잡아야 한다는 것이다. 이러한 인식은 말이 생활화되어 있던 유목민족(국가)에게서 먼저 형성되었다. 고구려 사람들은 전형적인 유목생활을 하지 않았으나 같은 종족인 부여 사람들은 일찍이 목축에 종사한 바 있다. 그러므로 이들 가운데서도 등자의 사용이 불가피하다는 인식이 형성되었을 것이며 고구려 사람들도 매한가지였을 것이다.

또한 쇠등자를 만들려면 우수한 제철 기술의 확보가 필수적이다. 당시 고구려는 높은 제철 기술을 보유하고 있었다. 알다시피 이들이 처음 나라를 세웠던 압록강과 두만강 유역은 일찌감치 철기문화가 꽃을 피운 지역이었다. 기원전 1000년 전반기로 추정되는 무산 지방의 집터에서 쇠로 만든 낫·도끼·자귀·반달칼 등의 다양한 도구들이 발견되었다. 이 시기에 철기가 널리 사용되었음을 보여 주는 증거물이다.

고구려에는 쇠등자를 만들 수 있는 여러 가지 조건이 마련되어 있었기에 실제로 쇠등자를 발명할 수 있었던 것이다. 미천왕릉을 포함하여 4세기에 만들어진 고구려의 무덤벽화를 보면, 말등자가 그려져 있다. 압록강의 지류인 독로강 유역의 이른 시기 고구려시대 무덤에서도 여러 점의 쇠등자가 나왔다. 이 쇠등자는 주변 국가의 그것에 비해 가장 오래 된 것이라는 평을 받고 있다.

12) 말갑옷

고구려 사람들은 쇠등자를 만들어 사용함으로써 말타는 기술을 크게 개선하여 기병의 역할을 증대시켰다. 더 나아가 말에도 갑옷을 입힘으로써 기병의 역할을 더욱 극대화시켰다. 우리 역사상 무사가 처음 갑옷을 입기 시작한 것은 청동기시대로 잡고 있다. 이 때 패쪽으로 만들어진 갑옷은 행동 면에서 통갑옷보다 활동적이다. 그래서 고구려 이전 시대 무사들은 주로 패쪽 갑옷을 즐겨 입었다. 특히 말탄 무사는 패쪽으로 만든 갑옷·바지·저고리를 입었다. 고구려시대에도 기병은 이 패쪽으로 만든 갑옷·저고리·바지를 입었다. 패쪽으로 만든 갑옷을 입으면 기병의 역할이 증대되어 이로운 점이 많기 때문이다.

한편 무사만이 아니라 말 또한 무장시키지 않으면 말이 상처받기 쉬우며 그렇게 될 경우 기병의 역할은 크게 감소될 수밖에 없다. 이것이 기병의 치명적인 약점이다. 이러한 약점을 극복하기 위해 고구려 사람들은 말에도 갑옷을 입혔다. 이 말갑옷은 쇠패쪽을 이어 만들거나 가죽으로 만드는데 말의 네 발을 제외한 몸 전체를 가리게 되어 있다.

앞서 언급한 미천왕릉을 비롯한 무덤들의 벽화를 보면 기병과 말을 모두 갑옷으로 무장시킨 모습이 그려져 있다. 집안 세칸무덤의 벽화에는 무장한 말을 탄 무사 두 명이 창을 들고 적의 성을 향해 쳐들어가는 전투 장면이 그려져 있다. 4세기에 만든 고구려의 무덤벽화에 이러한 무사 그림이 그려져 있는 만큼, 고구려 사람들은 4세기 이전부터 말갑옷을 사용했음을 알 수 있다. 무장한 말을 탄 무장 무사는 고구려 사람들의 오랜 경험과 지혜에서 나온 것이다. 적들은 이들 무사를 공포의 대상으로 여겼다. 역사상 이처럼 말에게까지 철갑옷을 입히는 경우는 찾아보기 힘들다. 그런데도 고구려 사람들이 철갑옷을 입힌 것은 기병의 역할을 그만큼 중시하였기 때문이다.

고구려에는 위와 같은 것 외에도 많은 무기와 무장이 있었다. 이와 관련하여 『수서』(권81, 고려전)를 보면 고구려의 병기가 대개 수와 당나라의 그것과 같다는 기사가 있다. 수나라와 당나라는 오랜 시기에 걸쳐 수차례 고구려를 침략하였으나 거듭 수치스런 참패만 맛보았다. 이로써 보건대 침략과 패배의 경험 속에서 오히려 중국 쪽이 고구려의 강력한 병기를 모방하였기에 이 같은 기사가 나온 것이 아닌가 한다. 고구려 사람들이 수십 배도 넘는 침략세력을 물리칠 수 있었던 것은 이러한 우세한 무기로 훈련을 잘 받아 이를 자유자재로 사용할 줄 알았기 때문이다. 참고로 고구려의 유적과 벽화를 통해 무기를 일람표로 만들면 다음과 같다.

<고구려 유적에서 나온 무기 일람표>

번호	무기종류 / 유적명	활	활촉	소리활촉	창끝	창고다리	끝창	고리자루긴칼	짧은칼	손칼	도끼	철갑쪽	갈구리
1	노남리 남파동유적		3	2						1	1		
2	노남리 104호 무덤												
3	심귀리 73호 무덤		1								1		
4	풍천리 33호 무덤				1					2	1		
5	공귀리 적석무덤		1										
6	고산진 적석무덤				6						1		
7	송암리 무덤		1										
8	법동리 무덤								1				
9	농오리 무덤				1				1				
10	평양역 구내무덤	2	3										
11	미천왕 무덤				3								
12	고산동 10호 무덤		3										
13	평양 평천리유적							1					
14	고산동 6호 무덤					1							
15	고산동 7호 무덤		4										
16	보림리 18호 무덤						1						
17	장성리 적석무덤		5										
18	고력묘자촌 15호무덤		2		1			1					
19	집안 동대자 유적											1	1
20	마선구 1호 무덤		4							1			
21	집안 상해방무덤		1		3			1		1			
22	위나암성		1	1									
23	통구 13호 무덤		4										
24	통구 17호 무덤		1		1						2		
25	집안 만도리 무덤		2										1
26	환인현 연강향 무덤		2		2			5					
27	무순 고이산성		7		2	1							
28	집안 성후대대유적		6										
29	집안 만주대대유적		1										
30	북창군 대평리유적		3										
계		2	55	2	21	2	1	8	2	4	8	1	1

(『고구려 문화사』에 의함)

<고구려 무덤벽화에 그려져 있는 무기 일람표>

	무덤 이름	활	창	칼	짧은칼	도끼
1	평양역전무덤벽화			1		6
2	감신무덤			4		
3	미천왕무덤	8	27	8		20
4	씨름무덤	1			1	
5	안악1호무덤	1				
6	약수리무덤벽화	3	13	2		5
7	춤무덤	4			1	
8	세칸무덤		2	1		
9	대안리1호무덤	1	7			
10	팔청리무덤벽화		1			
11	쌍기둥무덤	1	1			
12	안악2호무덤		14	1		
13	개마무덤			3		
14	진파리1호무덤		1			
15	통구사신무덤		2			
16	통구12호무덤	4	2	2		
17	통구17호무덤	1	1	1		
18	사냥무덤	1				
	계	25	71	23	2	31

(『고구려 문화사』에 의함)

위의 통계의 무기를 통해 다음과 같은 사실을 알 수 있다.

① 활촉은 거의 모든 유적에서 출토되며 그 수가 가장 많다. 벽화에 그려져 있는 무기 중에서도 많이 볼 수 있는 것이 활이다. 이는 활의 비중이 지대한 탓이다. 고구려 사람들이 어려서부터 활쏘기를 배운다는 문헌 기사가 틀리지 않음을 알 수 있다.

② 활촉 다음으로 많이 나오는 것이 창이다. 벽화에 가장 많은 것도

창이다. 이는 고구려에서 창의 사용이 빈번했음을 말해 준다.

③ 긴 칼이 많이 나왔다. 이는 고구려 사람들이 칼 쓰기를 잘하고, 긴 칼을 즐겨 차고 다녔음을 말해 준다. 이로 보아 활·창·긴 칼은 고구려의 기본 무기임을 알 수 있다.

이러한 고구려의 무기 특징을 정리하면 다음과 같다.

① 벽화에서 보듯이 작은 활이 많다. 보병도 사용한 이 활은 기병에게 더 적합하여 기병은 어김없이 작은 활을 쓴다.

② 벽화에 나타나듯이 고구려에는 긴 창이 많은데 주로 기병이 사용한다. 보병이 사용하는 것은 짧은 창이다.

③ 고구려의 갑옷은 철갑이 단연 많다. 벽화에서 보듯이, 철갑옷은 기병을 보호하는 데 대단히 유리하여 모든 기병은 소매 달린 철갑옷을 입는다. 이에 비해 보병은 소매 없는 갑옷을 입는다. 이로 보아 고구려 사람들은 전쟁 상황 및 병종에 따라 알맞는 무기와 무장을 제작·사용하였음을 알 수 있다.

앞서도 보았듯이 고구려 사람들은 예로부터 강한 상무정신을 갖고 있어 어려서부터 무술연마에 힘썼다. 그리하여 이들은 강한 체질과 굳은 의지를 가지게 되었을 뿐 아니라 견고한 성과 무기·무장을 만들고 사용하여 적들을 물리쳤다. 그 결과 주변의 크고 작은 나라들을 통합하고 침략자들을 격퇴하거나 적들의 거점을 분쇄함으로써 영토를 크게 확장할 수 있었다. 그리하여 4세기 말~5세기 초에는 북쪽으로 송화강, 남쪽으로 한강, 서쪽으로 요하, 동쪽으로 동해에 이르는 드넓은 지역을 차지함으로써 그 국력을 주변 국가에 크게 과시할 수 있었다.

2. 승리를 부르는 다양한 전술

『삼국지』 위서 동이전 부여조를 보면 "부여 사람들은 집집마다 스스로 갑옷과 무기를 갖추고 있다"는 기사가 있으며 같은 책 고구려조를 보면 "고구려의 언어와 모든 일이 부여와 같다"는 기사가 있다. 두 기사를 종합하면 고구려 사람들도 비상시를 대비하여 집집마다 갑옷과 무기를 마련해 두고 있었음을 알 수 있다.

고구려 사람들이 어려서부터 말타기·활쏘기·칼쓰기 등의 무술 연마에 힘썼을 뿐 아니라 무기와 무장을 갖추고 있다는 이 기록은, 전쟁이 일어나면 집집마다 싸움터로 나갈 만반의 태세를 갖추고 있었음을 보여 주는 것이다. 645년 안시성이 당나라 침공군에게 집중 공격을 받았을 때 안시성을 구원하기 위해 급파된 북부욕살과 남부욕살이 인솔한 증원군의 수는 15만 명이나 되었다고 한다. 그토록 단시일 내에 수많은 병사를 징집할 수 있었던 것은 고구려가 항상 전투준비를 해 온 농민들을 유사시에 얼마든지 동원할 수 있는 군사체제를 갖추고 있었음을 증거한다.

고구려에서는 장군들이 모든 성을 통치한 만큼 무관들이 고을을 군사적으로 다스렸다고 할 것이다. 이렇듯 고구려는 전국에 군정을 실시하고 항상 무장을 한 농민들을 동원할 수 있는 제도적 장치가 마련되어 있었기에 강력한 군사력을 유지해 나갈 수 있었다.

고구려의 막강한 군사력은 바로 이러한 제도적 장치 외에도 탁월한 전술을 개발하여 적용한 데 있었다고 할 수 있다. 고구려 사람들은 나라를 세울 때부터 반침략전쟁을 벌여 왔다. 건국 후에도 사정은 마찬가지여서 우수한 무기와 방어시설의 개발 못지않게 새로운 전술의 개발에도 주력하였다.

『삼국사기』 고구려본기에 실려 있는 전쟁기록을 보면, 고구려가 막강한 침략세력을 물리친 것은 역시 지혜로운 전술을 개발하여 효과적으로 적용했기 때문임을 알 수 있다. 『고구려문화사』에 의하면 이를 구체적으로 보여 주는 것이 고구려 침공 전야에 당나라의 태종과 이정(李靖) 두 사람이 주고받은, 소위 『이위공문답(李衛公問答)』(중국의 武經 7서의 하나)이라고 할 수 있다. 이정은 태종에게 고구려 연개소문의 병법을 탐지해야 비로소 그 병법을 안다 할 수 있다고 했다. 이는 당나라의 최고 군사전문가들이 연개소문의 전술을 높이 평가했음을 보여 주는 것이다. 이른바 연개소문의 전술이란 고구려 사람들이 나라를 세울 당시부터 계속 개발해 온 전술을 종합하여 발전시킨 것이라는 지적이 있다. 여기서 그 전술을 구체적으로 살펴보자.

1) 하루에 천리를 가는 기동전술

고구려 사람들은 침공해 들어오는 세력을 앉아서 방어하는 데 그치지 않고 침략자의 세력 본거지까지 쳐들어 가서 기습을 가하는 등 기동작전을 전개했다. '천리마'라는 우수한 말과 '맥궁'이라는 위력적인 활이 그것을 가능케 하였다. 건국 초기나 다름 없는 서기 49년에 고구려 군대는 오늘날 장성 남쪽의 우북평·어양·상곡·태원의 네 군(郡)까지 쳐들어간 바가 있다(『후한서』 고구려전). 압록강 유역에서 출동한 것으로 보이는 이 기병은 후한의 요동·요서 및 장성 안의 여러 군·현에 설치된 수많은 요새와 군사거점을 격파하면서 수천 리를 달려 나갔고 그 과정에서 이렇다 할 큰 저항을 받지 않았다. 이 원정에서 큰 성과를 거둘 수 있었던 것은 무엇보다도 고구려의 기병 전술이 후한의 그것보다 우세했기 때문이다.

먼 거리를 기습해 들어가는 전술이 가장 큰 위력을 발휘한 것은 역시 강대한 고구려제국의 터전을 닦은 광개토왕 때이다. 기존의 고구려의 원정 결과에 대해서는 문헌에 나와 있지 않아 자세한 내용을 알기 어려우나, 광개토왕 때 행해진 원정 결과만은 문헌에 상세하다. 광개토왕이 재위한 22년 동안(392~413) 고구려는 침략세력에 대한 반격전을 대규모로 전개함으로써 크게 영토를 확장함과 동시에 그 위력을 대내외에 떨쳤다.

392년부터 시작된 고구려의 대규모 반격전은 『삼국사기』와 광개토왕릉비문에서 보인다. 『삼국사기』 고구려본기를 보면 광개토왕은 392년 7월에 백제로부터 10개 성을 빼앗고 10월에는 백제의 천연요새인 관미성을 공격했다. 이와 관련하여 광개토왕릉비문을 보면 신묘년(391)에 왜가 침입해 왔기 때문에 고구려가 바다를 건너가 이들을 격파했다는 기사가 있다. 이 기사는 위에서 본 『삼국사기』 고구려본기에 나오는 두 기사 중 하나에 해당할 것이다. 관미성이 바닷가에 있었다는 점과 광개토왕이 바다를 건너 왜를 쳤다는 기사를 종합하면, 관미성을 쳤다는 『삼국사기』의 기사는 왜를 쳤다는 광개토왕릉비문의 기사와 부합된다고 본다.

고구려는 두 차례에 걸쳐 백제를 공격한 392년 9월에 거란 원정을 단행했다. 요하 상류지방에서 고구려와 인접하고 있었던 거란은 고구려에 쳐들어와 1만 명의 고구려 사람들을 붙잡아 간 적이 있었다. 이에 고구려는 거란에 반격을 가하여 끌려간 고구려 사람들을 되찾아 가지고 개선했다(『삼국사기』 고구려본기 광개토왕 즉위년). 그 후 고구려는 다시 선비족을 크게 원정하였다. 고구려는 1년 동안 원정을 실시하여 큰 전과를 올렸는데 이는 고구려의 기동전술이 매우 탁월했기 때문이다.

2) 적막 속의 승리 - 청야수성전술

고구려의 전쟁역사상 가장 기본적인 방어전술이면서 동시에 적극적으로 반격을 펼쳐 적군을 완전 섬멸시킬 수 있었던 전술은 '청야수성전술(淸野守城戰術)'이다. 이 전술은 침공한 적군을 물리치기 위해 곡식 한 알 없이 들판을 비워 놓아 적군이 굶주리고 허기져 스스로 물러나게 함으로써 성곽을 지키는 전술을 말한다. 을지문덕 장군이 수나라의 3백만 대군을 섬멸시킬 때 사용한 전술이 유인전술과 이 '청야수성전술'이다.

적은 병력으로도 대적을 물리칠 수 있다는 데서 중요성을 인정받는 이 전술은 고구려의 초기 시대부터 사용되었고 여러 전투에서 예상한 대로 그 위력을 어김없이 발휘했다. 먼저 172년(신대왕 8) 후한군이 고구려를 침공해 오자 국상인 명림답부는 왕에게 '청야수성전술'을 써서 후한군을 격퇴시키자고 건의했다. 이 전술을 쓴 결과 과연 침략군은 굶주림을 이기지 못해 더 이상 성을 공격하지 못하고 퇴각하였다. 이에 고구려의 기병 수천 명이 즉각 그 뒤를 추격하여 적의 말을 단 한 필도 돌려보내지 않는 압승을 거두었다(『삼국사기』 고구려본기 신대왕 8년 11월조). 이후에도 이 전술은 계속 적용된 듯하나 기록에서 확인되지 않다가 그 유명한 살수대첩에서 다시 한 페이지를 장식한다.

　수나라 양제는 고구려가 신하의 예를 지키지 않는 것을 더 이상 용납할 수 없다며 그 응징을 명분으로 내걸고 612년 대군을 동원하여 고구려를 침공해 왔다. 수나라의 내호아(來護兒)가 이끄는 수군은 한 때 평양성에서 60리 지점까지 이르기도 하여 위협적이었으나 곧이어 기습을 만나 대패했다.

　평양성 싸움에서마저 전과를 올리지 못하는 가운데 우문술(宇文述)과 우중문(于仲文)이 이끄는 수나라군은 요동성을 비켜 진격하여 압록강 서쪽에 집결했다. 이 때 우문술은 병사들에게 100일분의 식량, 장비, 의복 등을 지급했는데 무게의 중량을 이기지 못한 병사들은 식량을 버리면 참살하겠다는 엄명에도 불구하고 땅에 파묻어 버려 식량이 완전히 바닥나는 위급한 사태가 벌어졌다.

　적군이 굶주리고 있다는 사실을 직접 확인한 을지문덕은 적군을 평양성에서 30리 지점 되는 곳까지 유인했다. 적군이 지치기만을 기다리던 을지문덕은 다시 사신을 적진으로 보내 거짓 항복을 청했으나 우문술은 병사들이 지쳐 있는데다 평양성 함락이 어렵다고 판단하여 철수를 시작, 7월에 살수에 이르렀다. 이들이 살수를 반쯤 건널 즈음 을지문덕이 이끄는 고구려군이 뒤에서 맹공격을 퍼붓자 수나라군은 막대한 손실을 입었다. 결국 전쟁을 계속하기 어렵다고 판단한 수양제는 완전 철수를 명했다. 전쟁에 동원된 30만 대군 중 압록강 건너편의 자기 진영으로 살아 돌아간 자는 겨우 2,700명에 불과했다. 물론 모든 장비는 없어지고 말았다.

　살수싸움에서 수나라군이 참패한 치명적인 원인은 식량난이었다. 을지문덕은 식량이 바닥난 수나라군에게 결정적인 타격을 가하기 위해 청야수성전술을 사용하였다. 이 때문에 수나라군은 고구려 현지에서 한 톨의 식량도 구하지 못하고 결국 완패를 당한 것이다.

3) 정보를 잡아라 - 첩보전술

고구려의 군사전문가는 일찍이 심혈을 기울여 개발한 여러 가지 첩보전술을 효과적으로 적용하여 소기의 성과를 거두었다. 기원전 9년(유리왕 11) 고구려의 군사전문가는 고구려를 서북쪽으로 침략하는 선비족을 정벌하여 속국으로 만들 때 고도의 첩보전술을 이용했다. 『삼국사기』 고구려본기 유리왕 11년 4월조에 보면 다음과 같은 기사가 나온다. 고구려를 자주 침탈하여 나라의 큰 걱정거리였던 선비족을 치는 문제를 둘러싸고 유리왕은 신하들과 토의를 벌였다. 그때 부분노(扶芬奴)는 "선비는 지세가 험하고 강한 나라라 힘을 가지고는 싸우기 힘듭니다. 하지만 그 곳 사람들은 용감하기는 하지만 우둔하므로 꾀를 써서 굴복시키기 쉬우니 사람을 선비 땅에 첩자로 들여보내 거짓말로 우리 나라는 지역이 좁고 군사가 약하므로 겁이 나서 움직이지 못한다고 하면 선비는 반드시 우리를 업신여기고 수비를 하지 않을 것이니 제가 그 틈을 타서 날쌘 군사를 이끌고 지름길로 들어가 산 속에 숨어서 성을 노리겠습니다. 이 때 왕께서는 군사 약간을 시켜 적들의 성 남쪽으로 출동하면 적들은 반드시 성을 비우고 멀리까지 쫓아올 것이니 제가 날쌘 군사를 이끌고 공격해 들어가면 이길 수 있을 것입니다"라고 말했다.

유리왕은 부분노가 구상한 전술을 좇았다. 과연 선비는 성문을 열고 나와 유리왕이 이끄는 군사를 쫓아왔고 부분노는 이 틈을 타 재빨리 군사를 이끌고 성 안으로 달려 들어가 선비군을 앞뒤에서 공격케

했다. 부분노는 성 안으로 들어오는 선비군을 치고 유리왕은 이 때 북을 치며 공격을 퍼부었다. 결국 선비는 투항을 하고 드디어 고구려의 속국이 되었다.

고구려 건국 초기 선비에 대한 첩보전술이 큰 성과를 거둔 만큼 이는 계속된 전쟁에서 자주 이용되었을 것이다. 이러한 것들은 기록으로 확인되지 않으나 훨씬 후인 645년(보장왕 4) 이 전술을 이용한 기사가 눈에 띈다. 『통감』(권197, 唐紀13 太宗 中의 下, 19년 8월 갑진조)을 보면 연개소문이 당나라에 대해 펼친 첩보전의 한 예가 구체적으로 나와 있다.

즉 연개소문은 직접 첩자 고죽리(高竹離)를 당나라에 파견했는데 당나라의 척후병에게 붙잡혀 당태종에게 끌려갔다. 심문 과정에서 그는 적군의 눈을 피하기 위해 은밀한 길만 골라 적진까지 오느라고 며칠 동안 음식을 먹지 못했다고 말했다. 며칠을 걷느라고 신발이 다 헤져 맨발로 붙잡힌 고죽리는 태종이 내준 짚신을 신고 연개소문에게 돌아왔다.

고죽리가 연개소문의 명령을 받고 직접 파견된 점으로 보아 그는 고도의 첩보훈련을 받은 믿을 만한 인물이었을 것이며 연개소문은 고죽리 외에도 더 많은 첩자를 당나라군 진영으로 밀파했을 것이다. 그러나 고구려의 다른 첩자가 생포되었다는 기사가 『통감』에 더 이상 보이지 않는 것으로 보면 연개소문에 의해 밀파된 첩자들은 일단 임무를 수행했을 것으로 추측된다.

고구려 첩자들이 대당전쟁에서 큰 역할을 한 것은 당나라 진영에서도 인정할 정도였다. 예컨대 이런 일이 있었다. 대고구려 전쟁에서 크게 활약한 이적(李勣)이 667년 별장 곽대봉(郭待封)에게 먼저 군대와 선박을 평양으로 보내고 이어 군량도 보내라는 임무를 주었다. 그러나 곽대봉이 날짜를 어기게 되어 이를 사실대로 보고하려 했으나 정해진 날짜에 도착하지 못한 것이 이미 고구려의 첩보망에 포착되었으리라고 판단한 원만경(이적의 문서를 취급한 서기)은 대신 「이합시(離合詩)」를 지어 이적에게 보냈다. 이는 『신당서』(권201, 문예 上 元萬頃)에 실려 있는 기사인데 고구려의 첩보망이 상당히 치밀했음을 분명히 보여주고 있다.

4) 물풀에 싼 잉어로 적을 속이다 - 기만전술

고구려의 군사전문가는 열세한 군사력으로 압도적인 침략세력을 물리치기 위해 기만전술도 적절히 구사하였다. 서기 28년(대무신왕 11) 후한의 요동태수가 이끄는 침략군이 고구려의 수도 위나암성(국내성)까지 포위하자 좌보 벼슬을 하고 있던 을두지(乙頭智)는 대무신왕에게 적군을 물리치기 위한 전술 한 가지를 털어놓았다. "적들은 우리 성 안이 산악지대이므로 물이 없으리라 생각하고 오랫동안 포위하여 우리가 곤경에 빠지기를 기다리고 있으니, 적들을 물리치려면 연못의 잉어를 잡아 물풀로 싸서 좋은 술과 같이 적에게 보내는 것이 좋겠다"는 것이 그것이다. 아니나다를까 물풀에 싸인 잉어를 받아든 적장은 예상과는 달리 성 안에 물이 있다고 생각하고 함락은 고사하고 오히려 자신들이 역습을 받아 몰살당할지도 모른다는 두려움에 휩싸여 싸움을 포기하고 도망쳐 달아났다. 이는 고구려의 기만전술의 한 예로, 고구려 사람들은 위기에 처해 있으면서도 지혜를 짜내어 침략세력을 물리쳤던 것이다.

3. 방위 실태

고구려 사람들은 중국 역사책의 표현에 따르면, 사납고 급하며 약탈하기를 좋아하는 성질에다 산과 숲속에서 말을 달리고 활을 쏘는 데 능숙했다. 뿐만 아니라 다른 나라에 쳐들어 가거나 공격하는 데도 능해 북방에서도 강한 군대로 소문이 나 있었다. 그리하여 중국에서 신(新)나라를 세운 왕망은 고구려의 군사를 징발하여 흉노를 토벌하려 한 적도 있었다. 이 때는 1세기 초로, 고구려가 국내성으로 수도를 옮긴 지 얼마 안 된 시기였다. 고구려군은 크고 작은 수백 차례의 실전 경험을 쌓아가면서 성장하여 드디어 강대국으로 우뚝 섰다. 특히 4세기 말에서 5세기 초까지 고구려를 이끈 광개토왕의 통치 아래 고구려군은 전례를 찾기 어려울 만큼 강력한 군대가 되었다.

광개토왕릉비문을 보면, 광개토왕은 친히 군대를 이끌고 서쪽으로 비려(稗麗)를 정벌하고 북쪽으로 부여를 치며 남쪽으로는 백제를 토벌하고 왜인들을 내몰아 위기에 처한 신라를 구원하는 등 큰 전쟁만 해도 여덟 차례나 치렀는데 모두 승리하여 많은 성과 땅을 점령하였다.

이처럼 고구려가 국가 수립 과정에서부터 숱한 전쟁을 치르고 그 전쟁을 통해 강대국으로 성장한 관계로, 고구려에 관한 문헌·금석문 등 각종 자료는 한결같이 문치에 대해서는 소홀히 다루고 있으나 군사들의 전공만은 상세히 다루고 있다. 전쟁을 소재로 삼은 집안의 무덤벽화는 고구려의 군대가 자신을 희생시키면서 용감히 싸우는 장면을 사실적으로 보여주고 있어 자료로서는 더할 나위 없이 진귀하다. 그런데 전쟁 장면을 담은 벽화무덤은 그다지 많지 않아 대략 벽화무덤의 1/5 정도를 차지한다. 그것도 5세기에서 6세기에 이르는 100여 년 간의 것이다. 벽화에 묘사된 것을 보면 적의 성을 공격하거나 말을 타고 싸우는 장면, 또는 적군의 목을 베는 장면, 그리고 군대 장비 등에 관한 것이다.

고구려 군대가 성을 공격하는 그림은 세칸무덤의 벽화에 그려져 있다. 그림의 왼쪽에 그려진 것은 규모가 큰 옛 성인데, 높은 성벽에는 성문·망루 등이 있으며 성 안에는 집과 사람들도 보인다. 바른쪽에 그려진 것은 말을 탄 두 장군이 급히 말을 몰면서 격전을 벌이고 있는 장면이다.

두 장군은 머리에 투구를 쓰고 몸에는 갑옷을 입고 있다. 앞 사람은 쇠로 만든 투구를, 뒷사람은 뿔이 둘 달린 투구를 쓰고 있다. 앞 사람은 바른손에 창을 잡고 왼손으로 말을 몰아 성문을 향해 달리면서 머리를 뒤로 돌려 쫓아오는 장군을 주시하며 놀란 표정을 짓고 있다. 아마 적군의 장수인 듯하다.

말을 몰아 달리는 장수의 뒤쪽 깃발이 바람에 나부끼고 있다. 뒤의 장군은 장수의 뒤를 바싹 따라붙어 칼을 휘두르면서 당장이라도 찔러 죽일 것 같은 살기등등한 기세이다. 한 말은 붉고 다른 말은 검으나 모두 철갑옷을 두르고 있다. 말 위에 올라탄 채 앞뒤가 서로 맞닿을 정도로 격렬하게 벌이는 두 장수의 싸움은 그야말로 생동감으로 가득 차 있다. 윗부분은 더욱 흥미진진하다. 성벽 밑에서 두 무사가 싸우고 있는 장면이 그것이다. 두 무사의 싸움은 아직 결판이 나지 않은 상태인 듯하고, 성벽 위의 한 수비병은 두려운 기색으로 성밖에서 벌어지는 이 한판의 싸움을 바라보고 있다. 성벽 밑에서 싸우는 두 병졸은 두 장군이 각기 거느린 군대가 전투하는 장면을 생생히 보여 주고 있다.

그림 하나로 많은 병졸을 나타내는 이러한 화법은 매우 수준 높은 기법이다. 그림은 전체적으로 승부를 잘 보여 주고 있다. 앞에서 창을 쥔 채 말을 달려 성문을 향하여 도망치는 인물은 성을 지키는 적군의 장수이며 성 위에서 이를 내려다보고 있는 병졸은 자기 쪽 장수가 싸움에서 패한 것을 보고 두려움을 나타내고 있다. 뒤에서 말을 몰아 용감무쌍하게 칼을 휘두르며 뒤쫓고 있는 장수는 무덤의 주인으로 보인다. 따라서 그림에서 묘사하고 있는 것은 무덤의 주인이 생전에 군사들을 이끌며 적군의 성을 공격하는 전형적인 군사활동의 한 모습이다.

벽화의 밑부분은 부식되거나 떨어져 나가 뚜렷하지 않다. 고구려군이 성을 공격하고 있는 그림에는 성 안에 한 명, 성 위에 한 명, 성 밖에서 싸우고 있는 병졸 두 명과 쫓고 쫓기는 두 장수의 총 여섯 명이 그려져 있다. 그런데도 벽화는 마치 천군만마가 성 밑에서 싸우고 있는 듯한 느낌을 준다. 고구려 화가의 높은 예술성을 드러내 주는 대목이 아닐 수 없다.

세칸무덤의 제2실 서쪽벽에는 완전무장한 무사 한 명이 그려져 있는데 몸에는 갑옷을 입고 있으며 머리는 쌍뿔로 장식된 투구를 쓰고 있다. 상반신의 쇠갑옷은 가슴과 등을 보호하며 두 팔로는 무기를 자유롭게 휘두를 정도로 간편하다. 옷깃은 어깨가 드러날 정도로 높이 패여 있어 활동하기에 불편이 없어 보인다. 왼손은 허리에 찬 칼을 잡고 있으며 바른손은 긴 칼을 잡고 발에는 못이 달린 신발이 신겨져 있다.

장수는 북쪽을 향해 서 있는데 두 눈을 부릅뜨고 앞쪽을 응시하고 있다. 수염은 위로 쳐들리고 입을 크게 벌려 무엇인가 외치는 모습을 하고 있는데 그 위풍이 당당하다. 갑옷, 손에 든 무기, 신발 등으로 보면 일반 병졸이 아니다. 쌍뿔 모양의 투구장식, 손에 잡은 긴 칼로 보아 제1실에 그려진 성을 공격하는 그림에서 보이는 그 장수와 비슷하다.

그러므로 벽화의 인물은 무덤의 주인이거나 무덤 주인과 신분이 비슷한 귀족무사일 것이다. 세칸무덤의 형태, 전체 그림의 배치 및 내용으로 보면 성을 공격하는 이 그림은 5세기 초의 것으로서 광개토왕의 통치시기 고구려군이 성을 공격하여 영토를 점령해 나가던 당시의 상황을 사실적으로 묘사했다는 평을 받고 있다.

성을 공격하는 그림의 연대와 비슷한 또 한 폭의 전쟁그림이 통구 12호 무덤 벽화에도 그려져 있다. 대단히 웅장한 전쟁장면을 묘사한 이 그림은 전체 그림에서 대략 2/3나 차지한다. 그림의 내용을 보면, 무사의 출전과 포로의 목을 베는 등의 두 부분으로 구성되어 있다. 그림 한가운데에는 말탄 무사 한 명이 그려져 있는데 손에 창을 잡고 머리에 투구를 쓰고 몸에는 갑옷을 입고 있다. 말에도 갑옷을 입혔으며 머리에는 철갑을 씌웠다. 말잔등 뒤에는 깃발이 날리고 있다. 말 앞에 세 사람이 있는데 모습이 지워져 있어 어떤 사람인지 알 수가 없다.

한편 뒤에는 무사 한 명이 그려져 있는데 갑옷과 투구가 보이며 못이 달린 신발을 신고 있다. 광채가 나는 그 위풍은 말탄 무사와 같다. 무사는 바른손에 쥔 칼을 높이 쳐들어 갑옷을 입은 채 꿇어앉아 있는 포로를 당장 베어 죽일 듯이 살벌한 기세이다. 무사는 왼손으로 말 한 마리를 끌고 있는데 말은 앞부분만 남아 있다. 말안장과 언치

(안장 밑의 담요)가 있으나 갑옷은 씌우지 않았다. 칼을 들고 포로의 목을 베는 무사는 왼쪽 발로 포로의 칼을 밟고 있으며 바른쪽 발로는 긴 창을 밟고 있다.

여기에서 고구려 장수가 쓴 투구는 성을 공격하는 앞의 그림에 나오는 장수의 투구보다 훨씬 정교하다. 가슴과 등을 보호하는 갑옷 역시 마찬가지이다. 화면은 전체적으로 출전, 승리, 포로참살 등 전쟁에서 으레 나타나는 세 단계의 과정을 생생하게 잘 보여 주고 있다.

5세기 중엽 고구려의 무덤벽화 가운데 전쟁과 군사활동에 관한 자료를 보여 주는 벽화는 더 있으나 거의 부식되어 분명하지 않다. 마선 1호 무덤의 묘실 북쪽벽의 바른쪽에 갑옷을 입은 말과 무사가 그려져 있는데 말은 앞의 반신 부분만 보존되어 있다. 투구를 쓰고 있는 무사는 갑옷을 입었고 높은 옷깃이 목을 둘러싸고 있으며 허리에는 긴 창을 꽂았다. 투구 위에는 쌍뿔 모양의 장식이 있는데 세칸무덤의 제2실 서북쪽에 그려져 있는 무사의 군복 차림과 같다. 말 역시 갑옷을 입고 있는데 푸른색이다. 머리에도 투구를 씌웠으며 귀 부분에는 장식이 꽂혀 있다. 나머지 부분은 벗겨져서 알 수 없다. 갑옷을 입힌 말과 무사의 옷차림 및 그림상의 위치 등으로 보아 이는 고구려 기병의 출정그림이거나 개선하는 그림일 것이다.

5세기 말 6세기 초의 장천 1호 무덤의 벽화에도 말탄 무사의 교전 그림이 있는데 전실의 천정 제2·3 정석(頂石)으로 조성된 凸자형 벽에다 그림을 그렸다. 양 끝은 많이 훼손되어 있는데 가운데 갑옷을 입은 기사가 군마를 타고 바른쪽으로 질주하는 장면이 있다. 기사의 팔은 하나만 남아 있고 말의 머리는 아예 없으며 말의 배 왼쪽에는 창끝을 아래로 향하게 한 채 끌고 가는 듯한 긴 창이 있다.

군마의 아래쪽에는 맴도는 구름이 있고 왼쪽에는 말의 앞발이 보인다. 나머지 그림은 말탄 두 무사가 교전을 벌이고 있음을 보여 주고 있으나 떨어진 부분이 많다.

앞서 살펴본 고구려군과 전쟁에 관한 벽화그림은 고구려군의 전쟁사를 살피는 데 중요한 자료로, 특히 5세기 전후 고구려군의 조직 및 참전 상황을 이해하는 데 큰 도움이 된다. 문헌을 통해 보면, 고구려의 전쟁은 둘로 나눌 수 있다. 대내전쟁과 대외전쟁이 그것이다.

대내전쟁은 횟수가 많지 않으며 주로 왕공과 귀족들이 권력과 재산을 차지하기 위해 치른 것이다. 빈번한 대외전쟁은 주변의 작은 나라를 병합하여 세력을 확장하거나 성벽을 탈취하여 인구와 재물을 약탈하기 위한 수단이다. 이러한 전쟁은 대규모의 군대를 동원하였기 때문에 몇 달씩 걸리는 것이 일쑤였다. 중국의 삼국시대 위나라의 정시 연간(240~249)에 고구려군이 여러 차례 요동을 진공하자 유주자사 관구검은 군사 만 명을 이끌고 현도를 거쳐 여러 길로 대고구려 반격에 나섰다. 고구려의 동천왕은 보병과 기병 2만 명을 거느리고 비류수로 진군하여 양맥 골짜기에서 이를 격파했다.

342년 전연왕 모용황이 군대를 이끌고 고구려를 침공하자 고국천왕은 동생으로 하여금 정병 5만을 이끌고 북도에서 이를 저지케 하고 자신은 허약한 군사를 거느리고 남도를 지켰다. 광개토왕 시대가 되면 전쟁이 빈번하여 출병 횟수가 더욱 많아진다. 그 때마다 광개토왕이 직접 군사를 이끌고 출정하여 크게 승리를 거두었다. 4세기 말 5세기 초의 몇 차례 전쟁에 동원된 고구려 군대를 보면, 보병과 기병 외에 수군도 있었다. 군사력은 막강하여 전투마다 적어도 5만 명의 군대가 동원되는 것이 보통이었다.

한편 수군의 전투 상황은 문헌과 벽화에도 보이지 않아 그 활약상을 알기 어려운 반면 보병과 기병의 실전 상황은 벽화에 생생히 그려져 있어 그 대강을 살필 수 있다. 세칸무덤의 성을 공격하는 그림을 살펴보면 그림의 윗부분에는 성 밖에서 두 병졸이 싸우고 있는데 이는 보병의 전투장면인 듯하며 그 중 한 명은 고구려의 보병임이 분명하다. 보병의 작전은 칼과 창으로 상대 적군을 찌르거나 육박전을 전개하는 것이다. 네 폭의 전쟁벽화 가운데는 기병의 모습도 보이는데 성 밖에서 말을 타고 싸우고 있다.

이 벽화에서 주의를 끄는 것은 기병이 한데 섞여 싸우는 것이 아니라 장교는 장교끼리, 사병은 사병끼리 맞서 싸우며 양군의 진퇴와 승부는 주로 장교의 승부로 결정된다는 사실이다. 이는 문헌에서는 볼 수 없는 귀중한 자료이다. 적군의 성을 공격하는 이 그림은 적의 성을 포위하고 있는 고구려 대군의 주장이 적장을 꺾은 상황을 잘 보여주고 있다. 이러한 작전은 중국 삼국시대의 여러 나라 군대가 진을 치고 성을 공격하는 전법과 별반 다름이 없다.

고구려는 대체로 대외전쟁에서 얻은 포로들을 죽이려 하지 않았다. 예를 들면 광개토왕이 친히 군사를 거느리고 백제를 토벌하여 얻은 남녀 1천 명을 죽이지 않고 이들을 노예로 하겠다는 선서를 백제왕으로부터 받아 낸 사실이 있다. 그러나 고구려의 무덤벽화에서는 포로를 죽이는 장면도 보인다. 예컨대 통구 12호 무덤의 후실 남쪽벽에 갑옷을 입은 무사가 칼을 들어 무릎을 꿇은 갑옷 입은 포로를 죽이는 장면이 그것이다. 칼과 창을 땅에 떨어뜨린 채 죽임을 당한 자는 고구려군에게 완강히 저항하다가 포로가 된 적군의 장수일 것이다. 이 목베는 그림은 고구려가 포로들을 다루는 방식을 알아 보는 데 귀중한 자료가 아닐 수 없다.

한편 고구려의 무덤벽화에서는 군대 장비도 보인다. 말과 무기가 그것이다. 벽화에 그려진 말을 보면, 안장과 언치가 묘사되어 있으나 갑옷은 입은 것도 있고 그렇지 않은 것도 있다. 고구려의 말은 몸집은 크지 않지만 인내력이 매우 강하고 산길도 잘 걸어 큰 산과 깊은 골짜기가 많은 고구려의 자연조건에 다시 없이 알맞는 품종이었다.

통구에 있는 12호 무덤의 남실 복도 우측 감실에는 마구간 그림이 그려져 있다. 아주 정교하게 만들어진 마구간에는 기와가 얹혀 있으며 기둥과 들보는 밝은 색을 내고 있다. 마구간 안에는 황색 말구유가 있으며 홍·황·청색의 말 세 필이 매어져 있는데 모두 머리를 쳐들고 서 있는 모습이 인상적이다. 마구간의 처마 들보기둥은 뒤에서 왼쪽 벽으로 그려져 있고 왼쪽 벽에는 푸른색 말안장과 언치가 그려져 있다. 남아 있는 부분에서 붉은 옷을 입은 사람의 쪽진 머리를 볼 수 있는데, 이는 말을 기르는 하인인 듯하다.

벽화에서 볼 수 있는 무기는 창·칼·활·갑옷·투구·못이 달린 신발 등이다. 최근 집안 일대에서 발굴된 고구려 무기를 보면, 그 종류와 형태가 벽화의 그것과 대개 유사함을 알 수 있다.

벽화에서 볼 수 있는 군대는 상비군·수문위군(守門衛軍)·예비군으로 이루어졌다. 상비군은 고구려왕이 파견하는 출정군이며 수군·보병·기병이 여기에 속한다. 벽화에서 고구려의 보병을 보면, 보통 갑옷 대신 무명옷을 입고 창과 칼을 들고 있다. 기병은 갑옷을 입고 긴 창과 긴 칼로 무장하고 말에게는 대개 쇠갑옷을 입혔다. 수문위군은 고구려 왕궁·내원·대신의 집을 지키는 것을 주된 임무로 하였으므로 지방에는 파견되지 않는다. 이들은 대개 귀족의 자제로 구성되며 장비는 매우 우수한 편이다. 고구려의 무덤벽화에는 수문위군의 그림이 많은 편이다. 세칸무덤의 제1·2·3실 입구에 각기 두 명씩 총 6명의 수문위군이 그려져 있다. 수문위군은 장천 1호 무덤의 전실 서쪽벽에 두 명, 사신(四神) 그림 복도 양쪽에 두 명, 오회분(五盔墳) 4호묘 양쪽에도 두 명이 그려져 있다. 그 중 전형적인 것은 세칸무덤과 장천 1호 무덤의 수문위군에서 볼 수 있다.

세칸무덤에 그려진 6명의 수문위군 중 제1실과 2실 복도 양쪽에 있는 수문위군의 모습이 선명하다. 마주 보고 있는 두 사람은 각기 제1실과 제2실 입구를 지키고 있다. 이들 수문위군은 황색 투구를 쓰고 있는데 투구에는 리본이 매달려 나부끼고 있다. 황색 얼굴을 한 이들 수문위군은 엄숙한 눈에 짧은 수염을 기르고 있으며, 두 손으로는 긴 창을 잡고 있으며 붉은색 겉옷을 입고 허리에는 띠를 매고 어깨에는 금황색 수건을 걸치고 있으나 발 부분은 안타깝게도 떨어져 나가 확인이 안 된다.

장천 1호 무덤의 전실 서쪽 벽 남쪽에도 수문위군이 그려져 있으나 많이 떨어져 나가 지금은 짐승얼굴 모양의 투구와 짧은 칼을 든 바른 손만 남아 있다. 투구 위에는 검은 실로 맨 복숭아 모양의 붉은 술이 달려 있다. 북쪽에는 수문위군이 쳐든 왼쪽 팔만 보인다. 어깨에는 짐승얼굴 모양의 갑옷이 걸쳐져 있으며 손으로는 칼을 잡고 있는데 칼날 아래에는 복숭아 모양의 술이 있다.

이상 10여 개의 수문위군 그림을 보면, 모두 세칸무덤의 그것처럼 투구를 쓰고 전투복을 걸치고 있으며 손에는 길거나 짧은 무기가 쥐어져 있어 상비군의 보병과 비슷하다. 당시 집안의 도성 부근에는 왕공과 귀족이 많이 살고 있었던 관계로 도성 일대의 호위를 주된 임무로 하는 수문위군이 적지 않았을 것이라는 지적이 있다.

고구려 사람들은 평시에 농업·어업·사냥 등 각종 생산에 종사하고 유사시에 무기를 들고 싸움터로 나가는 등 상비군의 맡은 바 임무에 충실하였다. 말타고 활쏘는 데 능숙한 고구려 사람들이 평시에 즐긴 집체적 사냥은 가장 효과적인 군사훈련이었다. 이러한 식의 군사훈련은 고대시대부터 행해져 내려온 것이었다. 이와 관련하여『좌전』을 보면, 대수(大蒐)라는 것이 자주 보이는데 이는 제후국의 왕들이 사냥을 통해 훈련·지휘·작전·무기 운영과 부대 통솔 등의 군사훈련을 실시해 왔음을 보여 준다.

특히 광개토왕은 을미년에 비려(稗麗)를 토벌하고 개선하는 길에 사냥을 하고 돌아온 일이 있다. 이는 오락이나 놀이로서가 아니라 토벌군의 대열을 다시 정비하고 훈련을 시킴으로써 전투준비를 새로이 하기 위함이었다. 고구려 벽화에서 자주 등장하는 것으로 알 수 있듯이 한꺼번에 몇 십 명씩 출동하는 사냥꾼은 산이나 들판에서 조직적으로 들짐승을 몰이하고 기습적으로 사냥을 한다. 고구려에서 이 사냥은 실전에 대비한 훈련이자 연습이고, 따라서 사냥꾼은 전쟁터에서는 보병과 기병이고 산림의 짐승은 바로 적병이었다고 보면 좋을 것이다.

4. 서울을 옮기다

『삼국사기』등 고구려와 관련된 역사책을 보면 기원전 37년 고구려의 시조 주몽은 신변의 위협을 느끼자 부여 왕실에서 도망쳐 나와 어려움을 뚫고 남쪽으로 내려와 홀승골성에 이르렀다. 그는 이 곳의 땅이 비옥하고 산천이 험준함을 보고 수도로 삼기로 하였다. 미처 궁궐을 지을 틈도 없어 비류수가에 초가를 짓고 거주를 시작한 주몽은 일단 국호를 고구려라 하고 고(高)를 성씨로 삼았다. 비류수는 지금의 혼강과 그 지류인 부이강(富爾江)을 말한다. 홀승골성은 고고학적 조사를 통해 지금의 요녕성 환인현 오녀산성으로 밝혀졌다.

믿을 만한 사람들을 거느리고 홀승골성에 이른 주몽은 토착부락을 제압하여 인구를 늘리는 데 애썼지만 여전히 부족함을 면하기 어려웠다. 한편 인접한 부여와 선비 및 전한은 고구려보다 훨씬 강성한 세력을 이루고 있었다. 특히 전한은 현재의 요녕성과 한반도 북부에 요동군·현도군·낙랑군을 설치한 관계로 고구려는 그 위협을 피하기 힘들게 되었다.

이러한 가운데 제2대 유리왕은 위협을 피하기 위한 대책으로서 수도를 보다 안전한 곳으로 옮기기로 하였다. 주몽은 정권을 세운 초기에 비류수가에 초가집을 짓고 살다가 그 후 성곽과 궁실을 지었는데 미약한 국력으로 보아 규모는 작았을 것이다. 유리왕은 이 터가 현도군의 소재지(지금의 요녕성 신빈현 동쪽)에서 가깝기 때문에 다른 곳으로 옮길 생각을 한 것이다.

서기 3년, 고구려의 왕실제사에 제물로 쓸 돼지를 사육하는 관리인 설지(薛支)가 달아난 돼지를 뒤쫓아 국내의 위나암(尉那岩)까지 오게 되었다. 이 곳은 산수가 험준하나 땅이 오곡을 심기에 적합하며 사슴과 물고기 등이 많은 것을 보고 유리왕에게 보고를 하였다. 즉 이 곳으로 수도를 옮기면 백성들의 이익이 무궁할 뿐 아니라 전쟁과 재난을 피할 수 있을 것이라며 수도 이전을 건의하였던 것이다. 이에 직접 현지의 지세를 두루 살핀 유리왕은 과연 이 곳이 수도로 삼기에 이상적인 땅이라는 판단을 내리고 이듬해 수도를 국내로 옮기고 여기에 위나암성을 쌓았다. 이것이 고구려의 제1차 천도이다.

국내성의 옛 터는 지금의 압록강 중류 우안에 위치한 길림성 집안현 성 안에 있다. 성의 동·서·북쪽의 삼면은 편산(片山)·우산(禹山)·칠성산(七星山) 등 산맥에 둘러싸여 마치 천연의 병풍을 두르고 있는 듯하다. 환도산성이라고도 하는 위나암성은 국내성의 북쪽 환도산에 위치하고 있으며 지세가 험한 높은 곳에 자리를 잡아 국내성을 보위하는 역할을 하였다.

국왕 등 고구려의 통치자들은 평소 국내성에 거처하다가 유사시엔 환도산성으로 들어가 적들을 막아 냈다. 제3대 대무신왕 때는 산성의 요새를 발판으로 삼아 꾀를 내어 한나라군의 침략을 격퇴하기도 하였다. 고구려가 국내성으로 수도를 옮긴 것은 그 국가적 발전과 관련하여 다음과 같은 중요한 의미를 갖는다.

첫째, 국내성은 홀승골성에 비해 현도군의 소재지에서 멀리 떨어져 있었기 때문에 침공을 받을 기회가 그만큼 줄어들게 되었다. 둘째, 또한 새로운 수도 주변의 산은 높고 숲이 많은데다가 지세가 험하면서도 광활한 땅이 펼쳐져 있어 퇴각할 때 편리하였다. 셋째, 국내성은 위성의 역할을 하는 환도성을 갖고 있어 초기 고구려가 중국 등 외부의 습격을 방어하거나 격퇴하는 데 매우 유리하였다.

서기 3년 수도를 국내로 정한 이래 서기 427년에 평양으로 수도를 옮길 때까지 고구려는 두 차례나 환도산성을 수도로 삼은 바 있다. 첫번째는 산상왕 13년(209)이다. 후한 말년, 군벌들의 할거로 빚어진 어수선한 틈을 타 공손도가 요동지방을 장악했다. 그는 동쪽으로 고구려를 침공하고 서쪽으로 오환을 쳤다. 공손씨의 침략을 받은 바 있는 고구려는 신대왕(165~179) 때부터 여러 번 요동군을 약탈하거나 도망해 온 호인(胡人) 500여 호를 받아들였다. 신대왕이 사망한 후 맏아들 발기(拔奇)가 똑똑하지 못하자 나라 사람들은 발기의 아우인 이이모(伊夷模 : 고국천왕)를 왕으로 세웠다.

발기는 자신이 형인데도 왕이 되지 못한 데 앙심을 품고 반란을 일으켰다. 공손강은 209년 이 틈을 타 고구려를 침공, 읍락을 불사르고 돌아갔다. 발기는 소노가(消奴加)와 함께 각기 3천 명을 거느리고 공손강에게 투항했다가 후에 다시 비류수로 되돌아왔다.

이렇듯 나라가 위기에 처하게 되자 이이모는 다시 나라를 곧추세우기 위해 수도를 국내에서 환도산성으로 옮겼다. 이후 환도는 38년 간 고구려의 수도가 되었다. 244년 고구려가 자주 요동을 침범하자 위나라의 유주자사 관구검은 2만의 보병과 기병을 거느리고 고구려를 침공해 왔다. 이 관구검의 침입으로 수도는 유린되고 동천왕은 처자만 데리고 피신해야 할 정도의 비참한 지경에 빠졌다. 이듬해 관구검이 다시 침공해 들어오자 이번에도 동천왕은 천여 리 밖으로 몸을 피했다. 이처럼 연이은 재난으로 환도성이 크게 손실을 입자 246년 동천왕은 수도를 국내성으로 옮겼다.

고구려가 제2차로 수도를 환도산성으로 옮긴 것은 90여 년이 지난 342년이다. 당시 중국에서는 서진(西晉)이 망하고 요서에서는 선비족 모용(慕容)씨가 전연(前燕)을 세웠다. 고구려는 요하 유역의 군현을 차지하기 위해 이 전연과 자주 싸웠으나 패한 적이 많다. 고국천왕은 전연의 침략을 막기 위해 342년 봄 2월에 환도성을 보수하고 가을 8월에 수도를 이 곳으로 옮겼다. 같은 해 10월 전연의 모용황은 중국 침략을을 앞두고 발생할지도 모를 후환을 없애기 위해 먼저 고구려를 침공했다.

환도성 공격을 목표로 정한 전연의 침공군은 두 길로 나누어 쳐들어왔는데, 주력군의 침공로는 북도이고 모용황이 이끈 침공군은 남도를 거쳐 환도를 협공했다. 고국원왕은 정황을 잘못 판단하여 대군으로 북도를 방어하게 하고 자신은 약한 군대를 거느리고 남도를 지켰다. 고구려는 북도에서 승리를 거두었으나 고국원왕은 남도에서 모용황에게 패해 홀로 도주하기에 이르렀다. 모용황은 신하 한수(韓壽)의 건의에 따라 미천왕(고국원왕의 아버지)의 무덤을 파헤쳐 시체와 창고의 보물을 탈취했으며 나아가 궁실에 불을 질러 환도성을 파괴하고 돌아갈 때는 남녀 5만여 명을 끌고 갔다.

이렇듯 환도성이 다시 파괴를 당하게 되자 고구려는 이듬해 가을 수도를 국내성으로 옮기게 되었다. 그 후 다시 수도를 환도로 옮겼다는 기록은 어디에도 보이지 않는다.

이상으로 보았듯이 환도성이 몇 차례 파괴를 당한 것은 이 성이 견고하지 못해서라기보다는 파괴시킨 침략자의 세력이 워낙 강했기 때문이다. 알다시피 공손강(公孫康)과 모용황은 한때 중국대륙을 호령한 대영웅이며, 관구검(毌丘儉) 또한 강대한 위나라의 큰 인물이다. 아직 고대국가로서의 기틀이 완전히 잡히지 못한 고구려로서는 이들을 상대하기에는 역시 역부족이었을 것이다.

아무튼 수차례에 걸친 침략으로 고구려는 큰 타격을 받았으나 신속히 국력 회복에 나섰다. 고구려가 그처럼 엄청난 시련을 극복하고 곧 재기할 수 있었던 원동력이 무엇이었던가를 생각해 볼 때, 전연의 중국인 관료 한수가 남긴 말을 음미해 볼 필요가 있다. 즉 고구려왕은 도주하고 백성들은 흩어져 산골짜기에 숨어 있으나 대군이 물러간 후에는 반드시 다시 모여 패잔병을 규합할 것이라고 분석하고 있는 것이 그것이다.

고구려는 모용 선비로부터 큰 타격을 받은 후 정권의 보존과 발전을 위해 그 대책을 모색하기 시작했다. 이에 따라 고구려는 당시 중국의 발전된 경제와 문화를 받아들이려고 했다. 고구려의 건국을 즈음한 무렵부터 중국에서는 전한과 후한이 잇달아 성립하였다. 후한 말년, 군벌의 난립으로 중국 주변의 소수민족들은 중국으로 진출할 기회를 잡았으나 고구려는 요동지방에 할거하고 있는 공손씨 정권에 의해 기회를 놓치고 말았다.

요서지방에 전연과 후연을 건국한 모용씨는 요하유역의 영유권을 둘러싸고 고구려와 싸웠다. 385년 고구려는 한 차례 요동군과 현도군을 점령한 적이 있으나 같은 해 후연에게 빼앗겨 버렸다. 고구려는 일단 요하유역의 점령이 힘들다고 판단하고 한반도 북부로 관심을 돌렸다. 원래 이 곳은 한사군이 설치되어 있었던 곳인데 한사군이 철수한 후 공손씨가 다시 여기에 낙랑군과 대방군을 설치했다가 공손씨가 멸망한 후에는 중국이 여기까지 돌볼 힘을 갖고 있지 못했다. 이에 고구려의 미천왕은 313년 낙랑군과 대방군을 장악하고 있는 장통(張統)을 물리치고 낙랑군을 점령했으며, 대방군은 남쪽의 백제에 의해 점령당했다. 고구려가 백제와 영토를 두고 다투기 시작한 것은 이 때부터였다. 그러나 고구려는 장기간 백제보다 불리한 상황에 놓여 있었다. 그러다가 392년 광개토왕이 왕위에 오르면서 전세가 역전되기 시작하였다. 396년 광개토왕은 대거 남침하여 50여 성을 빼앗고 아리수(阿利水 : 한강)를 건너 백제의 5개 성에 육박, 한강 이북의 땅을 차지한 외에 대방군을 백제로부터 빼앗는 데 성공하였다.

고구려의 세력이 점차 남쪽으로 내려감에 따라 정치와 군사의 중심도 자연스레 남쪽으로 옮겨지게 되었다. 427년 장수왕은 수도를 국내성에서 평양으로 옮겼다. 이후 평양은 고구려가 멸망할 때까지 240년간 수도의 자리를 지켰다. 이 평양 천도는 고구려 역사상 규모가 가장 컸다.

평양으로 수도를 이전함으로써 백제와 신라는 한동안 고구려의 신하 노릇을 해야 했고 동시에 고구려는 북중국을 통일한 북조의 군사적 위협을 피하게 되어 일정 기간 평화와 번영을 누릴 수 있었다. 천도에 따른 평야지대의 확보로 농업생산의 발전이 이루어졌으며 이미 광개토왕 때부터 오곡의 풍성으로 백성들은 풍요로운 생활을 누리며 안정을 이루었다.

북위시대의 고구려는 동서 2천 리에 남북 1천여 리에 이르는 땅을 확보하고 인구는 전보다 세 배가 늘어나는 등 인력과 경제 면에서 그 발전이 두드러졌다. 이를 배경으로 훗날 고구려는 중국의 통일제국인 수와 당나라를 상대로 하여 싸울 수 있었던 것이다. 이로 볼 때 고구려의 평양 천도 결정은 고구려의 국가적 발전에 지극히 현명한 처사였다고 할 수 있다. 또한 고구려의 천도와 관련하여 지적하여 둘 것은 고구려의 평양 천도가 중국의 선진 생산기술과 문화를 한반도로 전파하는 데도 크게 기여했다는 점이다. 고구려의 평양 천도가 고구려 자체만이 아니라 백제와 신라까지 포함한 한반도 전체의 발전에 대단히 중요한 의미를 갖는 것은 이 때문이다.

5. 고구려의 거대한 울타리 – 천리장성

당나라의 고조 부자(이연·이세민)는 수나라에 대해 반기를 든 지 10년 만에 중국의 혼란을 수습하고 통일제국을 수립하였다. 당태종은 뛰어난 통치력을 발휘하여 전성시대를 꽃피우며 동아시아 세계에 막강한 위력을 떨쳤다. 그러나 건국 이래 중국과 국경을 접하고 있으면서 자주적인 노선을 견지해 왔던 고구려로서는 이러한 정세가 불안을 가져다 주었다. 이에 영류왕은 당나라군이 머지 않아 고구려를 침략해 오리라 확신하고 서부 변경에 장성(천리장성)을 쌓기 시작하였다. 장성은 16년이란 긴 세월 끝에 완공을 보았다.

그런데 영류왕은 축성을 시작하기 3년 전, 즉 628년에 당나라에 봉역도(封域圖)를 전달한 일이 있다. 이것이 무슨 지도였는가에 대해 한국과 중국은 서로 다른 견해를 주장하고 있다. 중국학자들은 고구려가 이 지도를 당나라에 넘겨준 것은 고구려가 당나라에 대해 외교적으로 저자세를 취한 증거라고 주장하고 있다. 즉 이를 전달한 것은 고구려가 지금까지 점령한 영토가 중국의 영토임을 인정한 동시에 더 이상 자국의 영토로 삼지 않겠다는 것을 당나라에 알린 셈이라고 강변하고 있다.

이것이 맞다면 당나라가 631년(영류왕 14) 광주도독부의 사마 벼슬을 갖고 있는 장손사(張孫師)로 하여금 경관(京觀)을 헐어 버리게 한 것은 어떻게 설명해야 할 것인가. 경관은 고구려가 요동침공 싸움에서 전사한 수나라 장병들의 해골을 거두어 한군데다 파묻고 고구려의 승전 사실을 영구히 기념하려는 국가정책에 따라 거대한 무덤 옆에 세운 전승기념관이다. 그러므로 경관은 고구려 사람들에게 중국에 대한 적개심을 고취시키고자 하는 상징적 요소였음이 분명하다. 당나라가 이 경관을 없앤 것은 경관이 중국 사람들의 민족적 자존심을 여지없이 훼손시켰다고 판단해서이며 동시에 언젠가 당나라가 고구려를 침공할 것이라는 신호탄이기도 하다. 당나라의 이러한 도발적인 행동에 대해 영류왕이 몹시 불쾌하게 생각했을 것은 자명하다. 그런데 중국학자들의 주장대로 문제의 봉역도 전달이 고구려의 당나라에 대한 외교적 저자세를 나타낸 행동이었다면, 고구려는 그 저자세의 표현으로서 먼저 당나라의 비위를 건드리던 이 경관을 스스로 허물었어야 마땅하지 않겠는가. 따라서 전체적인 상황으로 미루어, 영류왕이 넘겨주었다는 봉역도는 중국의 주장과는 달리 당나라가 수나라의 고구려 침공까지 유산으로 물려받았으나 양국의 경계를 잘 모르는 당나라에 대해 양국의 경계를 밝히기 위해 보낸 강역도로 보아야 하지 않을까 한다. 그리고 봉역도를 전달받은 당태종은 불쾌한 심기를 그대로 드러내어 경관을 훼손시킬 것을 결심, 이를 실행에 옮기게 되었을 것이다. 고구려의 입장에서 보았을 때 당나라의 이러한 경관 훼손 행동은 침공의 신호탄임이 분명하였고, 따라서 고구려는 천리장성의 축조를 서두르기 시작하였던 것이다. 당나라의 침공을 저지할 군사적 요새로서 성곽이 서부 변경에 없었던 것은 아니지만 서둘러 축조 공사에 나선 것은 침략을 예상하고 방어선을 더욱 공고히 하려는 데서 비롯된 것이었다.

축성 공사는 앞서도 지적했듯이 16년이란 오랜 세월을 요하는 것이었다. 그런데 중국학자들은 이 천리장성을 미완성의 장성으로 보고 있다. 즉 원래 공사는 더 오래 계속될 예정이었으나 644년(보장왕 4) 당나라의 침공으로 축성 공사를 더 이상 진행할 수 없었기 때문에

할 수 없이 16년으로 끝냈다는 것이다. 과연 그러한 것일까. 이 장성은 동북지방의 부여에서 서남쪽으로 요하를 따라 내려가 발해의 바닷가에 이른다. 만약 중국학자들의 주장대로 천리장성이 미완성 장성이라면, 서남쪽 끝은 바닷가인 발해이므로 미완성 부분은 당연히 그 맞은편인 동북쪽의 부여보다 더 북쪽에 해당한다는 말이 된다. 현재로서는 장성의 최북단이 부여 이북인지 명확히 확인하기 어려운 상황이나, 뒤에서 살펴보겠지만 모든 정황으로 미루어 장성의 최북단 지역은 부여임이 분명하며 따라서 장성은 원래 계획한 대로 끝낸 것이 아닌가 한다.

한편 고구려의 서부변경 요새가 요동지방에 있는데 이 요동지방에 또 장성을 쌓을 필요가 있겠는가 하고 반문하는 사람도 없지 않다. 이와 관련하여 『통감』(唐紀13, 太宗 中)을 보면, 645년(보장왕 4) 정월 당태종은 직접 침공군을 이끌고 낙양을 출발하였고 4월 초에는 요동도총관 벼슬을 갖고 있는 이세적이 지휘하는 침공군이 통정을 거쳐 요하를 건너자 고구려 사람들이 성문을 닫고 방어 태세로 들어갔다는 기사가 나온다. 만약 장성이 요하 서쪽에 있었다면 당나라 침공군은 요하를 건너기 전에 이 장성을 발견해야 할 것이다. 그런데 침공군이 요하를 건너기 전에 장성을 보았다는 기사는 어디에도 없다. 그러므로 장성은 요하 동쪽에 있었던 것이 분명하다. 장성이 요하 동쪽에 있었다고 해서 고구려의 서부변경이 요하 서쪽에 있었다는 사실을 부정하는 것을 뜻함은 물론 아니다. 중국학자들은, 요하 동쪽에 장성이 있었기 때문에 서부변경은 요하 서쪽에 있었던 것이 아니라고 주장하고 있지만 이는 옳지 않다. 즉 이들은 바로 서부 변경을 장성이라고 우기고 있는 것이다. 미리 지적해 두겠지만 서부변경은 장성이 아나라 요하이며 따라서 요하 서쪽에도 고구려의 군사시설이 있었음은 물론이다.

어쨌든 중국학자들은 고구려의 서부변경을 장성이라고 볼 수 있는 입증자료로서 고구려 국왕이 중원 왕조로부터 받은 관작과 벼슬 이름을 내세우고 있다. 즉 삼국시대의 위나라부터 수나라 초기까지 중원의 역대왕조는 고구려 국왕에게 정동장군(征東將軍)·요동개국공 등의 관작을 주고 또 어떤 때는 관작을 더 주기도 했는데 태부(太傅)·사지절(使持節) 등이 그것이라는 것이다.

중국학자의 주장에 따르면, 고구려 국왕은 중원 왕조를 대신하여 한반도의 북부를 포함한 요동지방에서 관할권을 행사한 데 지나지 않으며 고구려가 사신편에 신하임을 자청한 것도 이 같은 사실을 인정했음을 의미한다는 것이다. 그러므로 고구려가 이 범위를 넘어 활동하거나 조공을 하지 않으면 중원 왕조로부터 범죄행위 또는 거역행위로 간주되어 제재를 받게 되어 있다는 것이다. 그 구체적인 예로 이들은 다음과 같은 사건을 들고 있다. 즉 수나라 초기(598년) 고구려의 영양왕은 말갈군을 거느리고 요서지방을 침범했는데, 비록 격퇴당하긴 했으나 이러한 행위는 용서받을 수 없는 과오였으므로 수나라 문제는 양량(楊諒)을 파견하여 고구려를 침공했으며, 따라서 수나라의 침공은 고구려의 탈선행동을 처벌하기 위한 응분의 조치였다는 것이다.

수나라 양제는 고구려를 침공하려다 실패한 문제의 야욕을 계승하여 고구려를 침공하면서 선전포고의 성격을 띤 조서에서, 고구려 사람들이 말갈 사람들의 복장으로 갈아입고서 요서지방을 침범했다고 지적했다. 이것이 사실이라면 말갈을 통치한 고구려의 위정자는 고구려의 요서침공을 감추기 위해 고구려 군대를 말갈군으로 변장시킨 것이라고 이해된다. 중국학자들은 이러한 고구려 사람들의 변장 행위를 고구려의 서부변경이 요동지방의 장성임을 증거하는 것이라고 주장하고 있다. 그러나 양제가 같은 조서에서 밝힌 다음과 같은 사실은 어떻게 해석할 것인가.

즉 양제는 이 조서에서 고구려 사람들이 발(勃)·갈(碣) 사이에 모여 살았다고 지적하고 있다. 이는 고구려 사람들의 거주지가 요동과 한반도 북부는 물론 장성 이남의 발해군과 연나라 시대의 동쪽 장성의 종점인 갈석산까지였음을 인정한 것이다. 고구려 사람들의 집단거주지가 만리장성 남쪽의 발해군까지 뻗어 있었다는 사실이 양제의 입을 통해 확인된 만큼 고구려의 서부변경이 요동지방의 천리장성이라는 주장은 설득력을 갖지 못하게 된다. 고구려 천리장성의 위치는 일찍이 문헌에 기록되었으나 실제로 그 위치가 파악된 것은 최근에 와서의 일이다. 그간 많은 사람들이 정확한 위치를 찾아내려고 노력했으나 이렇듯 늦어진 것은 왜일까.

천리장성이 위치한 요동지방은 고구려가 장악하기 이전에 한나라가 통치한 바 있으며, 이후에는 발해 말고도 요·금 또는 명나라와 몽골이 통치한 사실이 있다 보니 이 장성의 위치 파악이 그만큼 힘들었던 것이다. 예컨대 장성의 옛 터를 놓고 한나라의 유적이라고 주장하는 사람도 있고 요나라가 금나라의 침공을 막기 위해 쌓은 토성이라는 설 외에도 심지어는 명나라와 몽골의 경계라는 설까지 있는 등 종잡을 수가 없었다.

현재 요동지방을 자국 영토로 삼고 있는 중국 사람들은 이 옛 터를 밝혀 내기 위해 1971년 10월 말부터 11월 초까지 현지를 답사했다.

조사에 참가한 학술단체는 중앙민족학원 연구실을 비롯하여 길림성 박물관과 길림사범대학 등이었다. 조사에 참가한 사람들은 등자위(戥子衛)에서 출발하여 북쪽으로 남평안보(南平安堡)·노성보(老城堡)·삼황묘(三皇廟)·진가설포(陳家卨鋪)·변강(邊崗) 등지를 거쳐 농안현의 후강(後崗) 일대에 이르러 회덕(懷德)을 거쳐 18개 촌락을 따라 닷새 동안 옛 터를 조사하였다.

이 일대에는 동북에서 서남쪽을 향해 50리 정도 되는 언덕 같은 것이 이어져 있는데, 전부 달구질하여 쌓았으며 높이는 일정하지 않으나 끊어진 곳은 없다. 그 중 삼황묘와 동황화전자(東黃花甸子) 일대가 가장 잘 보존되어 있는데 삼황묘의 동쪽 장성의 밑너비는 6m, 높이가 1m 정도이다. 현지 주민의 말에 의하면 30여 년 전까지만 해도 이 언덕은 지금보다 3m나 더 높았다 한다. 동황화전자촌과 진가설포 사이의 장성 언덕 길이는 약 6m, 밑너비는 3m, 높이는 약 2m 정도이며 위에는 마찻길이 나 있다. 이 마을의 노인들의 말에 따르면, 이 장성 언덕도 몇 십 년 전에는 지금보다 높았으며 민국 연간에는 그 위로 마차가 다녔는데 농안에서 영구(營口)까지 소금을 운반하는 주요 수송로 역할을 했다는 것이다.

이 일대에 대한 조사 후 봉가둔(奉家屯)에서 토론이 벌어졌는데, 이 언덕은 고구려의 천리장성 터라는 것이 확인되었다. 1983년 5월에도 회덕현 문물조사단(懷德縣 文物調査團)이 1971년의 조사를 다시 심사했으나 결과는 마찬가지였다.

631년에서 646년에 걸쳐 완성된 이 장성은 토성이며 세월이 흐르면서 무너져 내려 지금은 언덕으로 변해 있다. 역사자료와 조사자료에 의하면, 장성은 고구려 변경의 성곽 밖에 쌓은 방어선이 아니라 기존의 변경 성곽을 연결한 하나의 방어선이다. 이 방어선 전방의 변경 성곽이 중요한 방어거점이며 장성은 보조역할을 하는 데 그쳤던 것이다. 그 근거로는 두 가지를 들 수 있다.

첫째, 당나라군은 두 차례 요하를 건넌 후 직접 고구려의 변경 성곽을 침공했으나 장성 때문에 방해를 받은 적이 없다. 특히 현도·개모·요동·안시 등 변방의 요충지를 둘러싸고 공방전이 벌어졌을 때 장성은 한 마디도 거론된 적이 없다. 이는 장성이 성곽 서쪽 밖에 있지 않았다는 사실을 의미한다. 둘째, 장성 터를 조사한 50여 리의 구간에서는 성문·망루·망대 및 상비군의 주둔시설 등이 발견되지 않았다. 그러므로 장성은 장기간 군대를 주둔시키면서 지키는 방어선이라고 볼 수 없다. 다만 변방의 성곽을 연결하는 보조시설에 지나지 않으며 당나라군의 돌진을 저지하는 역할을 했을 따름이다.

기록상 고구려 서부전선의 군사요충으로 유명한 곳은 신성·현도·요동·사비·개모·안시·건안 등의 여러 성곽인데 모두 요동지방의 남북 일직선상에 놓여 있다. 부여는 지금의 농안이고 신성은 지금의 심양이다. 요동성은 지금의 요양이며 개모성은 요양과 심양 사이의 십리하(十里河)라고 보는 사람도 있다. 건안은 요나라 때의 진주(辰州)로서 지금의 개평(開平)이다. 안시성은 해성(海城)인데 개평 서북의 탕지(湯池)라는 견해도 없지 않다.

고구려는 장성을 쌓고 이러한 거점 도시들을 서부 방어선으로 만들어 당나라군의 침공을 막아 내려고 하였던 것이다. 이는 역사문헌과 일치할 뿐만 아니라 현재 남아 있는 유적지와도 일치한다.

부 록

광개토왕릉비문을 다시 본다

1. 비문이 변조된 진짜 이유

중국의 역사책은 광개토왕의 이름을 안(安)이라 했으나『삼국사기』에는 담덕(談德)으로 되어 있다. 담과 안의 음이 같기 때문에 이렇게 기록된 듯하다. 광개토왕릉비는 광개토왕의 아들 장수왕이 부왕의 화려한 업적을 영원히 남기고자 하는 효심에서 광개토왕릉 동쪽에 세운 거대한 기념비이다.

광개토왕은 22년의 짧은 재위기간 동안 남쪽으로 백제, 북쪽으로 부여, 서쪽으로 비려(稗麗)를 정벌했을 뿐만 아니라 여러 차례 왜인의 침략을 물리치는 등 영토를 크게 넓혀 압록강과 한강 이북 지방에서 당시부터 대영웅으로 알려진 인물이다.

사망 후 그의 시호는 '국강상광개토경평안호태왕(國岡上廣開土境平安好太王)'으로 정해졌다. 시호가 워낙 길어 이를 줄여서 부르는 이름이 몇 가지나 되고, 아예 시호와는 상관없이 비문에 밝혀진 연호를 취하여 '영락태왕'이라고도 부른다. 국강상은 매장지의 이름으로서 현재 길림성 집안현성에서 동쪽으로 10리 정도 떨어진 대비가(大碑街)를 말하며 능묘 양식은 적석형이다.

광개토왕릉비가 자리잡고 있는 집안현에는 일찍이 고구려의 수도인 국내성이 위치하고 있었다. 서기 3년 유리왕이 국내성으로 수도를 옮긴 후 광개토왕이 통치할 때까지 이 곳은 고구려의 정치적 중심지였다. 그러나 427년 장수왕이 수도를 평양으로 옮김으로써 그 동안 차지해 오던 국내성의 정치·군사적 지위는 고스란히 평양으로 옮겨지게 되었다.

이후 고구려의 멸망과 함께 국내성은 당나라의 안동도호부 관할 하에 놓였으며 발해국은 여기에 환주(桓州)를 두고 서경 압록부에 예속시켰다. 당나라 사람 가탐(賈耽)은 『도리기(道里記)』에서 이 곳을 고구려의 왕도라 기록해 두었다. 『요사(遼史)』 지리지를 보면, 요나라도 이 곳에다 환주를 두었는데 이 곳이 고구려의 수도가 있었던 지역이기 때문이다.

금나라 시대에 이 곳은 동경도(東京道) 파속부(婆速府)의 관할 하에 있었고, 원나라는 이 곳을 동녕로(東寧路)의 관할 하에 두었으며 명나라는 이 곳을 건주위(建州衛)에 예속시켰다. 그러면 청나라는 이 지역을 어떻게 관할하였을까. 청나라의 위정자는 청나라의 발상지를 보호하기 위해 백두산 일대를 봉금지구(封禁地區)로 정하였다. 이에 따라 국내성과 광개토왕릉비가 자리잡고 있는 이 지역은 저절로 아무도 출입할 수 없게 되어 인적이 끊긴 황량한 장소로 변해 버리고 말았다.

사실상 이 지역은 금나라 때부터 이미 역사적 기록에서 지워져 사람들의 기억 저편으로 밀려나 있었다. 원래 광개토왕릉비는 어느 역사책에도 기록되어 있지 않았다. 이런 사정으로 광개토왕릉비는 세월이 흐르면서 황량한 잡초와 수풀 한가운데 묻혀 버렸고 비면은 이끼로 덮여 사람들은 이를 보고도 비석인지 알 수 없게 되었다. 안타까운 일이다.

명나라 이후 우리 나라의 일부 서적에서는 이 곳에 큰 무덤과 비석, 그리고 성이 있다고 지적하기도 하였다. 그러나 이를 금나라 어떤 황제의 무덤과 비석이며, 금나라의 황폐한 성 정도로 여겼다. 이를 구체적으로 보면 1536년(중종 31) 조선의 사신 심언광(沈彦光)은 압록강 중류지방의 만포진에서 멀리 강건너 저편의 집안을 바라다보고 다음과 같은 짧은 시 한 수를 남겼다. "완안부의 옛 나라(금나라) 때의 황폐한 성이 있고 그 황제의 무덤과 큰 비석이 있도다(完顏故國荒城在皇帝遺墳巨碣存)."

또 유명한 『용비어천가』에도 같은 내용의 글이 실려 있다. 제39장의 주를 보면 "평안도의 강계부에서 서쪽에 있는 강(압록강) 건너 저편 140리 되는 곳에 큰 벌판이 있는데 그 가운데 옛 성(국내성)이 있다. 민간에서는 이를 대금(大金) 황제의 성이라 부르며 성에서 북쪽으로 7리 가량 되는 곳에 비석이 있고 그 북쪽에 돌무덤이 두 개 있다"라고 되어 있다.

그리고 지방지인 『강계지(江界志)』(1803년 편찬)도 같은 내용을 전하고 있다. 즉 "황제의 성이 대등진(代登鎭)에서 저쪽에 있는 압록강 연변에 있는데 그 모습이 지금도 완연하다. 금나라 초기의 수도라고 한다"는 내용이 그것이다.

이렇듯 우리 나라 사람들까지도 국내성을 금나라 때의 수도 정도로 잘못 알고 있었다. 그러할진대 과연 우리가 국내성을 발견했다고 할 수 있을 것인가. 이와 관련하여 북한의 과학원원사인 박시형 박사가 남긴 말을 주목해야 할 것이다. 그는 과거 우리 나라 사람들이 이 곳에 비석이 있다는 것은 알고 있었으나 이것이 고구려의 광개토왕릉비라는 사실을 전혀 모르고 있었던 만큼 이를 발견으로 인정할 수 없다고 했다. 맞는 말이다.

그렇다면 이 광개토왕릉비는 언제 누구에 의해 발견되었을까. 발견 시기는 1875년(청나라 덕종 광서 원년)이며 청나라의 한 금석학자에 의해 비로소 광개토왕릉비라는 사실이 세상에 알려졌다. 발견자는 누구일까. 평소 만주역사에 남다른 조예를 갖고 있었던 김육불은 자신이 편집한『요동문헌징략』에서, 광서 초년에 환인현(설치 당시 회인현)을 설치할 때 한 위원인 장월(章越)의 부하(서기)가 발견하였다고 기록하였다. 또한 금석학에 조예가 깊었던 고섭광은 그가 지은『몽벽이석언(夢碧簃石言)』에서, 집안현을 답사한 적이 있는 그의 벗 대규보(戴葵甫)의 말을 인용하면서 이 비는 광서 원년(1875) 동북지방(만주)을 개간할 때 발견되었다고 지적하였다. 담국환(談國桓)이란 사람은 광서 초년에 광개토왕비의 탁본이 있었다고 인정했다. 발견 연대에 대해서 이견이 없는 것은 아니다. 섭창치(葉昌熾)라는 사람은 그가 지은『어석(語石)』에서 비가 광서 6년(1880)에 발견되었다고 주장하고 있다. 그런데 섭창치의 주장은 각종 소문을 참고했을 따름이지 직접 구체적으로 조사를 하고서 한 말은 아니다. 그가 광서 원년 발견설을 부정하려고 했다면 먼저 반드시 그 이유를 밝혔어야 하는데 이유도 없이 그저 광서 6년에 발견했다고만 말하고 있다. 짐작컨대 원(元)과 6(六)의 두 글자의 모양이 비슷하여 발견 연대를 잘못 기록한 것이 아닐까 한다. 어쨌든 근거를 찾기 어려운 한 사람의 주장만을 갖고

비석의 발견시기를 광서 6년이라고 보는 것은 온당하지 않다는 지적
이다.

알다시피 청나라는 강희 연간(1662~1722)에 집안 등 동북지방의
너른 지역을 봉금지구로 정했다. 이로써 누구도 이 곳으로 넘어 들어
와 개간할 수 없게 되었고 이 일대는 황폐한 땅으로 남겨지게 되었다.
그러나 출입을 금지한 그 엄한 법도 이 곳에 들어와 땅을 개간하여
먹고 살 길을 찾으려는 농민들의 생존권 앞에서는 더 이상 효력을
발휘할 수 없게 되었다. 그리하여 고종(건륭제) 이래 범법자가 속출하
기 시작했다. 말기가 되자 몰래 숨어 들어와 땅을 개간하는 농민들이
크게 증가함으로써 출입을 금하는 법은 이미 그 효력을 완전히 상실
하고 말았다.

이제 청나라 정부는 차제에 재정수입을 늘리는 동시에 변방을 보다
공고히 하는 쪽으로 정책을 바꾸지 않으면 안 되게 되었다. 드디어
1875년 청나라 정부는 성경장군(盛京將軍) 숭실(崇實)의 건의를 받아
들여 봉금지구에 행정구역을 설치하기 위해 설치위원을 현지에 파견
하여 경지를 조사하고 호구를 정리하기로 결정하였다.

이러한 정책 결정에 따라 1876년에 정식으로 이 곳에 회인현(懷仁
縣 : 후에 환인현)이 설치되었다. 이 때 광개토왕릉비가 있는 땅은 통
구구자(通溝口子)라고 함과 동시에 회인현 관할 하에 예속시켰다.

담국환이 지은 『수찰(手札)』을 보면, 당시 현지에 파견된 회인현
설치위원은 장월(章越)이었으며 그 밑에 관월산(關月山)이란 서기가
있었다. 관월산은 평소 금석학을 좋아했으며 탁본에도 능한 인물이었
다. 공무를 마치면 남은 시간을 이용하여 도처에 흩어져 있는 유적지
를 찾아다니는 취미를 갖고 있었던 그는 마침내 황량한 잡초더미 가

운데서 광개토왕릉비를 찾아냈다.

이 비석의 발견과 관련하여 담국환은『수찰』에서 다음과 같이 서술하고 있다.

근래 고구려의 광개토왕릉비 탁본을 하나 얻었는데 광서 초엽의 것이며 못 쓸 정도는 아니었다. 이 비석의 발견 경위에 대해 동생이 조금 아는 바가 있어 이를 밝혀 둔다. 봉천 회인현을 설치할 때 설치위원으로 뽑힌 사람이 장군 월(章君 越)인데, 자는 유초(幼樵)이다. 그 밑에 관월산이란 사람이 있었는데 금석학을 아주 즐겨 남은 시간을 이용하여 인근 야외를 찾아 다니면서 조사하던 중 이 비석을 황량한 잡초 가운데서 찾아내고는 미친듯이 기뻐했으며 손으로 몇 자를 탁본하여 탁본 애호가들에게 돌렸다. 그래서 동생도 이 탁본을 보았는데 글자가 아주 정밀했다. 당시엔 비문을 전부 탁본하지 않았다. 비석은 높이가 두 장 남짓하고 너비는 여섯 자도 넘어 층대를 쌓지 않고서는 탁본할 수가 없었다. 바람과 햇빛 때문에 탁본하기에 더욱 어려웠다.

이상으로 보았듯이 관월산은 비석을 찾아내고 탁본을 하여 금석학을 좋아하는 벗들에게 돌렸고, 이로써 광개토왕릉비는 세상에 처음으로 알려지게 되었다. 그 후 사람들이 다투어 현지에 모여들어 탁본을 하였고 드디어 이 탁본은 북경으로까지 흘러 들어가게 되었다. 이 비석의 발견 경위에 대한 담국환의 서술은 비교적 상세한 편이다. 특히 비석의 크기까지 적어 놓을 정도로 다른 사람들의 서술보다 정확하였다. 탁본할 때 바람과 햇빛 때문에 더욱 힘들었다는 표현 또한 실제 상황과 딱 맞아떨어진다. 이러한 서술과 표현은 모두 관월산이 직접 담국환의 동생에게 전한 그대로일 것이다.

담국환은 1929년 8월 25일 광개토왕릉비문의 어느 탁본에 대해 쓴 발문에서 다음과 같이 말하였다.

광서 11년(1885) 을유년 …… 장군대리현사(章君代理縣事)와 그의 서계(書啓 : 서기) 관월산이 탁본 몇 장을 나에게 주었는데 이것이 그것이다. 글자가 아주 정교했다. 애석하게도 동생 초년(髫年)은 귀한 줄 모르고 이를 방치했다.

1885년 당시 열여섯 살 난 담국환은 관월산과 서로 내왕하고 있는 그런 사이였다. 탁본의 글자가 아주 정교했다는 글귀로 보면 그가 금석문자를 식별할 만큼 능력이 탁월했음을 알 수 있다. 따라서 그의 말은 의심없이 받아들여도 될 만하다. 그는 관월산이 광개토왕릉비의 첫 발견자라 했고 관월산이 직접 탁본하여 보내 준 탁본이 광서 초엽의 것이라고 주장하였다. 이는 관월산이 광개토왕릉비를 찾아낸 시기가 광서 초년임을 분명히 하는 것이다.

담국환의 아버지 담광경(談廣慶)은 어떤 사람의 부탁을 받고 광서 13년(1887) 이후 두 차례나 사람을 환인현에 보내어 비를 탁본케 한 적이 있다. 담광경은 같은 해 정밀하게 탁본한 것을 자신의 집에다 보관하였다. 이는 무엇을 의미하는 것일까. 담씨 가족이 광개토왕릉비의 발견 경위와 발견 시기에 대해 누구보다 명확히 알고 있었다는 사실을 말한다.

이상으로 보건대 광개토왕릉비를 발견한 관월산이야말로 이 비문을 첫번째로 탁본한 사람이다. 그러나 그는 다만 몇 자만 탁본했을 뿐 전체적으로 완벽하게 탁본을 한 것은 아니다. 현재 남아 있는 문헌 자료에 의하면, 완전하게 탁본을 한 사람은 이대룡(李大龍)·담광경·왕소려(王少廬)·원단산(元丹山)·초천부(初天富)이다. 그 밖에 장명선(張明善)의 탁본(1963)과 주운태(周雲台)의 탁본(1981)이 있다. 이 중 초천부란 사람은 여러 모로 관심이 가는 사람인데, 일본의 고대사 연구자 세키노 다다시(關野貞)의 기록을 통해 살펴보자.

　세키노는 1913년 현지에 가서 비문을 조사하고는 그 결과를 다음해 『고고학잡지』(제5권 제3·4호)에 「만주 집안현과 평양 부근의 고구려 유적」이라는 제목의 글로 다음과 같이 발표했다.

　비석 옆의 초가집에 초천부라는 사람이 살고 있는데 탁본이 그의 직업이었다. 그의 말에 따르면, 그는 1913년 현재 66세이며 30년 전부터 이 곳에 살았다. 당시 그는 환인현 지현(知縣 : 환인현의 행정 책임관)의 명령을 받고 비석 표면에 붙은 이끼를 불로 태워 버렸다. 그랬더니 비석의 모서리가 손상되었다. 또 비석의 표면이 너무 거칠어 탁본을 해도 글자가 선명하지 않았다. 그리하여 10여 년 전부터 글자 주변에 석회를 발랐다. 그 후 해마다 석회가 있는 부분을 수리하여 보충을 하였다. 우리들이 상세히 들여다보니 글자 주변에는 석회가 발라져 있을 뿐만 아니라 석회를 이용하여 글자를 보충하기도 하였다. 완전히 석회를 발라 새로 새겨진 글자도 있었다. 새로 보충한 글자는 대개 원래의 글자와 비슷하기는 하나 믿기는 어렵게 되어 버렸다.

　여러 정황들을 종합해 보건대, 장기간 여기에서 탁본을 한 사람은 초천부(初天富)·초균덕(初均德) 부자였다. 이들 부자의 탁본 기술은 이대룡(李大龍 : 李雲從)·원단산 및 담광경이 보낸 사람들로부터 배운 것인 듯하다. 전해지고 있는 탁본은 대부분 이 초씨 부자에 의한 것이다. 그러나 계속 비면과 비문이 석회로 손질이 되고(1900년 이후) 탁본하는 사람의 정성 또한 같지 않다 보니 모든 탁본은 차이가 생길 수밖에 없게 되었다. 전해지는 탁본 가운데 그래도 상태가 양호한 탁본이라면 미즈타니 데이지로(水谷悌二郞)의 것을 들고 있는 듯하다. 이 탁본은 비의 표면을 손질하지 않았을 때 뜬 것이고 탁본하는 사람의 수준 또한 비교적 높다는 것이 이유이다.

비문이 발견된 이래 백여 년 동안 국내외 금석학자와 전문가들은 비문의 많은 부분을 옳게 해석할 수가 없었다. 어떤 글자는 이미 떨어져 나가 읽는 것 자체가 불가능하였다. 이렇게 된 하나의 원인은 탁본이 겹글자본[雙句本]인데다가 탁본한 글자 중에 어떤 글자는 비문에 있는 원래 글자가 아니기 때문이다. 또 하나의 원인은 연구자들이 글자를 잘못 읽거나 잘못 해석해서이다.

알다시피 지금 보존되고 있는 초기의 탁본은 거의 겹글자본이다. 그러면 겹글자본은 어떻게 만들어지는 것일까. 먼저 종이를 비의 표면에 붙인 후 가볍게 두드린 다음 글자의 윤곽을 그려낸다. 그리고 종이를 뗀 다음 다시 글자가 없는 곳에 먹칠을 하여 완성시킨 것이 겹글자본이다. 모양은 탁본과 같지만, 사실은 탁본이 아닌 것이다.

중국의 수·당 이후 대개의 비석은 응회암으로 만들어졌는데, 먼저 돌의 표면을 잘 손질한 다음에 글자를 파기 때문에 이러한 비석의 표면은 평평하여 탁본하기가 아주 수월하다. 이런 비를 탁본할 때는 전통적으로 화선지를 사용한다. 그런데 광개토왕릉비는 이러한 화선지로는 탁본하는 것이 불가능하다. 이 비는 거대한 응회암을 약간만 가공하여 만들었기 때문에 비의 표면이 너무 거칠어 먹을 가지고 화선지를 두드리면 찢어져 버리거나 떼어내기가 아주 힘들기 때문이다.

그래서 나온 것이 겹글자본이다. 겹글자본을 뜰 때는 일단 화선지로는 안 되고 두 겹 모두지(毛頭紙)나 고려지(한지)를 써야 한다. 그리고 비에 이 종이를 대고 그 위를 가볍게 두드리기만 하고 떼어 낸 다음 드러난 윤곽의 글자를 한 획씩 그려내는 방식으로 다시 가공을 해야 한다. 따라서 이러한 방식은 보통 탁본을 뜨는 것보다 훨씬 복잡한 과정을 필요로 한다. 결코 쉬운 작업이 아니다. 어떤 글자는 떨어져 나가 흔적만 남아 있어 큰 솔로 두드려도 글자가 나타나지 않는다. 예를 들면 비의 제3면 첫째줄 아래의 어떤 글자는 이렇게 해서 누락되었다. 또한 돌의 표면이 거칠고 금이 갔기 때문에 자칫하면 다른 글자로 그려지기도 한다. 예컨대 첫번째 줄의 '부란강세(部卵降世)'가 '부란강출(部卵降出)'로 잘못 그려졌고, 제1면 두번째 줄의 '국강상(國岡上)'은 '국강토(國岡土)'로 그려졌으며, 제2면 네번째 줄의 '남녀생구일천인(男女生口一千人)'은 '남녀생백일천인(男女生白一千人)'으로 틀리게 그려졌다. 반 이상 떨어져 나간 글자의 남은 부분은 한 개의 글자로 될 수도 있다. 예를 들면 제1면 두번째 줄의 '위아(爲我)'는 '위목(爲木)'으로 잘못 그려졌고, 제2면 세번째 줄의 '왕위혁노(王威赫怒)'는 '왕위혁노(王威赫奴)'로, 제2면 열번째 줄의 '진거수왜(盡拒隨倭)'는 '진신유첨(盡臣有尖)'으로 잘못 그려졌던 것이다.

이렇듯 잘못된 겹글자본으로 말미암아 비문의 내용은 여러 군데에서 의미가 통하지 않게 되었다. 일부 금석학자와 역사가들은 이러한 겹글자본을 근거로 억지로 비문을 해석하였고, 그 틀린 해석이 그대로 전해지게 되었다. 그런데 알다시피 탁본을 하면 비문은 당연 손상을 입게 된다. 게다가 시간이 흐를수록 글자의 획이 달라지기도 하고 글자가 떨어져 나가기도 한다. 그래서 사람들은 항상 초기의 탁본을 보다 귀중히 여기는 법이다. 초기의 탁본은 떨어져 나간 글자가 적고 글자의 획도 뚜렷하다. 그러다 보니 온전하지 못한 글자를 억지로 온전한 것처럼 만들거나 뚜렷하지 않은 글자를 뚜렷한 글자처럼 가공한 광개토왕릉비의 탁본이 언제나 금석학자들로부터 이른 시기의 탁본인 양 인정을 받았던 것이 사실이다.

20세기 초, 즉 1903년을 전후한 시기에 탁본을 하는 사람들은 광개토왕릉비의 표면에다 석회를 발라 글자를 새로 만들기 시작하여 글자의 획이 온전하지 못한 것을 모두 만들어 냈다. 그리하여 뚜렷하지 못한 글자들이 뚜렷해졌는데, 이러한 방식으로 만든 글자들은 모두 잘못된 겹글자본을 근거로 삼았다. 그러므로 탁본에 나타난 틀린 글자들은 종종 겹글자본과 같다. 예를 들면 제2면 세번째 줄의 '잔불복의(殘不服義)'는 '적불복기(賊不服氣)'로 되었고, 아홉번째 줄의 '왜구대궤(倭寇大潰)'는 '왜만왜궤(倭滿倭潰)'로 되었다.

이 같은 상황이 30여 년 간 지속되다 보니 국내외 관련 학자들은 깜박 속기 쉬울 수밖에 없다. 그리하여 광개토왕릉비를 연구하는 사람들은 이러한 문제를 놓고 20년 이상이나 격렬한 논쟁을 벌였던 것이다. 앞에서 살펴본 조사자료와 현재 비석의 표면에 남아 있는 석회 흔적으로 보아 석회를 바르고 글자를 고친 사실이 있음은 분명하다. 그렇다면 누가 석회를 바르고 누가 글자를 새로 만들어 놓았을까. 또한 무엇 때문에 석회까지 발라 글자를 만들려 했을까. 이 문제를 둘러싸고는 일찍이 격렬하게 논쟁이 벌어진 바 있다. 여기에서 이를 소개하고자 한다.

　재일교포 출신의 고대사 연구자 이진희 씨는 그의 저서에서 석회를 바르고 글자를 고치거나 만든 것은 당시 일본 육군참모본부의 소행이라고 주장하였다. 그의 주장에 의하면, 1884년 일본 육군참모본부 소속의 중위 사카와 가게노부(酒匂景信)가 구해 온 겹글자본을 근거로 하여 한국을 침략할 구실을 찾기 위해 관련 역사가들을 동원하여 이를 해독케 했으나 해독이 힘들자, 다시 1894년 무렵 사람을 통구에 밀파하여 비문을 탁본케 했다. 그런데 비문의 많은 부분이 사카와의 겹글자본과 일치하지 않는다는 것을 발견한 참모본부는 먼저 입수한 탁본이 불리하다고 판단하여 이를 숨기고 또다시 많은 인원을 통구에 밀파하여 비석의 표면에 석회를 바르고 글자를 만들어 새로 탁본을 만들어 냈다는 것이다(1900년 전후). 이진희 씨는 계속해서 이전에도 한반도를 통치했다는 증거를 날조한 바 있는 일본은 나중 탁본에 나타난 글자 모양이 먼저의 그것과 같지 않다는 것을 발견하고는 다시 사람을 통구로 밀파하여 제3차 탁본작업을 하게 했다고 주장하였다. 이것이 바로 이진희 씨의 이른바 석회도말작전(石灰塗抹作戰)의 진상이다.

　아무튼 사실의 구명이 중요하다고 보아 먼저 당시의 상황을 간단히 알아보겠다. 일본은 메이지 유신 이후 군군주의화의 길로 접어들어 영토확장주의를 국가정책의 최우선으로 정했다. 당시 책정한 대외침략의 순서를 보면, 우선 한반도를 장악하고 그 다음에 동북으로 눈을 돌려 중국을 강점하고자 하였다. 이 같은 침략목적을 달성하기 위해 일본은 세계여론과 일본인을 기만하는 군국주의 침략이론과 구호를 날조해 냈다. 이는 두 가지로 볼 수 있다. 하나는 노골적인 약육강식으로, '정의가 하늘을 대신하여 불의를 징벌한다'(은주 혁명이론을 차용)·'팔굉일우(八紘一宇)'·'생명선 만주'·'너희를 대신하여 왕도낙토를 건설한다' 등이며, 다른 하나는 '만선일가(滿鮮一家)'·'일한동조(日韓同祖 : 발해사람과 여진사람이 한 조상·한 뿌리에서 나왔다고 한 금나라 태조 아골타의 同祖·同根說을 차용)'·'만몽일가(滿蒙一家)'론 등이다.

1873년 일본 육군참모국은 청년장교를 간첩으로 중국에 잠입시킨 바 있다. 그러다가 1875년 강화도사건 이후 한반도와 중국에 대한 본격적인 침략에 나서면서 1878년에 일본 육군참모본부를 설립하고 육군소속 간첩을 한국과 중국에 밀파하여 군사와 지리 등 정보를 조사·수집케 했다. 1880년 중국에 파견된 간첩 중의 한 명인 사카와 중위는 중국에 연구생이라는 위장된 신분을 갖고 우장(牛莊)을 거점으로 하여 동북 각 지역에서 군사용 지지자료(地志資料)를 수집하였다. 그는 1883년 봄과 여름 사이에 통구에서 광개토왕릉비의 겹글자본을 구해 이듬해 참모본부에 전해 주었다. 그 이전에 참모본부는 『임나고(任那考)』라는 책을 쓴 적이 있는데 한반도를 침략하기 위한 준비 책자였다. 구해 온 겹글자본에 '倭以辛卯年來渡海破百殘□□□羅以爲臣民'이라는 글귀가 있음을 발견한 참모본부는 마치 보물을 얻은 듯이 기뻐하며 즉시 아오에 슈(靑江秀)·요코이 다다나오(橫井忠直) 등의 한학자(참모본부 위원)를 동원하여 해독케 했다.

이들은 8세기 일본에서 편찬된 『고사기(古事記)』·『일본서기(日本書紀)』에 실린 근거없는 일부 전설을 이용하여 일본이 4세기 후반부터 한반도 남부의 임나가라(任那加羅) 지방에 임나일본부(任那日本府)라는 통치기구를 두고 2세기 동안이나 임나·신라·백제 등의 나라를 통치했다고 강변했는데, 광개토왕릉비문의 신묘년(391) 기사가 그 설치를 입증하는 유력한 근거라고 내세웠다.

그 후 일본의 사학계에서 나온 이 방면의 논문은 대부분 이 임나일본부를 인정하고 있다. 지금도 이러한 논조는 일본 사학계를 지배하고 있는데, 그 첫 주창자가 바로 일본 육군참모본부였다. 제2차 세계대전 후 한국 사학계와 일본의 일부 양심적 역사가들이 이러한 왜곡된 논조를 비판하기 시작함으로써 일본 육군참모본부의 음모가 만천하에 처음으로 폭로되게 되었다.

사카와가 광개토왕릉비문의 겹글자본을 일본으로 가져간 것은 사실이다. 그렇다면 그가 직접 비문을 고치고 석회를 바른 것일까. 그가 가져간 겹글자본은 통구 현지에서 직업적으로 탁본을 하는 사람으로부터 구한 것이지 그가 탁본을 한 것은 아니었다. 실제로 글자를 고친다거나 석회를 바르는 작업은 그저 탁본을 하는 작업보다 훨씬 품이 더 드는 일이다. 따라서 숙련된 사람일지라도 반달 이상을 소요하지 않고서는 도저히 해 낼 수 없는 작업이다. 중국에 파견된 스파이였던 그가 신분을 드러내 놓고 장기간에 걸쳐 이러한 공작을 했다고 보기는 어렵다. 또한 글자를 고쳐 글자 모양을 똑같게 하는 작업도 글씨 쓰는 법과 문자학에 정통한 금석학자가 아니고서는 불가능한 전문적인 작업이다. 그의 힘만으로 도저히 해 낼 수 없는 힘든 일인 것이다. 육군참모본부와 궁내성에서 많은 한학자들을 동원하여 겹글자본을 해독할 때에도 그를 그 자리에 청하지 않았다. 그것만 보아도 그를 그만한 인물로 보기 어렵다는 충분한 증거가 된다. 그가 구해 온 먹본은 비석의 네 면을 작은 종이로 따로따로 그린 것으로 총 132장이나 되었다. 종이의 크기가 같지 않아 번호까지 매겼으나 배열하기가 매우 힘들었다. 그리하여 궁내성에서는 그를 불러다가 순서대로 배열하려고 했으나 결국 사카와 자신도 해 내지 못했다. 많은 한학자들도 순서대로 배열을 해 보려고 노력했으나 여전히 제3면 바른쪽 아래의 한 장 위치가 틀리고 제4면 위의 두 장이 아래로 내려왔다. 글자를 잇기 위해 결국 모두 바른쪽으로 한 줄씩 옮겼고 또 왼쪽 아래의 지(之)자를 왼쪽 위로 옮겼다. 만일 그가 직접 먹본을 만든 당사자라면 이런 어처구니 없는 상황이 벌어졌을 리 만무하다.

지금 보존되고 있는 사카와의 판본을 비문과 대조해 보면, 어떤 글자는 틀리게 그려졌으나 글자·글자체·부위·점·획 등은 모두 원문에 충실하며 고의적으로 고친 흔적을 찾기는 어렵다. '倭以辛卯年來 渡海破百殘 □□□羅 以爲臣民'이란 글자도 원래 비문과 같다. 다만 辛자가 來자로 잘못 그려졌다.

참모본부 편찬과의 일원으로서 사카와의 겹글자본을 해독할 때 책임을 맡았던 요코이 다다나오는 비문 가운데 일본과 많은 관련이 있는 것은 辛卯, 來渡, 破, 百殘, 爲臣民과 같은 몇 글자라고 했다. 만일 이진희 씨가 주장하듯이 갑오전쟁 때 통구에 밀파된 간첩이 가져온 탁본을 참모본부가 대조해 보았다면 원래 비문에 위의 여러 글자들이 있기 때문에 본래 목적은 이미 달성되었을 것이다. 그러므로 굳이 대규모의 석회도말작전을 벌일 이유가 없을 것이다. 만일 석회를 발라 비문의 글자 모양과 똑같은 글자를 새로 만들고자 마음만 먹었다면 일본에서도 얼마든지 할 수 있다. 그러므로 일부러 여러 차례 바다를 가로질러 통구까지 가서 가짜를 만들 필요도 없었을 것이다.

일본의 육군 제57 연대장 오자와 도쿠헤이(小澤德平)는 당시 집안현 지사인 오광국(吳光國)에게 이 비석을 매입하여 일본으로 가져가고 싶다고 밝힌 바 있다. 이 사실은 1952년 출판된 『집안현 향토지』에 실려 있다. 일본이 이러한 시도를 한 것은 비문에 담긴 내용이 역사상 자국과 자국민에 매우 귀중한 자료임을 확신해서이다. 이와 관련하여 일본의 역사가 시라토리 구라키치(白鳥庫吉)는 이 비문에는 한반도 남부의 백제·임나·신라가 일본의 식민지였다는 기사가 들어 있으므로 역사상 가치가 있다고 하였다. 그래서 자신들의 주장을 증거하는 것으로서 이 비를 일본의 박물관이나 공원 안에 가져다 놓으려 했던 것이다. 또한 비문 내용 중에 고구려가 왜인을 물리쳤다는 기록이 있기 때문에 일본의 후손들을 대대로 자극시키거나 각성케 할 자료로도 이 비문을 이용하려고 하였다. 일본의 이러한 야심은 비문의 이해 차원에서 마땅히 비판받아야 하겠으나 이러한 기도가 있었다는 것 자체만으로도 이들에게 석회도말작전을 펼 의사가 있었다고 보기 힘든 증거가 될 것이다.

이진희 씨는 광개토왕릉비문의 탁본 글자를 여러 모로 비교한 결과 사카와가 틀림없이 비문을 고쳤다고 하여 석회도말작전을 사실로서 입증하려 하였다. 그러나 그가 인용한 탁본 자체에 착오가 있는 만큼 실제로 입증하기란 매우 힘들다. 미야케 요네키치(三宅米吉)가 고마쓰노미야(小松宮) 탁본을 보고 해석한 문장이 있는데, 이를 보더라도 역시 탁본 자체에 문제가 있었다. 석회를 바르기 이전의 탁본으로 비교적 정교한 것으로 정평이 난 것은 앞서도 언급한 미즈타니(水谷)의 탁본이다. 그러나 이진희 씨는 이 탁본이 1930년 이후의 것이며 석회가 많이 떨어져 나간 이후의 것이라고 주장하고 있다. 석회는 지금도 비석에 남아 있으나 미즈타니 탁본에는 석회를 바른 흔적이 없다.

중국의 광개토왕릉비 연구가 왕건군은 석회를 바른 것을 무조건 일본 육군참모본부의 소행으로 볼 수 없다고 주장하였다. 비석 아래에 살고 있었던 최천부 부자는 일본 사람이 석회를 발랐다는 이야기를 모르고 있었다. 또한 비석 주위에 살고 있었던 이청태(李靑太)도 이를 모르기는 마찬가지였다. 적대적인 중국에서 이러한 대규모적인 석회도말작전을 폈다면 현지 주민들이 이처럼 까맣게 몰랐다는 것은 좀 이상한 일이다. 이러한 견해 하에 왕건군은 광개토왕릉비에 석회를 바르고 글자를 고치거나 새로 만든 진짜 인물은 중국인인 최천부 부자라고 보고 있다. 그런데 이들이 고치고 만든 글자는 착오가 대단히 많았다. 원래 이들에게는 역사적 지식이 없는데다가 역사를 고치려는 생각 따위도 없었기 때문이다. 결국 광개토왕릉비에 석회를 바름으로써 빚어진 소모적인 논쟁 등 모든 부작용은 이들이 원래 뜻한 바가 아니었다는 쪽으로 의견이 모아지는 듯하다.

2. 신묘년조의 비밀

고구려의 가장 위대한 성군인 제19대 광개토경평안호태왕(廣開土境平安好太王)의 화려한 업적을 자손만대까지 기리기 위해 414년 아들 장수왕이 고구려의 수도인 국내성(현재의 집안시)에서 동북으로 4km 떨어진 산비탈 아래에 세운 것이 광개토왕릉비이다. 이 비는 뒤로 크고 높다란 대우산(大禹山)을 등지고 도도히 흐르는 압록강을 1580여 년 동안 굽어보면서 우리 민족과 고뇌를 함께하는 등 갖은 풍상을 겪었으나 그 웅장한 형상은 여전하다.

이 비는 고구려의 멸망과 함께 돌보는 이 없어 황량한 덩굴숲 속에 그 모습을 묻고 말았다. 그러다가 1875년 청나라의 회인현(懷仁縣 :

지금의 중국 요녕성 환인현)에서 서기 벼슬을 하고 있던 관월산(關月山)이 공무의 틈을 타 인근 주변의 사적지를 답사하던 중에 이 비를 찾아냈다. 그는 크게 기뻐하며 직접 비석의 몇 자를 탁본하여 이를 친우들에게 돌렸다.

이 소문이 퍼지자 관심 있는 사람들이 현지에 모여들어 비문을 탁본하기 시작했다. 어느덧 탁본은 북경에까지 전해졌다. 금석문을 연구하는 학자들이 이를 구입하여 해독에 나서는 등 비문의 연구열이 높아지기 시작했다. 알다시피 금석학자로 저명한 나진옥(羅振玉), 김육불, 정문탁(鄭文卓), 유승간(劉承幹), 나복이(羅福頤), 유절(劉節) 등은 각기 비문을 본격적으로 연구하여 얻은 성과를 저술로 남기고 있다.

비석은 시간이 흐를수록 국내외 학자들로부터 큰 호응을 얻었다. 특히 1884년 일본 육군참모본부의 사카와 가게노부(酒匂景信)는 이 비문의 탁본을 현지 중국인으로부터 구해 일본으로 가져갔다. 탁본을 입수한 참모본부는 귀중한 보물을 얻은 듯 기뻐했으며 극비리에 그 연구를 진행시켰다. 연구목적은 당시 일본이 한반도를 침략할 구실을 찾는 데 있었다. 그리고 얼마 후 나카 미치요(那珂通世)·간 마사토모(管政友)·도리이 류조(鳥居龍藏)·세키노 다다시(關野貞)·이마니시 류(今西龍)·이케우치 히로시(池內宏)·우메하라 스에지(梅原末治) 등 당시 일본의 내로라 하는 학자들이 비문과 관련된 논문들을 발표했다. 어떤 사람은 직접 현장으로 달려가서 고찰을 하기도 했다. 드디어 비문의 연구성과가 유럽까지 알려졌다. 프랑스의 샤반(E. Chanvannes : 1866~1918) 교수는 1907년 직접 집안까지 방문하여 비석을 촬영하고 탁본을 구해『통보(通報)』에 영인본을 발표하기도 했다.

비문에 대한 연구가 시작된 이래 어느덧 한 세기가 흘렀다. 지금도 연구의 열기는 식을 기미가 보이지 않는다. 연구성과를 가장 많이 발표한 것은 한국·일본·중국의 세 나라 학자이다. 이 중 최근 가장 관심을 둘 만한 연구자로는 중국의 왕건군을 들 수 있다. 그는 기존의 연구성과를 검토 비판한 위에 1984년『호태왕비연구』라는 저서를 출판하여 연구 열기를 더욱 고조시킨 바 있기 때문이다.

이렇듯 19세기 말에 우연히 발견된 고구려의 비석 하나가 국내외 학자를 비롯하여 전문가 등 수많은 연구자들의 주목을 받고 있는 사연을 알아보자. 비석은 고구려가 건국된 이후 광개토왕에 이르는 450년 간의 역사를 1,775자로 기술하고 있는데 문헌에는 밝혀져 있지 않은 중요한 역사적 사실들이 기록되어 있어 귀중한 자료라는 국제적 공인을 받고 있다. 특히 비문에 보이는 당시 한국·중국·일본 등 세 나라의 교섭관계에 대한 기사는 많은 사람이 비상한 관심을 갖고 있는 중요한 부분이기도 하다.

비는 그 형태도 독특하여 흔히 보기 힘든 것이다. 높이가 6.39m나 되는 이 비는 하나의 완전한 자연석에 약간의 손질만 가하여 만든 것으로 돌기둥 모양을 하고 있으나 비의 이마 부분은 없다. 비의 네 면에 가득 한자를 새겼는데 글씨체는 예서체, 혹은 예서체와 해서체의 중간서체로 보이며 아름답고 운치 있는 새김새로 비를 더욱 돋보이게 하고 있다.

알다시피 고구려족은 중국의 주와 진나라 시대에 혼강 유역에서 일어났다. 그 후 중국과 만주지방에 살고 있는 여러 종족과 접촉을 가지면서 급속도로 사회발전을 이룩하고 드디어 요동지방과 압록강 유역을 생활권에 넣었다. 그러나 이들의 기원 및 건국에 관한 자료는 극히 적다. 광개토왕릉비는 바로 이 부분에 대한 내용을 담고 있어 매우 귀중한 자료가 아닐 수 없다.

비문은 고구려의 건국 과정을 첫 내용으로 다루고 있다. 고구려 국가의 첫번째 왕은 이름이 추모(鄒牟)이며 동명 또는 주몽이라고도 했다. 북부여를 다스리는 천제의 아들과 물신의 딸 사이에서 큰 알로 태어난 추모는 알을 깨고 나와 처음으로 세상을 보게 되었다고 한다. 이러한 내용의 난생설화는 동방의 새 토템족 가운데서 흔히 나타난다.

그렇다면 북부여의 왕자인 추모가 어떻게 해서 고구려의 첫번째 왕이 되고 또한 혼강 중류에 수도를 두게 되었을까. 이와 관련하여 혼강 중류에서 중국의 고고학자들이 얻은 발굴성과를 알아보자. 이들은 혼강 중류에 자리잡고 있는 길림성의 집안현·통화현·통화시와 요녕성의 환인현에서 유적지 몇 십 군데를 발굴했는데, 여기에서 많은 고구려 토기와 석기가 나왔다. 가장 흔한 것은 거친 돌괭이이다. 이는 이른 시기에 고구려 사람들이 여기에서 농업을 위주로 생활했음을 보여 주고 있다. 후에 이들은 비교적 큰 다섯 개의 정치집단을 이루었다.

이와 관련하여 『후한서』 고구려전을 보면, 원래 고구려 왕은 소노부 출신에서 나왔는데 후에 이 세력이 약화되자 계루부에서 왕자리를 차지했다는 기사가 있다. 이로 보아 처음엔 소노부가 5부의 주도권을 차지한 것이 분명하다. 그러다가 부여족 출신의 추모가 많은 사람들을 거느리고 쳐들어와 계루부를 다스렸다(어떤 사람은 추모가 혼인 관계를 통해 계루부의 실권자가 되었다고 보기도 한다). 이로써 계루부 세력이 갈수록 강대해지더니 드디어는 5부를 통일하고 고구려를 세우기에 이르렀다.

그 통치구역이 고구려 사람들의 생활터전이다 보니 통치를 받은 사람들은 대부분 고구려 사람들이고 부여 사람과 중국 사람은 적었다. 그래서 추모는 국호를 고구려라고 정한 듯하다. 추모왕은 북부여에서 내려왔기 때문에 수도를 졸본천(현재 오녀산성)에 두었으며 그 이름을 따서 국호를 졸본부여라고도 했다.

광개토왕릉비는 이처럼 고구려 발전의 역사를 기술하고 이어 본격적으로 광개토왕이 남긴 업적을 기술하고 있는데 이 부분이 비문의 핵심에 해당한다.

광개토왕은 이름이 안(安) 또는 담덕(談德)이라고도 하며 고국양왕의 아들이다. 나면서부터 씩씩하고 기개가 남달랐던 그는 고국양왕 3년(386)에 태자가 되고 392년 18세 때 즉위하여 안으로 내치에 힘쓰고 밖으로 유례없는 영토확장을 통해 대제국을 건설하였으나 설흔아홉이라는 아까운 나이로 별세하였다(413). 그 후 1년 만에 국강상(國岡上 : 현재 집안현 大碑街)에 안장했다(414). 시호는 나라의 영토를 널리 개척하고 나라와 백성을 평안하게 해 준 위대한 왕이라는 뜻과 안장지의 이름을 섞어 국강상광개토경평안호태왕(國岡上廣開土境平安好太王)이라 정하여 바쳤다.

이렇듯 시호의 글자가 열두 자나 되다 보니 시호를 임의대로 줄여서 부르는 경향이 있다. 우리 나라 사람들은 흔히 광개토왕 또는 재위 기간의 연호를 살려 영락태왕(永樂太王)이라고도 한다. 우리의 입장에서는 광개토왕이 영토를 크게 개척한 자랑스러운 인물이므로 그리 부르는 것이 자연스러운 일이다. 그러나 이러한 광개토왕의 영토 확장은 중국의 입장에서 보았을 때는 자신들의 영토를 빼앗긴 것이므로 굴욕과 수치스러운 일이 된다. 따라서 중국인들은 그를 다만 '호태왕'이라 부르고 있다. 물론 '평안'이란 글자는 빼고 말이다. 광개토왕의 영토 팽창의 의미를 축소시키려는 저의가 엿보인다.

한편 광개토왕의 영토확장과 관련이 없는 일본 사람들은 우리와 마찬가지로 대개 광개토왕이라 부르고 있다. 광개토왕 때 고구려가 크게 영토를 확장한 사실을 부인할 수 없기 때문이라 하겠으나 대신 평안호태(平安好太)의 대상은 고구려 사람들이지 일본 사람이 아니므로 평안호태왕이라 부르지 않는다. 이처럼 현재는 각 나라가 그 각각의 입장에 편리하게 이름을 줄여서 부르고 있으며, 최근 우리 나라에서도 광개토왕이라고만 할 경우 왕의 위대한 업적이 평가절하된다 하여 '광개토호태왕'으로 바꾸어 부르자는 사람들도 있다. 어쨌든 긴 시호는 한 가지로 통일을 할 필요가 있다. 그러나 그 통일의 주체는 당연히 고구려의 후예인 우리가 되어야 할 것이다.

광개토왕의 재위 22년 간은 고구려의 정치·경제 및 군사력이 크게 발전한 중요한 시기였다. 비문은 비교적 문치보다 영토확장과 직접 관련이 있는 무공을 퍽 상세히 다루고 있다. 비문과 고구려 관련 문헌을 보면, 이 시기 고구려의 대외전쟁은 어느 때보다도 빈번하게, 그리고 대규모로 행해졌다. 큰 전쟁만 해도 여덟 차례나 되었다.『삼국사기』에 실려 있는 전쟁까지 참조하여 본다면, 광개토왕의 짧은 일생은 그야말로 백전백승의 전쟁으로 장식되었다고 할 것이다. 영토 확장에 따른 광개토왕의 통치력은 동쪽으로 동해, 서쪽으로 요동, 북쪽으로 숙신족의 남쪽 경계와 접하고(송화강 상류), 남쪽으로 신라와 백제의 영토를 넘나들었다.

광개토왕릉비문에서 광개토왕이 한평생 벌인 영토확장전쟁 중 국내외 학자와 전문가들이 가장 관심을 갖고 있으며 지금도 이에 대한 논쟁이 끊이지 않고 있는 것은 왜·백잔(제)과 치른 몇 차례의 전쟁인데 특히 신묘년(辛卯年)조 기사는 논쟁의 한가운데에 위치해 있다. 신묘년조 기사는 비문 제1면 제8~9행에 걸쳐 기록된 '百殘新羅舊是屬民 由來朝貢 而倭以辛卯年來 渡海破百殘 □□□羅 以爲臣民'이라는 기사이다. 우리 학계에서는 이 기사를 광개토왕 즉위 원년에 고구려가 왜와 치른 첫번째 전쟁기사로 보고 있다. 비는 중국의 동진(東晉) 안제 의희 연간(405~418) 중국 땅에서 통용되던 문체로 쓰여져 있어 문장을 이해하는 데 아주 쉬운 느낌을 준다. 그럼에도 한국과 일본 간에는 해석을 전혀 달리하고 있는데 그 까닭을 알아보자.

『삼국사기』 백제본기 진사왕 8년(392) 7월조를 보면 담덕(광개토왕)이 4만의 군사를 이끌고 석현(石峴) 등 10여 성을 함락시켰다는 기사가 있다. 이와 관련하여 진사왕은 담덕이 용병에 능함을 알고 대항을 포기함으로써 한강 이북의 모든 부락을 내주고 말았다는 기사가 눈길을 끈다.

위의 기사처럼 적국의 국왕이 직접 군사를 이끌고 침공한 경우 그 국왕의 이름을 쓰는 것이 원칙이다. 그래서 담덕이란 이름이 기사에 실린 것이다. 진사왕의 재위 8년 동안(385~392)에 치렀던 고구려와의 전쟁에서 백제가 가장 큰 손실을 입은 것은 위의 『삼국사기』에서 언급한 392년 7월 담덕이 직접 침공한 전쟁에서였다. 같은 해 10월에 백제는 또 고구려군의 침공으로 관미성(關彌城)을 잃었는데 이번 싸움에서도 20일 동안 고구려군을 지휘한 인물은 광개토왕이었다.

북변의 요새지인 관미성을 잃은 백제의 아신왕은 이듬해(393) 8월

이를 회복하기 위해 군사를 일으켜 관미성을 포위하였으나 실패하였다. 여기에서 관심을 가져야 할 것은 고구려의 석현성·관미성 점령과 백제의 실지 회복 노력이 392년 7월에서 393년 8월 사이에 이루어졌다는 점이다. 『삼국사기』 광개토왕조를 보면 광개토왕은 임진년 즉, 392년에 즉위한 것으로 명기되어 있다. 그런데 지금까지 한국에서 만들어진 연표는 모두 광개토왕의 즉위 연대를 신묘년, 즉 391년으로 잡고 있다. 근거가 된 것은 광개토왕릉비문에 나오는 연대이다.

그러나 광개토왕릉비문을 절대시하여 즉위 연대를 이처럼 신묘년으로 잡다 보니 몇 가지 문제가 발생했다. 광개토왕의 아버지인 고국양왕 8년과 9년이 연표에서 빠지게 된 것은 물론이고, 같은 9년 신라의 내물이사금이 조카인 실성(實聖)을 고국양왕에게 인질로 보낸 것을 광개토왕 재위 2년(392) 정월에 보낸 것으로 억지로 끼워넣게 된 것이다.

결국 즉위 연대를 신묘년으로 봄으로써 광개토왕의 재위 기간에 발생한 사건들은 모두 연표에서 1년씩 앞당겨져 기재되는 상황이 벌어졌다. 대표적인 예를 보면 광개토왕의 사망 연대가 1년 빠르게 실려 있다. 『삼국사기』의 연표에 의하면 광개토왕의 사망과 장수왕의 즉위는 계축년(413)에 이루어졌는데, 지금의 연표에는 광개토왕이 임자년(412)에 사망하고 계축년(413)에 장수왕이 즉위했다고 되어 있다. 1년의 공백이 생기는 셈이다. 이에 비해 『삼국사기』의 연표에 따르면 전왕의 사망 연대와 신왕의 즉위 연대가 같은 계축년이라 어긋남이 없다.

물론 광개토왕의 즉위 연대를 광개토왕릉비문에 맞추려는 주장에 이유가 없는 것은 아니다. 예컨대 비문을 보면, 광개토왕이 직접 비려

(稗麗)를 토벌한 연대가 을미년(영락 5), 백제의 북부 58개 성을 공취한 연대가 병신년(영락 6), 백제의 아신왕이 병신년의 서약을 위반하고 왜와 통교한 것이 경자년(영락 10), 신라를 침범한 왜군을 고구려군 5만이 물리쳐 구해 준 것이 경자년(영락 10), 대방 남방으로 침입하여 백제군과 화통한 왜군을 광개토왕이 직접 수군을 동원하여 격퇴시킨 것이 갑진년(영락 14), 광개토왕이 동부여를 치고 64개 성을 공파한 것이 경술년(영락 20)이라고 했듯이 광개토왕의 재위연간에 치른 전쟁이 정연하게 연대순으로 명기되어 있다. 이러한 비문이 당시 고구려 사람에 의해 작성된 제1차 사료로서 인정을 받음에 따라 광개토왕의 즉위 연대를 자연히 신묘년으로 잡게 된 것이다.

하지만 이 비문에 따르게 되면 앞에서 지적한 것과 같은 어긋남이 생긴다. 뿐만 아니라 비문을 따르게 되면 능비는 광개토왕이 사망한 지 2년 만에 세워졌다는 말이 된다. 반면 『삼국사기』의 연표를 따르면 광개토왕의 사망과 장수왕의 즉위가 같은 계축년의 일이므로 비석은 사망 1년 만에 세워진 것이 된다. 정확하게 광개토왕은 413년 10월에 사망하고, 비석은 414년 9월 29일에 세워졌다. 통념상 비석은 본인의 사망 후 1년 안에 세우는 것으로 미루어 광개토왕이 사망한 후 1년 만에 비석이 세워졌다고 보는 것이 타당할 것이다.

이러한 모든 정황을 염두에 둘 때, 비문에 실린 각 사건의 연대도 반드시 재검토해 보아야 하지 않을까 한다. 물론 광개토왕릉비문은 당시 고구려 사람들이 직접 작성한 만큼 제1차 사료인 것만은 틀림없다. 그렇기 때문에 국내외의 광개토왕릉비문 연구자들이 하나같이 이 비문의 연대를 『삼국사기』의 연대보다 확실한 것으로 보고 신묘년을 광개토왕의 즉위 원년으로 잡고 있는 것이다. 그렇다면 도대체 무엇 때문에 비문의 연대와 『삼국사기』의 연대에 차이가 생긴 것일까. 문제가 된 것은 영락이라는 연호인 듯하다.

고구려의 역대국왕 가운데 연호를 사용한 국왕은 광개토왕밖에 없는 것으로 알려져 있으며 영락(永樂)이 그 연호이다. 연호 영락은 다른 기록에서는 찾아볼 수 없고 오직 광개토왕릉비문에만 적혀 있다. 현재로서는 고구려 왕 중 연호를 사용한 경우가 영락 외에는 확인되지 않기 때문에 영락이라는 이 연호는 특별히 광개토왕대의 강성함을 드러내는 의미로 이해되고 있다. 그런데 고구려가 강성해진 것은 광개토왕이 즉위한 이후가 아니라 이미 고국양왕 말기부터였음을 주지할 필요가 있다. 광개토왕은 고구려의 국운이 이처럼 상승하는 속에서 즉위하여 즉위 원년부터 백제 남침에 적극 나섰던 것이다. 고국양왕 말년부터 고구려가 강성하지 못했다면 광개토왕이 즉위하자마자 바로 백제에 대해 그처럼 공세적으로 나오기는 힘들었을 것이다. 고국양왕 9년(392)에 신라의 내물왕이 고구려에 조카 실성을 인질로 보낸 것은 이를 입증하는 것이다. 고구려의 강성을 드러내는 영락이라는 연호도 이러한 면에서 고국양왕 8년에 정해진 연호이며 광개토왕은 부왕의 이 연호를 계승한 것이 아닌가 한다.

통념상 연호라면 누구나 군주 통치시대의 자주국으로서의 면모를 헤아리거나 재는 잣대로 이해하고 있다. 맞는 말이다. 동아시아에서 처음 사용된 연호는 기원전 140년 전한의 무제가 사용한 건원(建元)이며, 한 군주는 자신의 재위 기간에 여러 차례 연호를 고쳐 사용할 수도 있다.

그런데 고국양왕과 광개토왕의 경우와 같이 같은 왕조에서 연호가 계승되는 일은 과연 가능한 것일까. 한 군주가 연호를 여러 차례 바꾸어 사용할 수 있음은 익히 알려진 사실이다. 여기에 더 추가할 것은 같은 왕조에서 같은 연호를 두 차례 사용한 경우도 있다는 것이다. 아시아의 왕조에서 그 실례를 찾아보면 다음과 같다.

<한 왕조에서 같은 연호가 두 번 사용된 예>

연호	사용 연대	사용 군주	사용 왕조
영흥(永興)	409~413 532	명원제(明元帝) 효무제(孝武帝)	북위(北魏)
상원(上元)	674~676 760~762	고종(高宗) 숙종(肅宗)	당(唐)
대경(大慶)	1036~1037 1140~1143	도종(道宗) 인종(仁宗)	서하(西夏)
지원(至元)	1264~1294 1335~1340	세조(世祖) 순제(順帝)	원(元)

위 표에서 보듯이 한 왕조에서 같은 연호를 두 번 사용한 왕조로 중국의 북위·당·원 그리고 티벳의 서하가 있었다. 단 이들 국가들은 연대적으로 일정하게 간격을 두고 두 번 사용하고 있다. 그렇다면 한 왕조에서 같은 연호를 사용한 경우는 고구려가 유일한 예가 아님이 분명하지만 부자 2대에 걸쳐 연속적으로 사용된 예는 유일한 것임을 알 수 있다. 물론 한 왕조에서 같은 연호가 두 번 쓰인 예는 위의 표로도 알 수 있듯이 아시아 왕조에서도 고구려가 처음이다.

만약 부자간의 연호 계승을 인정한다면 『삼국사기』의 연표에 나와 있는 고국양왕의 사망 연대, 고구려본기에 나오는 고국양왕의 재위 8·9년이 모두 연표에서 살아날 수 있다. 물론 광개토왕릉비에 나와 있는 신묘년도 사실은 고국양왕 8년이며 임진년(392년)은 고국양왕

9년인 동시에 광개토왕 즉위 원년이라는 사실 또한 모두 밝혀지게 된다. 전례가 없던 일이라고 해서 무조건 영락 연호를 광개토왕의 연호로만 간주하고 『삼국사기』의 기록을 무시하는 태도는 재고해 보아야 할 것이다.

이제 영락 원년은 광개토왕 즉위 원년이 아니라 고국양왕 8년이 되어야 한다. 따라서 비문에서의 영락 5년도 을미년임이 분명하지만, 다만 이는 광개토왕 즉위 5년이 아니라 즉위 4년이 되어야 한다. 지금까지는 광개토왕의 재위 기간이 22년이므로 영락 22년까지로 알려져 있으나, 위와 같이 본다면 고국양왕 8년부터 계산해야 하므로 영락 23년까지 잡아야 할 것이다. 따라서 한·일 간에 논쟁이 끊이지 않고 있는 신묘년 기사 내용도 자연히 광개토왕 즉위 원년의 것이 아니라 고국양왕 8년 것으로 보아야 할 것이다.

한편 신묘년조 기사를 올바르게 해석하려면 구두점을 어디에 찍어야 할 것인가를 따지기 전에 먼저 문장의 첫단락을 명확히 짚고 넘어가야 한다. 즉 신묘년 이전에 백잔(제)과 신라가 과거 고구려의 속민이었다는 기사의 진위를 먼저 가리는 것이 순서인 것이다. 먼저 백제가 고구려의 속민이었는지에 대해 369년에서 390년에 이르는 기간의 양국 관계 기사를 통해 알아보자.

① 369년(고국원왕 39)
고구려군 치양(雉壤) 싸움에서 백제에게 패배하다
② 371년(고국원왕 41)
근초고왕의 3만 군사가 평양성을 공격하여 고국원왕이 전사하다

③ 375년(소수림왕 5)

　　고구려군이 백제의 수곡성(水谷城)을 공격하다

④ 376년(소수림왕 6)

　　고구려군이 백제의 북변을 침공하다

⑤ 377년(소수림왕 7)

　　백제의 3만 군사가 평양성을 공격하다

⑥ 386년(진사왕 2)

　　고구려가 백제를 침입하다

⑦ 387년(진사왕 3)

　　백제군이 관미령(關彌嶺) 싸움에서 말갈에게 패하다

⑧ 389년(진사왕 5)

　　백제군이 고구려의 남변을 침략하다

⑨ 390년(진사왕 6)

　　백제군이 고구려의 도곤성(都坤城)을 공략하여 2백 명을 노획
　　하다

　위의 기사가 보여 주듯 이 기간에 양국은 상대방의 변경을 침략하는 전쟁관계에 그쳤을 뿐이고 따라서 백제가 고구려의 속국이 아니었음은 물론이다. 다음으로는 같은 기간 신라와 고구려의 관계를 알아보자.

① 245년(조분이사금 14)

　　고구려가 신라의 북변을 침입하다

② 248년(점해이사금 2)

　　고구려와 화친을 맺다

　보다시피 같은 기간에 양국의 관계를 보여 주는 기사는 없고 3세기

중엽에 두 번 관계가 있었으나 신라가 고구려의 속민이었음을 보여주는 그런 기사는 아니다.

『삼국사기』의 기사를 통해 보았듯이 신묘전 이전에 백제와 신라가 고구려의 속민이었다는 광개토왕릉비문의 기사는 전혀 사실이 아님을 알 수 있다. 그렇다면 신묘년조의 기사는 어떻게 해석할 것인가. 일본인의 해석부터 보면, 왜가 신묘년에 바다를 건너와서 백잔·□□·신라를 격파하여 신민으로 만들었다는 것이다. 한국측의 해석을 보면 왜가 신묘년에 오니, (고구려가) 바다를 건너와 백잔·□□·신라를 신민으로 만들었다는 것이다.

신묘년조 기사 풀이에서 쟁점이 되는 것은 백제와 신라가 왜 또는 고구려의 신민이 되었다는 점이다. 이 문제에 접근하기 위해 우선『삼국사기』에 보이는 신묘년을 전후한 시기의 왜와 백제·신라의 관계, 또는 고구려와 백제·신라의 관계를 알아보자. 먼저 이 기간에 백제와 왜의 관계기사부터 보자.

397년(아신왕 6)
    왕은 왜국과 수호하고 태자 전지(腆支)를 인질로 보내다
400년(아신왕 11)
    왕은 사신을 왜에 파견하여 큰 구슬을 구하다
403년(아신왕 12)
    왜국의 사신이 오자 왕은 특별히 후대하다
405년(전지왕 1)
    왜국에 인질로 간 전지가 왜군의 호송 하에 귀국하여 즉위하다

이상으로 보았듯이 신묘년에 즈음한 양국의 관계 기사는 없고 신묘년이 훨씬 지난 후인 397년에 아신왕의 태자 전지가 왜국의 인질이 되었다가 405년 왜군의 호송 하에 귀국하여 즉위했다는 기사만 보인다. 이 두 기사를 억지로라도 백제가 왜국의 속민이었다는 증거로 주장할 수 있다 해도 그 시기는 397년부터 405년까지가 되니 신묘년과는 전혀 관계가 없어 일단 논외로 쳐야 한다. 다음으로 신묘년을 전후하여 신라와 왜의 관계를 보자.

345년(기림왕 36)
　　왜국왕이 신라와 국교를 단절하다
364년(내물왕 9)
　　왜병이 침입했다가 모두 격살당하다
393년(내물왕 38)
　　왜인들이 금성(金城)을 공격했으나 격파당하다
402년(실성왕 1)
　　왜국과 통호하고 내물왕의 아들 미사흔(未斯欣)을 인질로 보내다
408년(실성왕 7)
　　왕은 대마도를 정벌하려 했으나 반대를 받아 그만두다

이상으로 보듯이 신묘년에는 양국관계 기사가 아예 없으며 364년과 393년의 기사는 양국이 적대관계에 있었음을 보여 주고 있다. 402년에 내물왕의 아들이 왜국의 인질로 된 것을 갖고 신라가 왜국의 속민이 되었다고 주장할 수도 있으나 408년 기사로 보건대 그러한 관계 설정이 어렵다는 것을 알 수 있다.

이렇게 보았을 때 신묘년에 백제와 신라가 왜국의 신민이 되었다는 일본의 주장을 뒷받침할 수 있는 근거는 전혀 찾아볼 수 없다. 따라서 일단 백제와 신라가 왜의 신민이었다는 해석은 의미를 상실하게 된다. 그렇다면 백제와 신라가 고구려의 신민이 되었다는 해석은 어떠한가. 우선『삼국사기』백제본기 진사왕조와 아신왕조의 기사를 보면, 신묘년부터 백제는 광개토왕의 고구려군과 전쟁을 계속하고 있었다. 한편 신묘년을 전후한 시기에 신라와 고구려의 관계는 다음과 같았다.

392년(내물왕 37)
　　실성을 고구려에 인질로 보내다
401년(내물왕 46)
　　고구려에 인질로 가 있던 실성이 돌아오다

위의 기사로 보건대, 392년부터 401년까지 혹 신라가 고구려의 신민이었다고 해석할 수 있는 소지가 엿보이기는 하나 그것도 신묘년 기사와는 상관이 없다. 결국 현재 확인할 수 있는 기록상으로 보건대 신묘년에 백제와 신라는 그것이 왜이든 고구려이든 어느 나라의 신민도 아니었다. 따라서 신묘년조 기사와 그 이전의 기사는 모두 사실로 인정하기 힘들다.

그렇다면 신묘년조 기사가 삽입된 이유는 무엇일까.

광개토왕은 즉위한 해인 392년부터 393년을 제외하면 해마다(394, 395) 백제군과 전쟁을 치렀다. 비문에 따르면 고구려는 396년에 백제를 쳐서 대승리를 거두고 있다. 그런데 광개토왕의 아버지 고국양왕 말년의 백제 관련 기사를 보면, 백제는 고구려에 대해 매우 공세적이었다. 그러다가 광개토왕의 즉위와 함께 상황이 역전되어 고구려가 백제에 대해 거센 반격을 가하고 있다. 396년 기록에 보이는 전과는 해마다 고구려가 백제에 대해 올린 전과 중 최대의 것임을 보여 준 것이다.

그런데 비문의 작성자는 이 396년의 전과를 최대한 부각시킬 정치적 요량에서 그 도입부로서 신미년(391)조에다 앞서 언급한 기록을 집어넣었던 것이다. 즉 396년의 도입부 기사로서, 원래 고구려의 속민이었던 백제와 신라를 왜가 신민으로 만들고, 그에 따라 두 나라가 조공을 하지 않게 되었다는 내용을 집어넣었던 것이다. 그렇게 함으로써 396년의 대대적인 백제 정벌에 대한 명분이 분명해진 것이다. 따라서 신묘년에 왜가 한반도로 쳐들어왔다던가 백제와 신라를 속민으로 삼았다던가 하는 것은 모두 허구로 꾸며낸 이야기고 단지 정유년(396)의 종속 기사 정도로 가볍게 보는 것이 옳을 것이다.

알다시피 지금까지 한국·중국·일본 등 광개토왕릉비문 연구자들은 누구나 할 것 없이 이 신묘년조 기사를 하나의 독립된 사건 기사로 잘못 인식하여 그 해석에만 매달려 1세기 이상을 쓸데없이 소모해 버렸다. 실상 신묘년조 기사의 해석 자체는 문장 구조상 맨 처음 일본이 해석한 내용이 맞는다. 그러나 중요한 것은 해석이 맞다는 것이 아니라 이 기사가 역사적 사실이 아니라는 데 있다. 이는 당시의 역사적 대세로 보았을 때는 물론이고 『삼국사기』 관련 기사의 간단한 검토만으로도 너무나 명확한 사실이다. 그럼에도 민족감정에 호소하며 어법에도 맞지 않는 해석들을 내놓았던 것이 우리 학계의 현실이었다.

광개토왕릉비문은 어디까지나 광개토왕의 위대한 업적을 청사에 길이 남기려는 목적으로 작성된 것이다. 따라서 백제·신라·왜에 보탬이 될 기사를 남겼을 리 만무하다. 실제로 비문을 훑어보아도 그런 대목은 어디서고 찾을 수 없다. 신묘년조 기사도 예외가 아니다. 그저 광개토왕의 정벌을 합리화해 주기 위한 들러리 역할을 했을 따름이고, 결국 100년 이상 동양 삼국을 떠들썩하게 한 신묘년조 기사는 실상 별 의미도 없는 것이다.

실제로 광개토왕릉비문에서 본격적으로 중대한 의미를 갖고 등장하는 기사는 병신년(396)조다. 이는 신묘년조와 그 이전의 기사가 간략히 처리된 것과 극명하게 대조를 보인다. 『삼국사기』 백제본기 진사왕조와 아신왕조의 기사를 보면, 담덕(광개토왕)은 392년과 395년 네 차례에 걸쳐 백제와의 싸움에 직접 참가한 바가 있다. 비문에서 광개토왕의 참전 비중을 병신년 쪽에 더 둔 것은 58개 성을 얻은 외에 아신왕의 동생과 대신 10명을 인질로 잡는 등 대대적인 전과를 올렸기 때문이다.

광개토왕이 직접 거둔 이 최대의 전과가 비문에는 병신 6년(영락 6, 광개토왕 즉위 5)조에 실려 있으나 『삼국사기』 연표를 따르면 정유년조에 들어가야 할 것이다. 정유년은 광개토왕이 즉위한 지 6년째가 되는 해이기 때문이다. 그런데 이 병신년 기사에서는 광개토왕이 친히 수군을 이끌고 백제를 토벌하여 58개 성을 점령하고 그 왕성까지 포위한 것은 신묘년에 백제가 고구려에 대해 신하로서 복종하지 않고 조공도 하지 않는 것에 대한 응징인 것처럼 묘사하고 있다. 이것이 사실이 아님은 이미 앞에서 밝힌 대로이다. 『삼국사기』 백제본기 아신왕조의 기사를 보면, 고구려군은 392년에 이어 393년(광개토왕은 직접 참전하지 않음), 394년, 395년 해마다 백제군과 전쟁을 벌였고 따라서 396년 광개토왕의 친정은 그 연례적인 침공선상에서 이루어 졌을 뿐이다.

사태가 긴박해지자 아신왕은 신하가 되어 조공을 하겠다고 서약을 했다. 그러나 백제가 399년, 먼저의 서약을 어기고 왜인들과 밀착하자 광개토왕은 다시 직접 군사를 이끌고 출정길에 올랐다가 신라의 사신을 만났다. 사신은 광개토왕에게 왜인들이 신라의 도처에 주둔하고 있기 때문에 신라왕이 광개토왕에게 귀순하기를 원한다고 전했다.

이듬해 광개토왕이 이 청을 받아들여 군사 5만을 파견, 왜인들을 패주시키고 신라를 구원하였고 신라 사람들의 10분의 9가 왜인들을 따라 도망하기를 거절하고 광개토왕의 군사를 영접했다. 광개토왕의 군대가 왜인들을 격파시킨 것을 계기로 신라는 급속히 고구려의 예속 하에 들어가게 된다.

404년 왜인들이 다시 백제군과 연합하여 대방군 침공을 획책하자 광개토왕은 다시 친히 대군을 이끌고 토벌에 나섰다. 왜인들은 많은 사상자를 내고 도주하였다. 407년 광개토왕은 또다시 보병과 기병 5만을 파견하여 백제를 침공하여 완전한 승리를 거두었다. 물론 왜인들도 완전히 격퇴되었다. 광개토왕은 한평생 64개 성과 1400개의 부락을 점령했다고 비문은 전하고 있다.

비문에는 왕의 무공 외에도 왕릉을 관리하고 지키는 임무만을 전담하는 연호(烟戶) 330호에 대한 기록도 실려 있다. 이와 관련하여 부언하면, 광개토왕릉비를 세운 목적은 크게 두 가지이다. 첫째가 광개토왕의 위대한 공적을 만대까지 기리자는 것이며, 둘째는 이 왕릉을 지키는 수묘(守墓)제도를 확정한다는 것이다. 이 비석이 고구려가 멸망한 후 지금까지 건재할 수 있었던 것도 왕릉과 함께 장수왕 때부터 국가 차원에서 관리하고 지키는 것이 국법으로 정해져 내려왔기 때문이다. 그 수묘제도를 이 비문에서 확정지음으로써 광개토왕릉비는 고구려의 멸망과 함께 사람들의 기억 저편으로 사라졌었지만 다시 눈부신 햇살과 상쾌한 바람을 만나게 되었다. 하마터면 사라질 뻔한 인류의 문화재가 오늘까지 남겨진 데는 비문에 새겨진 수묘제도의 덕이 크다는 것을 지적해 둔다.

한편 이 광개토왕릉비에서 서쪽으로 200m 정도 되는 지점에는 크고 높다란 옛 무덤 하나가 서 있다. 네모꼴의 석실로 돌계단이 있고 평면은 장방형을 하고 있다. 밑변 길이는 66m, 높이는 148m, 방향은 광개토왕릉비처럼 남동으로 7°가 기울어져 있다. 이 능은 이미 오래 전에 상당 부분이 파괴되어 원래 모습을 찾기는 매우 힘든데 비에서 가까운 거리에 있다 보니 사람들은 이를 광개토왕의 능묘로 짐작하고 있었다. 그러나 이를 확증시켜 줄 뚜렷한 자료가 없다 보니 그저 추측에 그칠 수밖에 없었다. 그러다가 무너진 이 옛 무덤의 벽돌무더기 속에서 문자가 새겨진 벽돌이 하나 나왔다. 새겨진 글자는 '원태왕릉안여산고여악(願太王陵安如山固如岳)'이라는 열 자였다. 풀이하자면 "태왕릉, 즉 광개토왕릉이 산처럼 평안하며 산뿌리처럼 견고하기를 바라옵나이다"라는 것으로, 광개토왕릉이 변하지 않는 산처럼 본래 모습을 유지하기를 간절히 염원한 고구려 사람들의 마음이 담겨 있다. 문자벽돌이 발견됨으로써 이 옛 무덤은 광개토왕의 능묘로 판명되었다. 이에 따라 고구려의 영토적 발전을 생생히 보여 주고 있는 광개토왕릉비도 원래 이 광개토왕의 능묘에 속한 신도비로서 명확히 규정되게 되었다.

서병국(徐炳國)

　연세대학교 및 동대학원 사학과 졸업
　대진대학교 사학과 교수
　북방사학 전공
　저서 :『선조시대 여진교섭사연구』·『발해 발해인』·
　　　『거란 거란인』·『고구려제국사』등

고구려인의 삶과 정신

—

서병국 지음

초판 1쇄 인쇄 · 2000년 2월　5일
초판 1쇄 발행 · 2000년 2월 10일

발행처 · 도서출판 혜안
발행인 · 오일주
등록번호 · 제22 - 471호
등록일자 · 1993년 7월 30일
121 - 210 서울 마포구 서교동 326 - 26
전화 · 3141 - 3711, 3712
팩시밀리 · 3141 - 3710

값 8,000원

ISBN 89 - 85905 - 95 - 3 03910